司法文明论坛

（2017年卷）

江国华——主编

中国政法大学出版社

2018·北京

图书在版编目（CIP）数据

司法文明论坛.2017年卷/江国华主编. —北京:中国政法大学出版社, 2018.10
ISBN 978-7-5620-8679-6

Ⅰ.①司… Ⅱ.①江… Ⅲ.①司法制度－中国－文集 Ⅳ.①D926-53

中国版本图书馆CIP数据核字(2018)第244166号

出版者　中国政法大学出版社
地　　址　北京市海淀区西土城路25号
邮寄地址　北京100088信箱8034分箱　邮编100088
网　　址　http://www.cuplpress.com (网络实名：中国政法大学出版社)
电　　话　010-58908586(编辑部) 58908334(邮购部)
编辑邮箱　zhengfadch@126.com
承　　印　北京中科印刷有限公司
开　　本　720mm×960mm　1/16
印　　张　15.75
字　　数　260千字
版　　次　2018年10月第1版
印　　次　2018年10月第1次印刷
定　　价　56.00元

主办单位

国家“2011 计划”司法文明协同创新中心

武汉大学法学院

承办单位

武汉大学司法研究中心

司法文明论坛
编委会

周叶中
武汉大学副校长

理想·国情·建设

法学乃公平正义之学，亦经国济世之道。法科研习者，非但要皓首穷经，探究法学之原理、源流、范畴与技术，亦当苦心孤诣，涵养公平正义之气质、经国济世之情怀。法科研习之大义者，正在于：蓄经纶之才学，养浩然之正气，胸怀韬略，足踏实地，以建设性的心态审视现实，以建设者的角色构建未来。故值此《司法文明论坛》创刊之际，我提“理想·国情·建设”六个字，与大家共勉。

法学的意义不特在于法律规则之阐释，亦在于理想生活之导向。通过阐释规则来阐释世界，乃法学之皮囊；通过建构规则来构筑理想，则法学之骨髓。习法者，不可以满足于法律规则之阐释，更应着眼于理想生活之导向。因历史多有惯性，生活常存惰性；用法律来导航历史，以规则来引导生活，实为法学之使命，亦法学者之使命。而法律之所以能够导航生活，与其归结于法之强制，毋宁出自于法之正义。强制助产畏惧和怨愤，正义酿生公信与权威。强制的效力缘非暴力，实出正义；正如同正义的力量源非强制，实出自社会对于正义的共同体认和信念。法之强制再强大亦不足以威逼社会唯法是从，法之正义虽无形却是导航社会之真正动力。是故，我之所谓理想，实则包含双重含义，一则主张法科研习者当志向远大，着眼未来；二则期望法学者能够形成大致共同的正义观念，树立用良善之法构筑善风良序、导航法治国家之信念。其中前者是动力，后者是目标。

理想是对现实的超越，但须以现实为根据。法治建设有其必须遵循的普遍规律，但也须尊重特定的历史条件和社会环境。中国之法治建设既要放眼世界，更须立足国情。法科研习者既要探究法治的一般规律，亦当研究中国的基本国情。长久以来，中国社会存在着两种倾向：一是法治浪漫主义，以为将西方法治理论与模式移植中国，即可以实现法治中国，故主张用西方法治主义的标准来度量中国的法治实践，全然不顾中国的基本国情，对其法治进程中的成就熟视无睹，对其中的问题却夸饰有余；二是以中国特殊的国情为借口，否认在中国建设法治国家之可行性，故拒绝法治改革，迷信道德教化与政治动员在社会改良中的作用。对于中国法治建设而言，这两种倾向都是有害的。唯有将法治的普遍原理与中国的具体国情结合起来，才能够真正推动中国法治建设之进程。历史表明，民国时期的“六法全书”未能将中国导向法治之轨道，新中国前20年的“无法”时代所带来的也不是社会之进步，而是历史性灾难。是故，我主张欲兴法学教育，必先兴国情教育；欲深入研习法律，必先行深入研习国情。一个优秀的法学研习者，必同时亦是优秀的国情专业人。

国情乃法学研究立足之点，但研究国情绝非法学之真正目的；国情研究，实为法治建设服务。法学之精义在于建设。法学研习者当体悟法学之精义，树立建设者之使命感和责任感，养成建设性的心态和心理，直面法治建设过程中的种种问题，积极探寻解决问题的途径与方略。概言之，即所谓经世致用。国人皆知，自先秦以来，经世致用即成中国知识者之传统，学人以“道”诱“势”，以文化改造社会，其情其志，勃然如生。今日之法科研习者，当秉承“经世”之传统，弘扬“致用”之学风。是故，我之所谓“建设”者，用意有二：一是主张学行结合。“学”无定理，“行”有真知。此即古人之所谓“披五岳之图以为知山，不如樵夫之一足；谈沧溟之广以为知海，不如估客之一瞥；疏八珍之谱以为知味，不如庖丁之一啜”。二是主张破立有道。世间万物皆有其道，破之者易，立之者难。市井百态皆有其因，做批评者易，做建设者难。今日之青年学子，不仅要有“破”之勇气，更要有“立”之责任；既要有批判精神，更应具建设性心态。

中国的未来属于青年，属于所有的中国人；建设更加美好的法治中国，有赖于每一个青年人的努力，也有赖于所有中国人的共同努力。让我们每一个法律研习者都认识到自身的历史责任和时代使命，让我们所有的人都行动起来，从点滴做起，为法治中国建设贡献一份智慧和力量。

目 录
Contents

行政司法前沿

要案检视

专题评论

司法改革评论

司法体制综合配套改革探析*

李芸书**

摘　要： 党的十九大报告明确提出“深化司法体制综合配套改革，全面落实司法责任制”，标志着十八大确定的司法体制改革四项主要任务已经基本完成。在司法体制“四梁八柱”的主体框架基本确立的前提下，新一轮的改革任务便是为司法体制改革提供精细化配套和衔接措施，具体需从规范权力运行、深化科技应用、完善分类管理和维护司法权威四个方面着手，让司法责任制落地生根，为保障司法公正、完善民主法治建设提供行之有效的方案。

关键词： 司法体制改革　综合配套　司法责任制

一、引言

从党的十五大至党的十九大，历次党代会都对司法改革的任务和目标进行了重要部署：党的十五大提出“推进司法改革”，党的十六大提出“推进司法体制改革”，党的十七大提出“深化司法体制改革”，党的十八大提出“进一步深化司法体制改革”，再到党的十九大提出了“深化司法体制综合配套改革”。其中，十八届三中、四中全会对于新一轮的司法改革确定了四项改革要点，具体包括完善司法人员分类管理、完善司法人员职业保障制度、落实司法责任制和推动省以下地方法院、检察院人财物统一化管理。由此可见，我国司法改革是遵循司法规律，由浅入深、层层推进的过程。这不仅反映了我国对司法改革问题认识的不断深化，还反映了我国在解决司法改革过程中的

* 本文核心观点曾发表在《时代法学》2018年第2期。

** 李芸书，武汉大学法学院2017级宪法学与行政法学硕士研究生。

问题上更加讲究策略、力求实效，抓住了改革的“牛鼻子”。

党的十九大的胜利闭幕表明我国司法体制改革成效显著并进入了新的历史阶段。十九大报告将过去五年的司改工作情况凝练为一句话——“司法改革有效实施”。这说明十八大以来，司法体制改革在党中央的领导下稳步推进，各项改革工作进展顺利，以司法责任制为核心的四项基础性改革已经基本完成，“四梁八柱”主体框架也基本确立。[1]回顾十八大，司法体制改革的确积累了丰富的实践经验，包括遵循先试点后推进司法体制改革、重视改革的合法性等，但同时仍存在很多改革的“半成品”，即改革中尚未完成的工作任务，改革过程中出现的新问题尚需解决，相关的综合配套制度需要进一步完善等。因此党的十九大在此基础上提出了新目标：“深化司法体制综合配套改革，全面落实司法责任制”，以此促进司法体制改革的整体性和协调性，推进司法政策措施落地见效。[2]

目前，上海市成了司法体制综合配套改革的首个试点地区。2017 年 8 月 29 日，中央全面深化改革领导小组召开了第三十八次会议并审议通过了《关于上海市开展司法体制综合配套改革试点的框架意见》（以下简称《框架意见》）[3]，9 月上海市便正式启动司法体制综合配套改革。《框架意见》涵盖了 4 个主要方面，具体包括 25 项举措。上海市也相应制订了贯彻实施《框架意见》的分工方案，把 25 项改革举措细化分解为 117 项具体的配套措施，计划在 2019 年全面实现改革目标，为全国各地司法体制综合配套改革的推进提供实践样本。此外，上海市法院目前已制定了贯彻《框架意见》的实施意见，将其进一步细化为 136 项具体改革任务[4]。

---

〔1〕 王峰：“中国政法大学法治政府研究院院长王敬波：司法体制综合配套改革正当时”，载《21 世纪经济报道》2017 年 10 月 19 日。

〔2〕 陈卫东：“十八大以来司法体制改革的回顾与展望”，载《法学》2017 年第 10 期。

〔3〕 中央全面深化改革领导小组第三十八次会议明确指出：在上海市率先开展司法体制综合配套改革试点，要坚持党对司法工作的领导，坚持法治国家、法治政府、法治社会一体建设，坚持满足人民司法需求、遵循司法规律，在综合配套、整体推进上下功夫，进一步优化司法权力运行，完善司法体制和工作机制，深化信息化和人工智能等现代科技手段运用，形成更多可复制可推广的经验做法，推动司法质量、司法效率和司法公信力全面提升。载 http://www.gov.cn/xinwen/2017-08/29/content_5221323.htm，2018 年 6 月 10 日最后访问。

〔4〕 胡蝶飞：“上海司法体制综合配套改革正式启动”，载《上海法治报》2017 年 9 月 29 日。

二、司法体制综合配套改革的两大任务

司法体制综合配套改革是一个系统工程，涉及司法体制的各个方面。根据上海市司法体制综合配套改革的《框架意见》，其内容共包括4个方面25项措施117项具体工作。概而论之，其核心任务主要有两个方面：

（一）完成“综合配套”体制机制建设

目前，司法体制改革的“四梁八柱”主体框架基本确立。新一阶段的司法体制改革必然会变更和调整诸多重大利益和关系，这也标志着改革已向纵深发展，进入了深水区。上海市作为首个司法体制综合配套改革的试点地区，在改革过程中应从“系统化”“精细化”和“科学化”三个方面着手。

其一，系统化。深化司法体制综合配套改革是一项系统化的工程，应注重改革的整体协调性。在四项基础性改革已经基本完成的前提下全面统筹推进司法领域各个方面改革，不仅要巩固先前的改革成果，尚未完成甚至从未开始的改革任务也应当付诸实践，迎头追赶。如司法机关内设机构改革、法官检察官逐级遴选、单独职务序列管理等，都是新一阶段的改革要旨。本次的综合配套改革便是要将“短板”补齐，使各项制度之间的改革进度保持一致，并且加强配套制度与基础制度的衔接性，使其“开枝散叶”，形成体系化的长效机制。

其二，精细化。推进司法体制改革就好比“织网”，在这张网“越织越大”的同时也要“越织越密”，才能使整个改革井然有序。从法理学的角度来看，司法体制改革的进程必然存在某种程度的一致性、连续性和确定性[1]，这就需要对改革任务进行细致、具体的分工。上海市在《框架意见》通过后便配套制定了《框架意见》的分工方案，将25项改革举措细化为117项具体改革任务[2]，其中涉及上海市法院主体责任的有97项，这便是综合配套改革“精细化”目标的最好体现。在完善法官检察官惩戒委员会制度中，对惩戒委员会工作程序的规范应当细化到惩戒程序的启动、裁决机构的组成、调查证据的认定标准等方面，形成可操作性强的惩戒程序。

其三，科学化。随着司法体制改革的深入，改革应当更加注重科学性，不

---

〔1〕［美］E. 博登海默：《法理学：法律哲学与法律方法》，邓正来译，中国政法大学出版社2004年版，第227页。

〔2〕胡蝶飞：“上海司法体制综合配套改革正式启动”，载《上海法治报》2017年9月29日。

仅要遵循司法规律，还要维系司法与市场经济和社会生活之间的协同关系〔1〕，这就需要运用司法技术以维护司法权相对自主地运行〔2〕。如司法体制改革评价指标体系，提升了司法改革的准确性，也有效降低了冤假错案的发生率。同时，信息科学也将成为司法体制改革的强大催化剂。周强院长说过："信息化建设和司法改革是司法职业发展的车之两轮、鸟之两翼。"〔3〕网络信息技术运用于司法办案中，将简单却繁琐的工作交由人工智能系统完成，既可以便利当事人，又能形成案件繁简分流，帮助办案人员将精力集中在重大疑难案件，有效减少和避免冤假错案的发生。

（二）全面落实司法责任制

司法体制综合配套改革的展开应当以全面落实司法责任制为中心。自党的十八大以来，我国便把司法责任制作为了司法改革过程中的"牛鼻子"，最高人民法院也制定并颁布了《关于完善人民法院司法责任制的若干意见》等相关文件。为使司法责任制"全面落实"，综合配套改革便成了新一阶段司法体制改革的重点，从而将司法责任制贯穿整个改革过程，尊重司法规律和保障司法权运行的独立性和权威性。

其一，充分"放权"，保障办案人员的履职独立性。随着司法体制改革的推进，司法责任的归责主体越来越明确，衍生出了"谁办案谁负责、谁决定谁负责"的认定原则。但责任主体个体化了，与之相对应的权力却并没有完全个体化，主要办案人员的授权范围过窄却要其承担全部的司法责任，这的确有失偏颇。因此，保障办案人员的主体地位和履职的独立性尤为重要。司法责任制改革实质上也是一个"还权"的过程，将原本应当由院长、检察长或者审委会、检委会行使的决定权授予主审法官和主任检察官行使，形成由主审法官、主任检察官为核心的办案组织。这种制度也要求法官、检察官自身必须具备较高的专业水平和良好的职业素质，因此对主审法官或主任检察官进行选任时必须严格把关、层层筛选。此外，不排除院长、检察长对主审

〔1〕江国华、周海源："司法体制改革评价指标体系的建构"，载《国家检察官学院学报》2015年第2期。

〔2〕江国华：《常识与理性：走向实践主义的司法哲学》，生活·读书·新知三联书店2017年版，第208页。

〔3〕严剑漪、陈凤："狠抓改革　创新探索'上海经验'——2016年上海法院亮点工作纪实"，载《上海人大月刊》2017年第1期。

法官、主任检察官的管理权，在办案人员作出决定前，要求其汇报案件并给予一定的意见，实现对主审法官、主任检察官的事前监督。

其二，统筹分类管理，突出法官、检察官的专业性。办案责任制必须与司法人员分类管理相结合。一直以来，我国对司法人员进行的都是行政级别、法律级别混合管理的模式，所有的司法人员都是按照与普通公务员相同的行政级别提职加薪的。现在的“办案负责制”也并没有体现出对办案骨干的重视与培养。由此可见，分类管理改革对司法责任制的作用在于突出法官、检察官的法律专业属性，促进人事管理制度从“金字塔”式的行政职级管理向“矩阵式”的分块管理转化〔1〕，强调主次分明。一般而言，司法工作人员可以分为法官检察官、司法辅助人员和司法行政人员三大类。根据司法工作人员类别的职业特点制定不同序列司法人员的招录程序，逐步实现法官、检察官职业的专业化，合理设置法官、检察官的比例，实现办案人员精英化，提升法官、检察官的职业荣誉感。

其三，建立科学监督机制，保证权力行使的公正性。司法权力的运行不仅需要法官、检察官的自我约束，还需要内外结合的监督机制才能更加完善。就内部监督方面而言：首先要求完善各个办案环节、办案组织及其内部之间的制约机制，充分发挥案件管理、纪检监察等部门的职能作用〔2〕，建立二者之间的协作机制。其次要赋予案件管理部门督促权。业务部门的法官、检察官必须在规定期限内完成，案件管理部门也应当对案件受理到结案审核流程进行全程监督，发现问题及时纠正。就外部监督方面来说：首先进行司法业务公开，深入贯彻“以公开为原则，不公开为例外”，借助现代科技使办案流程透明化。其次要强化人民监督的作用，适度扩大人民陪审员、人民监督员对司法业务的监督范围，保证办案人员公正履职。

三、司法体制综合配套改革的三大属性

所谓“司法体制综合配套改革”，是指以四项基础性改革为主体所提出来的辅助性、协调性的完善措施，为司法体制改革建立精细化的配套和衔接机

---

〔1〕 葛志军：“关于检察官办案责任制改革的思考”，载李浩主编：《员额制、司法责任制改革与司法的现代化》，法律出版社 2017 年版，第 476 页。

〔2〕 邹开红：“检察官办案责任制改革若干关系研究”，载胡卫列、韩大元主编：《主任检察官办案责任制——第十届国家高级检察官论坛论文集》，中国检察出版社 2015 年版，第 523 页。

制。具体包括以下几个层面的含义：

（一）改革之综合性

“综合”一词所强调的是司法体制改革要全面考虑各项因素并把握其内在逻辑。以往司法责任制的实施更多地停留在司法机关内部，而现在的综合配套改革则强调内外结合，不仅涉及法院、检察院、公安机关三者之间的相互协作与制衡〔1〕，与其他相关部门也要进行工作上的衔接和配合。如内设机构改革或当前进行的国家监察体制改革，都可将其与司法体制改革相结合，形成相互作用、整体推进的局面。司法体制改革中的四项基础性改革之一便是司法人员分类管理，从近些年的实践中看出，我国已有部分司法机关将其与内设机构改革相结合，在分管内部人员的同时对内设机构进行精简和整合，但同时也应根据不同层级的司法机关具体职能和实际需求进行动态调整，增强内部机构之间、各个机关之间的协调性，使得有限的人力资源能充分地投入到案件办理中〔2〕。现在司法办案人员普遍缺乏亲历性，缺乏对案件的近距离观察〔3〕。因此，司法体制综合配套改革的重难点是落实配套措施的可操作性和实效性，改革制度之间不能相互抵消〔4〕。由此可见，司法理论与司法实践的结合尤为重要，改革应当多倾听基层司法人员的声音，充分了解一线司法实践的情况，总结实践经验，从而更好地优化顶层设计。

（二）改革之配套性

“配套”一词从文意上讲，是对主体结构进行辅助性、衔接性的完善。江苏省宿迁市检察院检察长朱良平指出，综合配套改革需要以工匠精神去细细打磨每一项改革措施，精益求精，让各个制度之间严丝合缝〔5〕。具体而言，“配套性”可以从以下三个层面理解：一是附属性。综合配套改革是以司法体制改革的既有状态为前提和基础的，其主要功能在于填补，而非替代〔6〕，

---

〔1〕 江国华：《中国司法学》，武汉大学出版社2016年版，第312页。

〔2〕 江国华、梅扬：“检察人员分类管理制度改革析论”，载《河北法学》2017年第5期。

〔3〕 冯之东：“司法体制改革背景下的审判委员会制度——以司法责任制为切入点”，载《时代法学》2016年第2期。

〔4〕 周斌、李豪、蔡长春：“司法实务界和法学专家探讨司法体制综合配套改革——本轮司法体制改革进入第二阶段”，载《法制日报》2017年11月6日。

〔5〕 周斌、李豪、蔡长春：“司法实务界和法学专家探讨司法体制综合配套改革——本轮司法体制改革进入第二阶段”，载《法制日报》2017年11月6日。

〔6〕 许王斌：“配套立法制度研究”，山东大学2012年硕士学位论文。

对以往司法体制改革中不具有可操作性的、抽象概括性的条款提供具体的实施方法。二是灵活性。配套改革的具体措施主要实践于地方司法机关，在内容上也可以根据当地实际情况灵活变通，采取适应性更强的方案。三是多样性。综合配套改革的多样性主要体现在主体和形式两方面。主体上不仅包括司法机关，还包括与之相联系的行政机关、社会组织等。在形式上，综合配套改革的方式和途径十分丰富，各地可以根据实际情况提出新颖的、人性化的方案，以此保障改革的可接受性。深化司法体制综合配套改革“架梁搭柱”的工作已经基本完成，接下来便是用一系列“配套设施”进行“精装修”，这也充分说明了综合配套改革是各项司法制度的“黏合剂”，将其衔接不充分的地方进行调整和填充，将原来“点”状、“块”状的改革成果连成“线”，形成“面”，组成“体”。〔1〕

（三）改革之深入性

“深入”一词强调的是两点内容：第一，司法体制改革不能停留在表面，应当进入“深水区”继续探索；第二，司法体制改革不是孤立的，其与以前进行的改革是紧密相连的，是一种承接、递进的关系，要在原有的司法改革的基础上进一步深入。以司法责任制改革为例，虽然在四项基础性改革中已经提出要“落实司法责任制”，但十九大报告又提出了“全面落实司法责任制”，再次突出了司法责任制在改革过程中的核心地位。如办案权力“下沉”，过去由司法机关内部层层审批，现在通过“还权”将权力归还给基层的一线办案人员，使其在身份、地位以及行为上得以独立〔2〕，形成“由裁判者负责”的权责统一机制〔3〕。此次改革的主要任务便是将司法责任制“全面落实”。当然，权力“下沉”只是中央在宏观上的战略决策，需要具有可操作性的配套措施推动其落地见效，如配齐配强司法辅助人员〔4〕，合理分配法官、检察官、司法辅助人员和司法行政人员的比例，明确各自的职责和权限；完善司法人员职业保障，提高法官、检察官的物质待遇，逐步将司法职业保障

---

〔1〕 张璁：“十九大报告‘深化司法体制综合配套改革’解读：护航公平正义”，载《人民日报》2017 年 11 月 15 日。

〔2〕 万毅：《超越当事人/职权主义——底限正义视野下的审判程序》，中国检察出版社 2008 年版，第 47~48 页。

〔3〕 崔永东：《司法改革与司法公正》，上海人民出版社 2016 年版，第 1 页。

〔4〕 中国法学学术交流中心：“借鉴域外经验　完善司法责任制度”，载《民主与法制时报》2017 年 12 月 19 日。

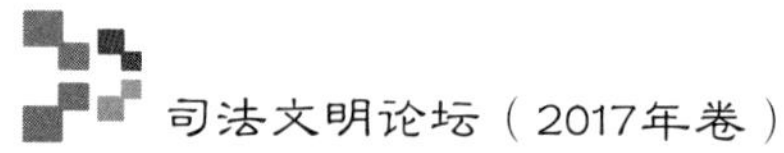

规范化，尽快颁布相关立法；以及完善法官、检察官惩戒委员会制度，如规范和细化惩戒委员会行使惩戒权的程序等，这些都需要从整体上推进和完善。

四、司法体制综合配套改革的四大内容

与此前的司法体制改革相比，此次司法体制综合配套改革覆盖面更广，涉及司法领域的各方各面。结合上海市试点地区情况，司法体制综合配套改革主要分为四个方面，即规范权力运行、深化科技应用、完善分类管理和维护司法权威，四者之间存在着紧密的逻辑关系，规范权力运行是核心，深化科技应用和完善分类管理则是围绕核心展开的技术性和人力性的措施，改革的价值取向和最终目的是维护司法权威，实现司法公正。在具体实施中再围绕这四个方面细化多项配套措施，使改革落地见效。

（一）规范权力运行

规范权力运行可谓是司法责任制的具体化，也可看作是现阶段全面落实司法责任制的主要途径。规范权力运行分为八项改革举措，从司法职权配置、内设机构改革、人权司法保障、司法绩效评价、刑事诉讼制度改革、执法司法活动监督、法律服务行业监管等方面推进综合配套，着力增强改革的全局性、系统性、协同性。这其中有两点问题值得提出。

其一，科学配置司法机关内部职权。司法职权配置主要是指法检系统内部的权力配置，必须在社会主义法治理念的框架下对司法职权进行科学合理配置，具体包括正当行使司法解释权、严格限制法院庭外调查证据的范围等[1]。除此之外还包括刑事司法领域中的刑事诉讼制度改革，也就是涉及公检法三者之间关系的改革，这一改革是以审判为中心的[2]。以审判为中心意味着所有的证据事实均要在法庭上予以质证，那么庭审的效率将大大降低，而降低庭审效率又会导致人案矛盾的激增、法院空间的紧缺，所以司法体制综合配套改革就是要解决这些司法体制改革引申出来的问题。内设机构改革和司法职权配置是一体化的。内设机构有两个功能：一个是责任落实，从法院的角度就是要将责任落实到办案团队；另一个是权力分解，要转变原先院领导负责的行政办案模式，将办案权力分解到各个办案组织，“还权”给一线的办案人员，真正地实现权责统一。

---

〔1〕 朱立恒：《社会主义法治理念视野下的司法体制改革》，法律出版社2012年版，第223~239页。

〔2〕 樊崇义、张中：“论以审判为中心的诉讼制度改革”，载《中州学刊》2015年第1期。

其二，构建司法绩效评价体系。完善司法绩效考评机制，是引导和勉励司法工作人员勇于担当、认真负责的有效途径，也是规范和监督司法权力运行的重要举措。谁来评、怎么评、通过什么方式、程序来评，这些都是需要司法体制综合配套改革完善的内容。具体包括：第一，健全符合司法职业特点的法官检察官业绩考核评价机制，加快出台司法人员绩效评价的指导意见，正确科学地指导全国司法系统形成简易快捷、实际有效的考核办法。第二，引入科学合理的评估方法。探索法官检察官与司法辅助人员双向选择、联动考核机制，赋予法官检察官对司法辅助人员的奖惩建议权等。以司法绩效评价为例，主要包括案件评查、案件评估、案件评鉴等各种制度。案件评鉴需要由专业的资深法官来对案件质量进行评鉴。案件评查是由上级领导对办理案件进行评审检查。案件评估是由平等主体对案件进行评判，一般应当引入第三方评估。上海市高级人民法院便引入了“办案工作量权重评估”概念，采用案件浮动系数的方法合理估算法官的工作量，均衡审判力量。

（二）深化科技应用

随着大数据时代的到来，各行各业都在紧跟科技的步伐。这也促进了传统司法工作机制的更新换代，加大法院与大数据、人工智能等现代科技的深度融合，推动了司法的高效化、便民化。

其一，建设全国统一适用的司法大数据中心。“大数据”并非单纯的原始数据的集合，而是对原始数据的深加工，按照不同案件类别科学分类，方便办案人员的随时调取。通过互联网形成全国统一的司法大数据中心，可以突破地域、层级办案的壁垒，实现跨地域、跨层级的案件数据统计，让各个地方的司法系统能快捷地进行工作上的信息交流。比如，上海高级人民法院执行指挥中心创建的“执行大数据管理系统”功能齐全，实现了自动生成数据并且具有全网流转、网上审批和实时预警等100余项功能，通过智能化手段、信息化的应用，减少了辅助性工作的负担，如此确保了职业化、专业化的改革方向。缓解人案矛盾的另一个重要手段是完善多元纠纷解决机制，将案件繁简分流，使得司法真正成为最后的一道屏障[1]。

其二，全力打造网上办案平台，科学构建证据模型。搭建全业务流程的

〔1〕 江国华：《常识与理性：走向实践主义的司法哲学》，生活·读书·新知三联书店2017年版，第218页。

互联网诉讼平台，推进立案、分案、保全、庭审排期等司法辅助工作电子化，形成高效集约管理。上海市在试点过程中，结合自身发展特点、满足当地需求，创造性地打造了诉讼服务的“三张名片”，如律师服务平台、12368诉讼服务平台和诉讼服务中心。此外，上海市最新研发的刑事案件智能辅助办案系统也即将拓展到民事、行政等司法各个领域，其先进之处在于让机器人具备基本的法律思维，从证据指引、证据规则到证据模型三方面制定学习规则。上海市高级人民法院也进一步出台了《上海刑事案件证据收集、固定、审查、判断规则》等相关文件，对刑事诉讼法中的八大类证据，详细规定了收集程序、规格标准、审查判断要点，收集并固定了量刑证据、程序证据。

（三）完善分类管理

人财物的分类管理是推动司法工作人员专业化、保障司法系统公正廉洁的重要措施，该项改革任务可细分为八个方面，具体包括思想政治建设、司法人员储备招录、遴选和培训、员额制管理、法官检察官单独职务序列管理、人财物市级统管和司法职业保障等配套制度，力求形成符合司法运行规律和切合司法人员职业特点的管理机制，并且在改革过程中应当注意以下三个问题：

其一，人才的储备、遴选和培训的操作问题。这里可以参考美国法院的做法，法官助理是美国司法改革的成功之笔，我国可以借鉴美国的做法，鼓励未入额的法官成为法官助理，单独设置职级序列；也可根据审级、实际岗位和具体案情扩充审判团队，考虑将法官助理纳入审判队伍；也可招收法学专业的学生、律师或具备法律及其他专业知识的复合型人才，充实扩大司法辅助人员队伍，形成全方位、多元化的审判机制。此外，在司法人员培训方面，可由各省、市、县自己设立的法官、检察官培训中心完成，也可以交由相关高校的法学院来完成；并且将人才的培训机制长效化，包括岗前培训、在岗定期综合测评以及离岗后对职业道德的遵守和保持担当精神等，都需要长期的、跟踪式的机制加以完善。总之，人才培训最终要走上社会化的培训模式。

其二，人财物市级统管不单纯是法院、检察院体制问题，最根本的是财政体制问题。司法系统经费体制和保障状况，主要取决于国家经济发展水平、法院检察院管理体制和财政体制的变化以及司法体制改革的进程。[1]今后财政体制的改革方向是减少并整合中央的专项转移支付，扩大一般性转移支付，[2]实现“统一管理、两级保障”的目标。同时实行“预算制”，将中央财政保障的经费列入高级人民法院、最高人民检察院的部门预算进行保障。在经费体制改革方面，省以下地方法院检察院财务统一由省级以上管理，由中央和省级共同管理、共担责任，但中央和省级政府对省以下地方的经费支出必须满足司法工作的实际需要，不得低于改革前的正常增长水平，更好地注重改革的实效性、系统性。

其三，司法人员的职业保障问题。如何保障法官、检察官的职业荣誉感、提高其社会地位，这是司法体制综合配套改革中最根本的问题。人是根本性的因素，只有充分调动发挥人的积极性，发掘人的潜能，司法体制改革才能成功。然而这样的改革仅仅依靠司法体制改革是难以实现的，还需借助社会改革、政治改革的力量。首先，在此基础上，各地可以综合考虑当地的经济、文化等发展状况，制定具体的工资制度。这里可以比照上海市法官工资改革方案，入额法官收入暂按高于普通公务员 43%的比例发放工资，同时将试点地区的基层女法官延迟 5 年至 60 周岁领取养老金；也可按照深圳市中级人民法院模式，制定法官薪级表，按照法官等级确定薪级，再由薪级确定工资标准，通过绩效考核定期调整，但限制一年仅能晋升一个法官等级，浮动不能过大。其次，可以完善法官、检察官住房、医疗保险等配套机制，让法官、检察官在改革中有“获得感”，改革的实效才更能显现。

（四）维护司法权威

先前的四项基础性改革整体上偏向于给予司法人员物质等方面的保障，而惩处和监督机制规定得较少。司法责任制的全面落实，既要给予权力，又要规范权力，才能使得司法权良好运行，使得司法威信得以显现。

其一，采用能动机制保持办案队伍的积极性。正如员额制改革，大批司法人员入额后的管理问题，应当采用“优胜劣汰”的竞争规则保持办案主力队伍的工作积极性和能动性，而不是如同进了“保险箱”一样，办案队伍如

---

〔1〕 唐虎梅：“推动省以下地方法院财物统一管理改革研究”，载沈德咏、李少平、卫彦明编：《全面深化司法改革 促进司法公正》，人民法院出版社 2016 年版，第 379~386 页。

〔2〕 唐虎梅：“推动省以下地方法院财物统一管理改革研究”，载沈德咏、李少平、卫彦明编：《全面深化司法改革 促进司法公正》，人民法院出版社 2016 年版，第 379~386 页。

同散沙，反倒降低了司法工作的效率。同时，综合配套改革还应着力优化法治环境。通过维护裁判终局性，提升司法执行力，防止不当舆论干扰司法，严厉惩处藐视法律权威、伤害司法办案人员的行为人，维护司法人员履职安全等举措，有力维护司法权威，营造良好法治环境。[1]提升司法执行力，要求形成执行联动机制，要让社会参与到司法执行中。

其二，落实司法权的可操作性和相融性。作为国家权力体系的组成部分，司法权自己并不能在社会和国家的政治生活中单独运行和发挥作用，必须依赖于一系列原则支持、一系列制度保障才能和现实生活有机地结合起来，才能发挥保障权利和“定纷止争”的功能。作为司法改革领域的一个重要课题，司法权威关注的是司法机关享有广泛的公信力，公民对于司法机关的公信力普遍认可；司法机关及法官的司法独立权获得确切的制度性肯定；司法程序正当合理；司法判决公正、高效并获得有效接受和权威的执行。因此，我们必须从中国特色社会主义法治理念的基本思路出发，[2]认识和维护我国的司法权威。

其三，落实司法公正，提高司法公信力。司法公信力实质上是司法机关对社会公众的信用与社会公众对司法机关的信任，司法公信力的前提是司法公正。现行的司法体制对司法公信力的提升造成了一定阻碍，例如个别地方党政机关的不当干涉等多方因素影响了司法价值判断，使群众心中守护正义的最后防线“不攻自破”。因此为司法权运行创造一个稳定良好的环境十分重要，外部环境重在“去地方化”、内部制度重在“破行政化”，[3]遏制地方势力对司法机关独立办案的干扰；对内也要提高办案人员队伍的职业素质和业务技能，做到情理法的结合，促进司法和谐，使司法权运行的权威与认同有机统一[4]。只有将司法公正理念落到实处，才能取得社会公众的信服，在公众心中树立司法的威信。

五、结语

我国的社会主要矛盾已经转化为人民日益增长的美好生活需要和不平衡

---

〔1〕胡蝶飞：“上海司法体制综合配套改革正式启动”，载《上海法治报》2017年9月29日。

〔2〕朱立恒：《社会主义法治理念视野下的司法体制改革》，法律出版社2012年版，第158页。

〔3〕朱兵强：“深化司法体制改革与法官职业权利保障制度的完善”，载《时代法学》2015年第5期。

〔4〕谭世贵、李建波：“论司法和谐及其实现”，载《时代法学》2007年第4期。

不充分的发展之间的矛盾，人们也更加期待良好和谐的法治环境，更加需要便民利民的法律服务者而不是强硬的法律统治者。这就需要综合配套改革将各项单独的司法制度紧密联系起来，增强司法工作的流通性，合理解决改革进程中的系统性、配套性的障碍，将司法权的运行贯穿司法领域各个环节、各个层次，将公平正义理念渗透到社会的方方面面，实现改革措施之间的联动性、协调性，让司法责任制落地生根，为维护司法权威、保障司法公正提供行之有效的方案。司法体制改革是一个持续的、不断深入的过程，综合配套改革仅仅是整个司法体制改革的一个阶段，真正实现公正司法必须巩固各个阶段的改革成果、总结实践经验、创新改革方案，建立一套稳定可行的长效机制。这也是一项长期的、艰巨的系统工程，但社会主义法治建设的步伐不会停歇，距离司法体制改革的最终目标也会越来越近。

点　评

上海市通过的《关于上海市开展司法体制综合配套改革试点的框架意见》提出了规范权力运行、深化科技应用、完善分类管理和维护司法权威四个方面的综合配套改革措施。其中：规范权力运行是核心，维护司法权威是目的，深化科技运用和完善分类管理是手段或路径。围绕这四大方面的改革方案，上海市《框架意见》设定了25项改革举措，并将25项改革举措划分为117项具体的配套措施，为全国各地司法体制综合配套改革的推进提供实践样本。总体而言，司法体制综合配套改革是一个长期而系统的工程，对内要完善内部组织的建设和内部权力的配置，对外要实现相关职能部门包括社会、行政、司法、立法等部门的协调，其目的在于构建系统化、规范化、科学化的现代司法体制体系。

（点评人：武汉大学法学院　江国华教授）

人权保障的中国道路

——《国家人权行动计划（2016–2020年）》的解读与思考

邓书琴*

摘　要： 本文以2016年9月29日发布的《国家人权行动计划（2016-2020年）》为依据，对该行动计划的发布背景、发布依据和主要内容进行介绍，并着重从司法的角度对人权保障进行解读，其中，选取了律师权利保障、司法公开和冤假错案防范展开阐释，从这三个维度来展现司法中人权保障的重要性、路径选择以及现有成果。《国家人权行动计划（2016-2020年）》把我国人权事业的发展提升到了一个新高度，使人权事业发展的组织性更强、规范性更强，同时，人权保障工作要坚持与中国的实际相结合，与法治建设相结合。

关键词： 国家人权行动计划　人权保障　律师权利　司法公开　冤假错案

一、《国家人权行动计划（2016–2020年）》概况

（一）发布背景

1993年召开的世界人权大会通过了《维也纳宣言和行动纲领》，建议每个成员方考虑制定国家人权行动计划，以此来确定各国为促进和保护人权所应采取的措施。据联合国人权事务高级专员办事处网站截至2016年9月25日公布的统计数据显示，全世界共有37个国家制定了49期国家人权行动计划，

* 邓书琴，武汉大学法学院2016级宪法学与行政法学硕士研究生。

其中，有9个国家制定过两期行动计划，有3个国家制定过三期国家人权行动计划。[1]我国政府自1991年起开始发表《中国的人权状况》或《中国人权事业的进展》白皮书，但这些都是对已经形成的人权状况进行总结，缺少对人权事业的规划。从2009年开始，我国积极制定《国家人权行动计划》，通过规定未来的工作目标和具体措施的方式来进一步将人权保障落到实处。

2016年9月29日，由我国国务院新闻办公室和外交部牵头编制的《国家人权行动计划（2016-2020年）》发布，确定了2016-2020年尊重、保护和促进人权的目标和任务。在发布此次行动计划之前，我国已经制定了两期《国家人权行动计划》，分别是《国家人权行动计划（2009-2010年）》和《国家人权行动计划（2012-2015年）》，并进行了中期评估工作和终期评估工作，通过调研、评估形成《实施评估报告》。与前两次的国家人权行动计划实施时间为2年、4年相比，本次行动计划与我国"国民经济和社会发展第十三个五年规划纲要"的实施周期一致，从人权保障的角度对"十三五"规划纲要的部分内容进行阐述。这种与"十三五"规划纲要相契合的制定方式，更有利于使本次行动计划在具体实施中与国家的发展相统一、相协调。

（二）法律依据

1. 国际法依据

一方面，《国家人权行动计划》本身是履行国际条约的一种形式，是将我国参与的人权公约所要求的权利义务中国化、具体化的手段，是将中国的人权建设自觉纳入国际监督的方式。另一方面，《国家人权行动计划》的内容中包含了对人权条约履行和国际交流合作。

形式上，以计划的形式开展保障人权的活动是国家履行国际法义务的方式之一。国际人权监督机构关于制定人权计划的建议是重要的软法依据，比如联合国人权事务高级专员办事处曾出版《国家人权行动计划指南》，为国家制定人权计划提供技术和资金支持。

内容上，基于"条约必须信守"的义务，我国必须善意履行国家在国际法上应承担的义务，并且要在国内采取积极的措施来更好地实现这些义务。[2]

---

[1] 参见常建："第三期国家人权行动计划的新特点"，载《光明日报》2016年10月1日。

[2] 参见毛俊响、杨逢柱："制定及实施国家人权行动计划的国际法依据"，载《广州大学学报》2012年第1期。

例如，在公民权利和政治权利上，《国家人权行动计划》为不阻碍实现《公民权利和政治权利国际公约》的目的和宗旨提供条件，以《公民权利和政治权利国际公约》《禁止酷刑和其他残忍、不人道或有辱人格的待遇或处罚公约》等人权公约作为国际法上的依据，衔接有关规定。

2. 国内法依据

我国《宪法》是国家的根本大法，但由于《宪法》只是对公民的基本权利作出概括性、原则性的规定，《宪法》不能被直接适用于司法实践中，也没有宪法诉讼。在具体实施中，还需要通过法律法规、政策的具体规定来实现对人权的保障，因此制定人权行动计划符合我国保障基本权利的模式。[1]

内容上，《宪法》中"国家尊重和保障人权"的规定为《国家人权行动计划》提供了宪法依据。除此之外，以公民权利和政治权利为例，还有《刑法》《刑事诉讼法》《监狱法》等法律作为依据。

（三）主要内容

《国家人权行动计划（2016－2020年）》（以下简称《行动计划》）由"经济、社会和文化权利""公民权利和政治权利""特定群体权利""人权教育和研究""人权条约履行和国际交流合作""实施和监督"六个部分组成，坚持依法推进、协调推进、务实推进、平等推进、合力推进五个原则。

在这些内容中，涉及立法、司法、法治理念的内容占到了全文内容的近五分之二。除了在"公民权利和政治权利"这一部分有关于落实人身权利、司法权利、政治参与权利的集中规定之外，其他部分也有所涉及。

例如，在经济、社会和文化权利方面，规定了保障公民的工作权利、基本生活水准权利、社会保障权利、财产权利、健康权利、受教育权、文化权利、环境权利的具体措施，要求"完善劳动保障监察执法体制和劳动人事争议处理机制"，"深入贯彻实施食品安全法"，"实施慈善法"，"有序推进民法典编纂工作……推动土地管理法修改及其配套法规立法工作……依法合规界定企业财产权归属"，"修改职业教育法"，"加快推进公共图书馆法、文化产业促进法、公共文化服务保障法、电影产业促进法立法。修订文物保护法、著作权法及其配套行政法规"，"完善环境公益诉讼等配套制度。有序推进水

[1] 参见汪进元等：《〈国家人权行动计划〉的实施保障》，中国政法大学出版社2014年版，第229页。

污染防治法、土壤污染防治法、核安全法等立法规划项目进程”。

在特定群体权利方面，要求切实保障少数民族、妇女、儿童、老年人和残疾人的合法权益，“贯彻落实反家庭暴力法”，“修改未成年人保护法……完善并落实不履行监护职责或严重侵害被监护儿童权益的父母或其他监护人资格撤销的法律制度”，“依法打击拐卖、虐待、遗弃儿童，利用儿童进行乞讨，以及针对儿童的一切形式的性侵犯等违法犯罪行为。严厉惩处使用童工和对儿童进行经济剥削的违法行为……最大限度地降低未成年犯罪嫌疑人的批捕率、起诉率和监禁率。改革少年审判和家事审判工作制度，建立儿童司法保护和行政保护衔接机制。继续做好犯罪未成年人社区矫正工作”，“建立健全老年宜居环境政策法规和标准规范体系”，“完善残疾人获得法律援助、法律服务和司法救助制度。严厉打击侵犯残疾人合法权益的违法犯罪行为。畅通残疾人群体的利益表达渠道”。

在人权教育和研究方面，要求为人权事业发展提供智力支持，提高全社会人权意识，“把人权教育作为加强国家工作人员学法用法工作重要内容”。

在人权条约履行和国际交流合作方面，要求按计划撰写一系列有关人权公约的履约报告，加强国际上和各国之间人权的交流与合作，“认真履行已参加的国际人权条约……继续推进相关法律准备工作，为批准《公民权利和政治权利国际公约》创造条件”。

在实施与监督方面，“各级地方政府、中央和国家机关各有关部门应结合各地区特点和各部门工作职责，制定《行动计划》实施方案，确保《行动计划》各项目标任务顺利完成”等。

二、人权司法保障的解读

国家对于人权的保障包含了人权立法保障、人权行政保障和人权司法保障，这三种保障各自在国家人权保障体系中发挥着独特作用。[1]人权立法保障是从宏观的、制度化的角度作出规范来实现保障目的；人权行政保障是从行政机关依法行使行政权的角度规范行政行为，避免相对人的人权受到侵犯；人权司法保障则是从权利救济、司法审查的角度去回归人权保障。同时，人权司法要遵守人权立法所形成的法规范，对行政过程中的人权保障进行监督。

〔1〕 参见韩大元：“完善人权司法保障制度”，载《法商研究》2014年第3期。

我国人权事业的发展经历了从人权入法到人权司法的过程，立法是司法保障人权的法律依据，司法是实现人权的关键。对此，本文从司法的过程参与、监督、救济三个角度，选取律师介入、司法公开和冤假错案的防范、纠正这三个方面进行论述。

（一）积极发挥律师的作用

“律师”一词在《行动计划》中出现了10次，集中在听取律师意见、加强律师各项权利的制度保障方面。参考近几年律师数量的年度统计可知，我国律师数量正以每年2万人左右的速度蓬勃增长。截至2016年3月30日，全国执业律师的数量已超过29.7万人，律师事务所多达2.4万余家。律师俨然已是法律工作的中流砥柱。

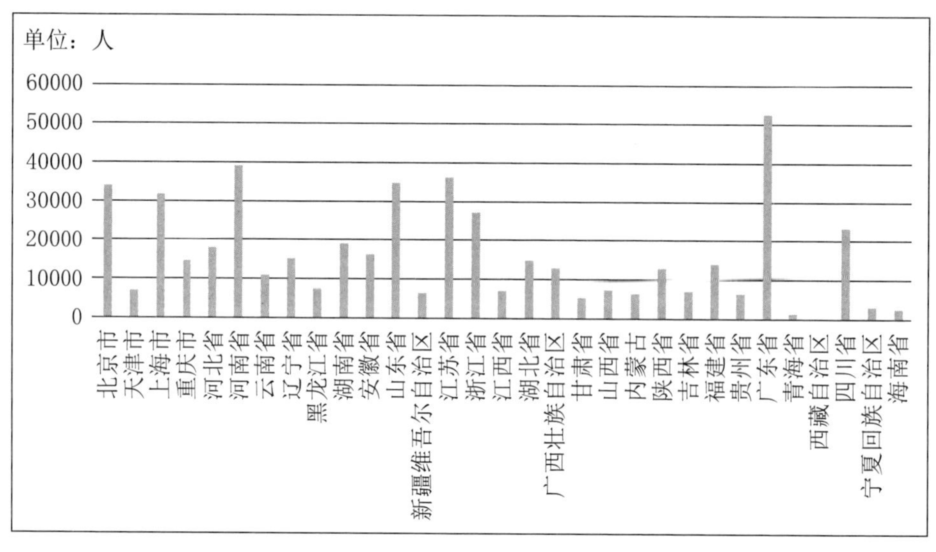

图1　各省市律师名片数量

为多方面展现律师行业从业者的情况，我们以湖南省为例，根据全国首个司法O2O平台、湖南司法厅主办的“如法网”的数据统计，全省律师事务所694个，律师12 311名。[1]律师类型和学历情况反映如下图：

〔1〕“律师数据智能分析”，载http://gl.rufa.gov.cn/lawyeeCas/eformAction/lawyee_japub/LargeData.lawyer1?aid=&cid=reportrequest，2016年11月10日最后访问。

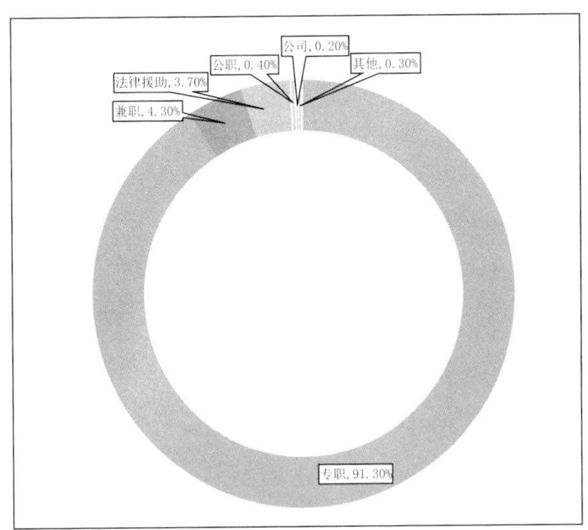

图 2　湖南省律师类型分析

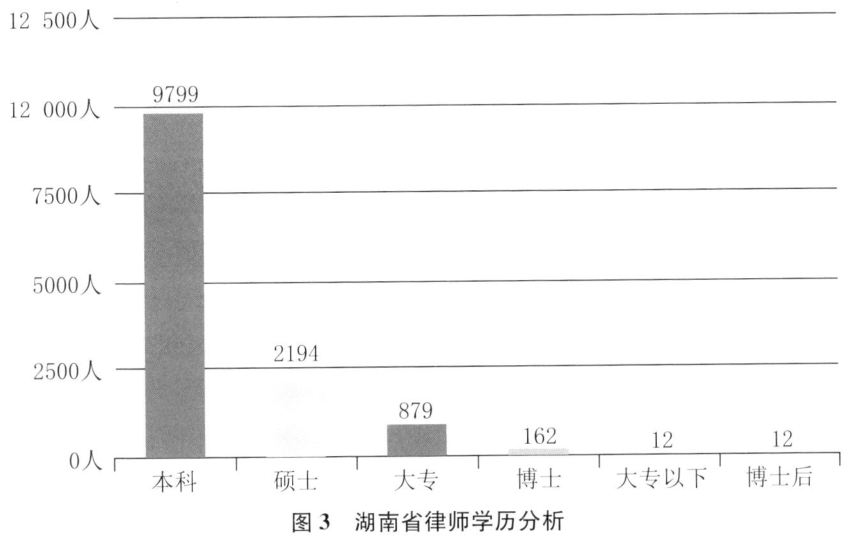

图 3　湖南省律师学历分析

人们对律师的看法从最初的“帮坏人说话”“昧着良心赚钱”到如今的“有事找律师谈”，并将律师定义为高薪职业，可以看出人们对律师这一项外来职业的认可度逐步升高。

保障律师执业权利具有必要性和紧迫性。对律师执业权利的保障不仅是对律师职业的尊重和肯定，更直接关系到犯罪嫌疑人、被告人人权保障的问题。律师执业的正当性是一种理论上的概念，它需要被赋予具体的执业权利才能转化为行为正当和结果正当，尤其是在刑事诉讼中，个人力量与国家力量形成强烈对比，犯罪嫌疑人、被告人在司法程序中是弱者，公诉机关的意见常具有近乎决定性的作用。律师作为能为犯罪嫌疑人、被告人发声的专业人员，倘若其自身尚且不能享有完整的执业权利，人们也难以相信犯罪嫌疑人、被告人能享有完整的获得律师帮助权，相信律师能积极防止其权利不被忽视、不受侵害。

在《我国刑事误判问题透视——以20起震惊全国的刑事冤案为样本的分析》一文的调查中，17起（占样本总数的85%）案件的律师都尽到了应有的职责，正确指出了侦查、检察机关的指控和法院裁判中存在的问题，证明犯罪嫌疑人、被告人是无罪的，但因种种原因，侦查、检察机关以及法院都未予以采信，导致案件被错判。[1]据统计，2013年至2015年6月，检察机关共受理律师控告办案机关阻碍行使诉讼权利案件4109件，通知有关办案机关纠正3372件；2015年上半年，针对辩护人、诉讼代理人提出的有阻碍其行使诉讼权利情形的情况，向有关部门提出纠正465件。[2]

律师执业权利的保障和发展是司法改革中的热门话题，是衡量司法文明的重要指标之一。中央和各地纷纷出台规范性文件解决执业难题，以建立律师服务平台增强互动，以规范服务加强权利保障。其中，《行动计划》关于通过保障律师权利来保障人权的规定主要体现在尊重律师意见的表达上。在侦查、起诉、审判各环节，都要健全、落实重视律师意见的机制和制度，尤其是在侦查阶段，犯罪嫌疑人委托的律师提出不构成犯罪、无逮捕必要、不适宜羁押、侦查活动有违法犯罪情形等书面意见以及提供相关证据材料的，检察人员应当在审查逮捕意见书中说明是否采纳律师意见的情况和理由。以此展开，还要保障律师在诉讼中会见、阅卷、收集证据和发问、质证、辩论等方面的执业权利，加强律师的知情权、申请权、申诉权等各项权利的制度保障。

---

〔1〕 参见陈永生："我国刑事误判问题透视——以20起震惊全国的刑事冤案为样本的分析"，载《中国法学》2007年第3期。

〔2〕 参见王志国、戴佳："检察机关依法保障律师执业权利　两年半纠正办案机关阻碍律师行使诉讼权利3372件"，载《检察日报》2015年8月19日。

（二）坚持以公开促公正

“刑不可知，则威不可测。”如今的国家治理早已不是愚民治理，司法黑暗是对人权的严重践踏。《行动计划》中有关在行政、司法、执法中公民知情权的规定与党的十八届四中全会提出的《中共中央关于全面推进依法治国若干重大问题的决定》一脉相承，主要体现在加强建设互联网政务信息数据服务平台和便民服务平台，公示行政执法，完善突发事件信息发布制度，推进警务、狱务、审判、检务公开，建立生效法律文书统一上网和公开查询制度，保障人民群众参与司法调解、司法听证、涉诉信访活动等几个方面。

以公开司法来保障人权的实现方式是“将司法权运作的依据、过程及其可能产生的效果向社会公众展示，使社会公众能够参与到对司法权的监督当中”，〔1〕从而倒逼司法合法、公正，实现对人权的保障。

目前我国法院系统建立了四大公开平台，分别是审判流程公开平台、裁判文书公开平台、执行信息公开平台和庭审活动公开平台，并努力创新公开方式。截至2016年10月16日，中国裁判文书网公开裁判文书超过2180万篇，访问量突破31亿人次，其中超过8亿人次的访问量来自海外，覆盖200多个国家和地区，成为全球最大的裁判文书网。全国90%以上的法院开通门户网站，并不断完善网站功能，便于人民群众了解司法、参与司法、监督司法。最高人民法院开通了微博、微信和新闻客户端，建成“全国法院微博发布厅”，全国3200多个法院开通官方微博、微信，及时向社会公开审判执行信息；开通了中国法院手机电视APP，及时报道法院重要新闻和重大案件。〔2〕2016年7月1日开始，最高人民法院所有公开审理案件原则上一律在中国法院庭审直播网、最高人民法院官方微博、新浪网法院频道三个平台同步进行网络视频直播。

司法公开增强了各界对国家机关工作人员的监督，从而能给公民权利更多的保障。在取得巨大成就的同时，我国的司法公开也存在一些比较突出的问题，比如，应全部公开的可能变成了有选择性的公开；司法公开的内容多为形式化的，缺少对说理性内容的公开；民众对于司法公开的参与度不高，

---

〔1〕 江国华、周海源：“司法民主与人权保障：司法改革中人民司法的双重价值意涵”，载《法律适用》2015年第6期。

〔2〕 参见最高人民法院：“关于深化司法公开 促进司法公正情况的报告”，载http://finance.ifeng.com/a/20161108/14993972_0.shtml，2016年11月10日最后访问。

最高人民法院微博的转发、留言数不够高，大部分省高院微博的转发、留言数只有二三十条；公开的内容多被用于研究和资料收集，在其他方面的作用有限等。这些问题亟需改进，否则会影响司法公开的价值，偏离了以司法公开作为保障人权重要手段之一的目的。

（三）坚决防范冤假错案

公民享有获得公正审判的权利，然而，在诸多条件的共同作用下，仍然产生了一些冤假错案。近代社会宪法发展的历史，就是关于人权保障的历史，首先就是反对司法专横和司法权滥用的历史，是从制度上防止产生冤案，争取正当司法程序保障的历史。〔1〕《行动计划》与司法改革在预防、纠正冤假错案，落实保障人权等方面共同涉及的内容主要有以下两大方面：

1. 推进以审判为中心的诉讼制度改革

从理论上而言，公安机关、检察院、法院应遵循分工负责、互相配合、互相制约的原则。但是，与这一原则相背离的、实践中以侦查为中心的格局还是不时出现。这种不合理的格局导致公检法三机关配合有余，制约不足。在一些案件中，虽然疑点重重，但公诉人直接按照公安机关给出的意见公诉，法院盲目采信，仍然作出有罪判决。这其中的原因是复杂的，可能涉及超期羁押、有关部门不当干涉等多重因素。另一重要原因，就是检察院和法院的妥协。因此，应尊重司法运行规律，从“侦查中心主义”向“审判中心主义”转变，强化审判的地位，避免侦查、起诉、审判的流水式作业，将审判沦为形式化工具。“打造以审判为中心的诉讼结构，就要想办法弱化警察对犯罪嫌疑人命运的控制作用，同时，要保证法院对刑事诉讼实体性问题和程序性问题的解决享有最终决定权。”〔2〕

2. 防范刑讯逼供，规范执法行为和司法行为

国家保障人权，不仅要求在结果上能惩治犯罪，实现正义，给被害人的人权一个回应，同时必须要求“以看得见的方式”即通过程序正义来实现对犯罪嫌疑人、被告人人权的尊重和保护。我国新旧刑事诉讼法都规定了“严禁刑讯逼供”，而且2013年1月1日生效的《刑事诉讼法》新增了关于排除非法证据的内容、程序等，期望以扼杀暴力取证的源动力的方式来防止刑讯

〔1〕参见蔡定剑：“冤假错案与人权保护”，载《法学》2000年第4期。

〔2〕樊崇义、张中：“论以审判为中心的诉讼制度改革”，载《中州学刊》2015年第1期。

逼供，这是我国人权事业的又一次重大飞跃。

刑讯逼供经历了一个从传统社会的合法性到现代社会的非法性的过程，它“要求一个人既是控告者，同时又是被告人，这就是想混淆一切关系；想让痛苦成为真相的熔炼炉，似乎不幸者的筋骨和皮肉中蕴藏着检验真相的尺度”。[1]这破坏了民主制度下政府权力行使的合法性基础和社会秩序，[2]与现代司法文明、社会进步相悖，与国家尊重和保障人权的原则相悖。从表面上来看，刑讯逼供既满足了办案人员的控制欲和征服感，又能加快侦破案件的速度，给民众一个交代。而实际上，棰楚之下，何求而不得。极端功利主义的思想极易造成冤假错案，因为刑讯逼供的结果是打击“犯罪”，能获得一个量化的指标，但保障程序公正却并不能带来直观的利益，在结果正确的情况下，社会对于刑讯逼供的容忍度就会被放大，这也成了刑讯逼供屡禁不止的社会性原因之一。[3]可是，残酷打击犯罪嫌疑人、被告人精神和肉体，使用看似快速的体力审讯法，却仍不一定能获取一个真实的口供。即使犯罪嫌疑人、被告人就是犯罪之人，他们也享有基本人权。随着科技的发展，可以通过心理战术、刑事侦查等多种手段发现案件真相，而不应把注意力放在用野蛮而落后的手段来获取口供上。倘若犯罪嫌疑人、被告人是无辜者，让无罪之人承受痛苦、承认有罪，这无疑摧残了民众对司法的信任，办案人员的良心也会受到谴责。当然，“案件必破”体现了执法者对公民负责的决心，会督促办案人员尽心尽力，但也必须认识到事物发展的规律，不能“逼良为娼”。

三、评价与思考

（一）《行动计划》的必要性与局限性

如前所述，《行动计划》是中国人权保障的重要政策和措施，与司法改革相呼应，对推动我国人权事业的发展有着重要的意义。现有《行动计划》是目前最为妥当的安排，具有里程碑式的意义，有利于将法定权利转向为实有权利。同时，笔者通过一系列研究，产生了以下几点思考。

〔1〕［意］贝卡里亚：《论犯罪与刑罚》，黄风译，中国法制出版社2002年版，第36页。

〔2〕参见贺卫方：《运送正义的方式》，上海三联书店2002年版，第122页。

〔3〕参见吴丹红：“角色、情境与社会容忍——法社会学视野中的刑讯逼供”，载《中外法学》2006年第2期。

1.《行动计划》的性质

该《行动计划》是由国务院新闻办公室和外交部牵头编制，经国家人权行动计划联席会议机制审核同意后发布的，这其中有两个问题。

一是该《行动计划》由新闻和外交部门牵头编制，作为与人权有密切关联的司法部却没有作为牵头单位，而是仅作为众多参与的部委当中的一员。从这个形式上来看，似乎制定人权行动计划更强调在宣传方面的意义，是将其作为国际人权斗争的利器，回应其他国家对我国人权建设的诬蔑，因此其政治意义大于法律意义，对国内人权保障的实效性影响有限。

二是该《行动计划》不是由全国人民代表大会及其常委会制定的，也不属于行政法规、部门规章，它的性质是国家政策，而非立法文件，因此不具有法律的强制力。那么，在各机关的工作中，该《行动计划》作为依据的威慑力是否足够，以及其究竟能否得到落实、如何得到落实都有待思考，公民也不能依据该计划行使诉权或者以其他形式向公权力机关寻求保障。当然，政策也有其自身的合理性和优越性，政策能为立法打下基础，提供经验，能灵活地适用于具体问题。按照第一期《行动计划》的制定方式，这种计划在起草时是以部委已经形成的工作计划为依据的，不是增加新的规定要求部委去完成，也不会要求部委制定新的配套措施。[1]本期《行动计划》新增了要求各级地方政府、中央和国家机关各有关部门结合各地区特点和各部门工作职责，制定《行动计划》实施方案的内容，能使得该问题有所缓解。同时，根据我国《宪法》的规定，国务院可以向全国人民代表大会常务委员会提出议案，为《行动计划》中所提及的立法工作提供路径。

2. 比较分析

（1）三期《行动计划》的差异。《行动计划（2009－2010年）》特别地将农民的权益保障、四川汶川特大地震灾后重建中的人权保障单独作为一小节列出，但不含有实施与监督的内容；《行动计划（2012－2015年）》增加了“实施与监督”的内容。这两期计划都将“被羁押者的权利”单独列出，把知情权、参与权、表达权、监督权分开表述，第三章的标题为“少数民族、妇女、儿童、老年人和残疾人的权利”，第五章的标题为“国际人权义务的履行及国际人权领域交流与合作”，在“人权教育”中尚未包含人权研究的

〔1〕参见马昌博：“人权计划‘让世界理解中国做了什么’”，载《南方周末》2009年4月16日。

内容。

《行动计划（2016-2020年）》在原有的“依法推进”“全面推进”“务实推进”三原则的基础上增加了“平等推进”和“合力推进”两个原则，将“全面推进”改为“协调推进”。同时，增加了“财产权利”一章，将“被羁押者的权利”的内容纳入“人身权利”的部分，第三章的标题将“少数民族、妇女、儿童、老年人和残疾人的权利”归纳为“特定群体的权利”，第四章不仅要求发展人权教育，还增加对人权的研究要求，第五章标题精简为“人权条约的履行和国际交流合作”。另外，尽管我国2004年的《宪法》修正案在国家的经济制度中全面确立了对私有财产权的保护，但前两期国家人权行动计划都没有将“财产权利”专节列出，直到本期计划，财产权利才被列出，包含了有关民法典、农村土地、企业财产权、不动产登记、自然资源资产产权、知识产权等规定。

与前两期相比，本期《行动计划》在总体上变动不大，实质性内容的变化不多，但本期《行动计划》更主动、更全面、更科学，把人权事业的发展提升到了一个新高度，使人权事业发展过程中的组织性更强、规范性更强。需要说明的是，三期《行动计划》都在“经济、社会和文化权利”部分使用了大量指标、数据作为目标，在“公民权利和政治权利”部分则回避了指标，采用制度建设的方式予以规定。应当来说，这种方式是考虑到现实情况，具有可操作性的。因为用指标衡量公民权利和政治权利没有太大的意义。例如，假如将“批捕准确率100%”设定为指标纳入考核，可是受到客观条件的约束，很难实现该理想目标，那么侦控部门为了完成业绩，就容易采取一些非正常手段，也更加不愿承认工作中存在的失误或错误，这样的话，犯罪嫌疑人的人权将更加难以得到保障和救济。

（2）《行动计划》与其他规范的差异。在权利体系上，不同性质、思想体系的国家在对公民基本权利的排序上有所差别。例如，以自由主义思想为基础的资本主义国家的宪法基本按照个人自由（公民权利）、政治权利和社会权利的顺位排列公民基本权利；苏联1936年《宪法》按照社会性权利、政治权利、公民（个体性）权利的顺位对公民基本权利进行排序；而我国现行《宪法》则将公民权利按照平等权、政治权利、个体自由和社会权利的顺位进行规定。[1]

《世界人权宣言》按照公民权利和政治权利、经济社会文化权利、特殊群体的权利、集体权利的顺序成文。相比之下，我国三期《行动计划》均将经济、社会和文化权利放在公民权利和政治权利之前，这体现了我国与西方在人权观上的不同。我国是发展中国家，公民的生存权和发展权是我国政府要保障的首要权利，相比而言，西方更侧重于对公民权利和政治权利的保障。

（二）人权保障的综合性机构

人权是人之所以为人、与生俱来所应享有的权利，但人权本身不能将其从应有状态转化到实有状态，需要外界力量的作用予以实现和保障，国家、国际组织、非政府组织、个人等都是人权保障的义务主体。我国将“国家尊重和保障人权”写入《宪法》，明确了国家是保障人权的义务主体，并且是最主要的义务主体。国家作为义务主体意味着国家要承担消极义务和积极义务。消极义务要求国家不得非法干涉公民的自由，不得实施侵犯公民人权的行为；积极义务要求国家主动采取保障公民人权的措施，并能为公民人权在受到侵犯时提供权利救济，积极措施包括形成法律保障体系、司法保障制度、系列保障政策、教育与研究、国际交流与合作等。

中国目前尚未成立《巴黎原则》中所界定的国家人权机构，本期《行动计划》对于国家人权机构也没有任何表态。设立《巴黎原则》所指的国家人权机构是国际人权运动大环境下的趋势，依宪法和法律设立国家人权机构有很大的现实意义。在实践中，我国目前有专门机构在人权领域开展工作，承担了类似于国家人权机构的职责，如国家信访局、国务院妇女儿童工作委员会、国务院残疾人工作委员会、国家民族事务委员会、全国老龄工作委员会等部门。[2]但缺乏一个综合性的、级别较高的机构对各领域人权工作进行统一和协调，缺乏一个专门的国家机构对国内人权事业的发展进行评估，缺乏一个专门机构与国际人权保护组织长期对接。

一般来说，国家人权机构的主要职能一般涉及六个层面。第一，在规范文件层面，国家人权机构负责起草、制定相关法律规范、政策，促进国家对

---

〔1〕 参见秦前红主编：《新宪法学》，武汉大学出版社2015年版，第84页。

〔2〕 参见北京大学法学院人权与人道法研究中心网站，http://www.hrol.org/Organizations/China/，2016年11月10日最后访问。

国际条约的参与和履行；第二，在咨询、建议层面，国家人权机构负责提供专业的意见；第三，在监督层面，国家人权机构应保持独立性，能客观地对国内人权情况进行评估，并能有效监督国家立法、行政、司法机关是否实施了侵犯人权的行为；第四，在国际交流层面，国家人权机构负责与其他人权保障机构开展合作，积极应对国际人权问题；第五，在权利救济层面，国家人权机构负责调查侵犯人权的案件，接受申诉；第六，在宣传层面，国家人权机构负责领导开展人权教育、研究，普及人权观念，提高人权保护意识。

然而，设立独立的国家人权机构将会对我国现有的国家机构模式产生冲击，需要对《宪法》进行修改，处理好国家人权机构与立法、行政、司法等诸多机关的关系，并制定专门的法律。同时，我们也必须认识到国家人权机构是对现有人权保障体系的补充和完善，并非要替代现有立法、行政、司法机关和非政府组织在人权保障事业中的地位，各机关仍应履行其保障人权的职责和义务。〔1〕因此有学者提出，我国可以在现有的框架下设立国务院议事协调机构、全国人大专门委员会，循序渐进，最终成立专门的国家人权机构；〔2〕或者将国家信访局向国家人权保障机构转换，承担接受公民申诉的职能。〔3〕

（三）中国特色人权的建设

中国对人权的态度经历了从拒绝到接受，从接受到主动保护，再到结合法治开展保护的转变。自从意大利文艺复兴先驱但丁首次提出人权概念之后，资产阶级革命初期，为反对“神权”“王权”，资产阶级提出了有关人权的主张，并在革命胜利后将其确立为重要的宪法原则。然而，资产阶级夺得政权后，无视人权的本质与价值，明文歧视妇女，还打着保护人权的旗帜侵略中国，诬蔑中国践踏人权。一度以来，人权在中国成了禁词，人权被标志为资产阶级的意识形态，被认为是西方国家进行渗透和和平演变的阴谋，人道主义、人性论受到批判。直到 20 世纪 90 年代，人们才重新开始研究人权。人权是指人作为人应享有的权利，是一个人依其自然属性和社会本质在社会中

---

〔1〕 参见张伟：“关于在中国设立‘国家人权机构’的几点思考”，载《中国政法大学学报》2011 年第 6 期。

〔2〕 参见袁钢：“《巴黎原则》与中国国家人权机构的设立”，载《人权》2016 年第 2 期。

〔3〕 参见李红勃、王赫琰：“北欧国家人权机构模式及其对中国的启示”，载《南京大学法律评论》2015 年第 2 期。

应享有的政治、经济和文化等各项自由平等权利的总称，但它受到社会经济和文化发展的制约。〔1〕所以，人权有“应有人权、法定人权和实有人权”三种形态。〔2〕目前，我国《宪法》已将应有人权转化为法定人权，法定人权向实有人权的转化还需继续通过实践来完成，通过对国家权力的限制和约束、对国家权力行使的规范化、对国家造福人民的高要求来保障人权和发展人权。基于我国历史发展的客观条件，我国的法治建设是以国家为主导，而不是以社会经济发展和社会力量为主来推动的。在这种情况下，更要注意保障民主、法治和人权，进一步完善有关人权的法律保障体系，加强法律的执行力，让法律监督和其他监督共同作用于人权保障。

同时，保障人权必须遵守普遍性与特殊性相结合的原则。人权既是国际社会重视的问题，也是一国主权范围之内的事情。一方面，各国的历史、社会文化发展、意识形态不尽相同，制度存在差异是正常的，没有高下优劣之分，某一国家对人权的态度和做法不是衡量其他国家人权保障好坏程度的标准。以美国为首的西方国家不能忽视差异性，枉自评论别国行为，更不能实行双重标准，否定其本国有侵害人权的行为。另一方面，中国作为最大的发展中国家，要坚持中国特色社会主义道路，对中国的人权事业充满信心。以美国为例，受“天赋人权”的人权观影响，美国不承认生存权、发展权是基本人权，不太承认集体权利，对经济、社会和文化权利的重视不高；受“自由主义公民观”的影响，他们认为国家是侵犯人权的最主要的来源，公民权利和政治权利才是高级的人权，是人权的核心；〔3〕但我们要联系实际情况，我国持“马克思主义人权观”，落实公民的生存权、发展权仍是我们保障人权的首要任务，在此基础上再带动、促进其他种类权利的发展，从而建立一整套发展、保障人权的中国特色人权体系。当然，随着社会条件的变化，我们也会对人权战略及时作出调整。

点　评

党的十八大以来，以习近平同志为核心的党中央，坚持以人民为中心的

〔1〕 参见刘海年：《新中国人权保障发展六十年》，中国社会科学出版社 2012 年版，第 3 页。

〔2〕 李步云：“论人权的三种存在形态”，载《法学研究》1991 年第 4 期。

〔3〕 参见谷春德：《中国特色人权理论与实践研究》，中国人民大学出版社 2013 年版，第 212 页。

发展思想，从推进国家治理体系和治理能力现代化的高度，作出了全面依法治国的重大战略部署，将尊重和保障人权置于社会主义法治国家建设更加突出的位置，开启了中国人权事业法治化建设的新时代。在创新、协调、绿色、开放、共享的新发展理念指引下，中国出台了《国家人权行动计划（2016－2020年）》，这是一项重要的人权战略，是新时代中国人权事业发展的纲领性文件，它标志着我国人权事业的发展进入了新的历史阶段。我们今后的理论研究应落脚于国家人权保障的关注重点与侧重趋势，同时结合国内外实际情况及理论走向，为人权保障工作提供富有意义的参考。

（点评人：武汉大学法学院　江国华教授）

最高人民检察院司法办案责任制改革评论

符　迪*

摘　要：司法责任制改革是司法体制改革的基石，检察官办案责任制的落实是司法责任制改革的核心内容，而要落实检察官办案责任制首要的就是要科学设置检察院机关办案组织及运行机制。2017年9月12日，最高人民检察院印发了《最高人民检察院机关司法办案组织设置及运行办法（试行）》，此次《司法办案组织办法》共分15条，是在《关于完善人民检察院司法责任制的若干意见》《最高人民检察院机关司法责任制改革实施意见（试行）》和《最高人民检察机关检察官司法办案权力清单》等规定的基础之上，结合最高人民检察院工作实际，对最高人民检察院机关的司法办案组织设置及其运行机制所作的详细规定。此次《司法办案组织办法》的公布施行是我国完善人民检察院司法责任制的重要制度支撑，其对于保障检察机关依法独立公正行使职权，提高司法公信力具有重要意义。本文即尝试对此次《司法办案组织办法》中的亮点进行解读。

关键词：办案责任制改革　办案组织设置　运行机制

2015年9月28日，最高人民检察院公布了《关于完善人民检察院司法责任制的若干意见》（以下简称《意见》）。该《意见》从检察官实施司法责任制的目标和基本原则、健全司法办案组织及运行机制、健全检察委员会运行机制、明确检察人员职责权限、健全检察管理与监督机制、严格司法责任认定和追究的六个方面对落实检察机关司法责任制作出了原则性规定。此后为

* 符迪，武汉大学法学院2017级宪法学与行政法学硕士研究生。

了全面推进检察官办案责任制，最高检机关又相继出台了两类各五项制度，其中针对司法责任制的运行构建了包括《最高人民检察院机关司法责任制改革实施意见（试行）》（以下简称《实施意见》）、《最高人民检察院机关检察官司法办案权力清单（2017 年版）》《最高人民检察院机关司法办案组织设置及运行办法（试行）》《最高人民检察院机关检察官联席会议规则（试行）》《最高人民检察院机关案件承办确定工作管理办法（试行）》在内的五项制度。[1]此次《最高人民检察院机关司法办案组织设置及运行办法（试行）》（以下简称《司法办案组织办法》）正是着眼于为司法办案新机制的运行提供制度保障而制定的，其标志着最高人民检察院在探索司法体制改革中，为落实司法责任制迈出了坚定且重要的一步。下面本文将就最高人民检察院《司法办案组织办法》的出台背景、总体思路及目标、主要内容以及部分亮点进行解读，对其进行进一步的探讨。

一、《司法办案组织办法》概述

(一)《司法办案组织办法》的出台背景

党的十八大报告提出，要“进一步深化司法体制改革，坚持和完善中国特色社会主义司法制度，确保审判机关、检察机关依法独立公正行使审判权、检察权”。党的十八届三中全会明确了以司法责任制改革为核心的四项司法体制改革先行试点。[2]中央全面深化改革领导小组第三次会议审议通过了《关于司法体制改革试点若干问题的框架意见》，其中明确提出司法体制改革的关键是要建立健全司法责任制改革，而健全检察院办案组织设置及运行办法则是落实检察院司法办案责任制的内在要求。2015 年 9 月 28 日最高人民检察院出台的《意见》，成为当下完善检察院司法办案责任制的指导性文件，其中对于检察院办案组织、职责权限、运行机制、监督管理以及责任追究等作了明确的划定，有效地弥补了现行立法的不足。[3]

然而《意见》中对于两种办案组织之间的关系、主任检察官的产生机制

---

〔1〕 于潇：“最高检：系列改革文件为推进检察官办案责任制奠定基础”，载 http://news.cqnews.net/html/2017-09/29/content_ 43024838.htm，2017 年 9 月 29 日最后访问。

〔2〕 司法体制四项改革先行试点：（1）完善司法人员分类管理；（2）完善司法责任制；（3）健全司法人员职业保障；（4）推动省以下地方法院检察院人财物统一管理。

〔3〕 何静：“司法责任制背景下检察办案组织的优化”，载《河南财经政法大学学报》2017 年第 2 期。

及权限范围、办案组织与业务部门负责人之间的关系等问题并没有作出较为具体的规定。因此在实践中，可能导致诸如：①检察官办案组和独任检察官这两种办案组织在办理案件的类型上并无实质性的差异，不能体现《意见》中规定的按“案件类型”划分两类组织受案范围的要求。〔1〕②主任检察官的任免条件不明，权责不清，即主任检察官由谁担任、由谁任命以及主任检察官可以对哪些案件作出决定、施加影响的问题。③业务部门负责人的权力和责任承担不明确，带来相应的问题是业务部门负责人是否有权对独任检察官或者检察官办案组的意见或决定进行改变以及业务部门负责人和检察官谁应承担相应的司法责任等问题。〔2〕

为了解决上述问题，最高人民检察院印发了《司法办案组织办法》，该办法是司法办案责任制改革的重要配套措施，其中明确了最高检机关司法办案组织的类型、设置和运行机制，细化了检察官、业务部门负责人、检察长（分管副检察长）、检委会及其专职委员在司法办案中的职责权限。〔3〕健全检察院办案组织形式，完善检察权运行机制是司法体制改革的基础和保障，《司法办案组织办法》的提出为全面推进司法办案责任制改革乃至整个司法体制改革奠定了良好的基础。

（二）《司法办案组织办法》的总体目标和思路

检察院司法办案责任制是司法责任制改革的主要价值体现，最高人民检察院司法办案责任制改革的总体目标主要包括两点：一是构建公正、高效的检察权运行机制。公正与效率是社会主义的本质要求，检察官办案责任制应当成为保障检察权良性运行的制度设置，因此检察机关建立起的司法办案责任制必须追求和平衡公正与效率这两个重要价值。二是通过检察官独立公正高效地行使检察权，提高司法公信力。“努力让人民群众在每一个司法案件中

〔1〕 根据《意见》第5条至第7条规定，审查逮捕、审查起诉、人民检察院直接受理立案侦查、诉讼监督等案件，既可以由独任检察官承办，又可以由检察官办案组承办。简单案件由独任检察官承办，重大、疑难、复杂案件由检察官办案组承办。

〔2〕 根据《意见》第5条、第6条规定，人民检察院直接受理立案侦查的案件，决定初查、立案、侦查终结等事项，由主任检察官或独任检察官提出意见，经职务犯罪侦查部门负责人审核后报检察长（分管副检察长）决定，审查逮捕、审查起诉、诉讼监督等案件由独任检察官、主任检察官在职权范围内对办案事项作出决定。

〔3〕 胡永平：“最高检出台机关司法办案组织设置及运行办法（试行）”，载 http://news.cctv.com/m/index.shtml? article_ id=ARTIvEaZITefgZlPVXbMWrwc170925，2017年9月25日最后访问。

感受到公平正义”，是习总书记在中央政治局第四次集体学习时，对司法机关提出的明确要求，体现了我国经济社会发展的必然要求和人民群众的殷切期望。[1]我国《宪法》第134条规定：人民检察院是国家的法律监督机关。维护公平正义应当是作为国家法律监督机关的检察院的根本任务，因此检察官办案责任制的设置就是要通过敦促检察官规范、高效、独立地行使检察权，来提高检察机关的司法公信力，以期实现司法的公平正义。[2]

为了实现上述目标，作为最高人民检察院司法办案责任制改革重要配套措施的《司法办案组织办法》，其构建的总体思路：一是通过强化办案检察官的主体地位，提高办案效率，同时又通过强化办案检察官的自我决定、自我负责、自我纠错意识，来实现司法公正；二是通过在办案检察官、主任检察官、业务部门负责人、检察长、检委会及其专职委员之间建立合理的权力关系结构，优化检察权的运行机制，严格监督审核机制和司法责任认定与追究机制，以期提高检察机关司法公信力。

（三）《司法办案组织办法》的主要内容

《司法办案组织办法》的主要内容是根据《意见》《最高人民检察院机关检察官司法办案权力清单》以及《实施意见》的规定，按照“谁办案谁负责、谁决定谁负责”的要求，结合最高人民检察院的实际情况而制定的。其全面吸收了《意见》提出的司法责任制改革的目标、基本原则以及原则性规定，并在此基础之上充分考虑司法责任制改革中出现的新情况新问题，对《意见》进行细化和拓展。

《司法办案组织办法》共15条，主要涉及5个方面：①根据履行职能需要、案件类型及复杂难易程度，规定最高人民检察院实行独任检察官或者检察官办案组的基本办案组织形式，并且明确了两种办案组织形式所承办的具体案件类型；②为加强法律监督专业化建设，规定检察官办案组可以固定设置，也可以根据司法办案需要临时设置，并明确了临时组成和固定设置的检察官办案组及主任检察官的产生机制和主任检察官的职责权限；③规定了业务部门负责人审核机制；④对于检察长（分管副检察长）、检委会及其专职委

---

〔1〕 杨绍华、申小提：“努力让人民群众在每一个司法案件中都感受到公平正义”，载《求是》2013年第16期。

〔2〕 张春山、崔浩：“检察官办案责任制：理念目标、建构原则与制度保障”，载《决策探索》2016年第24期。

员审核案件机制作出了相应的规定；⑤对于检察委员会、检察长（分管副检察长）决定的执行及其司法责任的认定与承担，检察官助理、书记员的职责权限等作出了规定。[1]

二、《司法办案组织办法》亮点解读

（一）明确办案组织形式及关系

1.《司法办案组织办法》内容

从对《司法办案组织办法》第2条、第3条、第5条、第6条[2]的规定归纳来看，其中确立了检察官办案组（包括固定办案组和临时办案组）以及独任检察官两种基本的司法办案组织形式，并且为独任检察官所承办的简单案件以及检察官办案组承办的重大疑难复杂案件划定了标准。

2. 两种办案组织形式设置的合理性

一是突出检察官主体地位，保障司法办案的独立性。改善检察权运行机制最核心的就是要完善检察官办案责任制，突出检察官在司法办案中的主体地位。最高人民检察院《司法办案组织办法》提出设立检察官办案组（包括临时办案组和固定办案组）以及独任检察官的办案组织形式，这种新型办案组织形式的设立改变了原来检察机关行政领导审批的办案模式。在这种新型办案组织形式下，独任检察官和检察官办案组中的主任检察官可以对其职责范围内的办案事项作出决定或者提出意见，这在很大程度上赋予了检察官独立办案的权力，从而也能使检察官办案的责任心得到进一步增强[3]。

---

〔1〕《最高人民检察院机关司法办案组织设置及运行办法（试行）》，载 http://www.law-lib.com/law/law_ view.asp? id=593334，2017年9月25日最后访问。

〔2〕《司法办案组织办法》第2条规定："根据履行职能的需要、案件类型和复杂难易程度，最高人民检察院机关在司法办案中实行独任检察官或者检察官办案组的基本组织形式。"第3条第1款规定："检察官办案组由两名以上检察官组成。为加强法律监督专业化建设，检察官办案组可以固定设置，也可以根据司法办案临时组成。检察官办案组负责人为主任检察官。"第5条规定："由独任检察官承办的案件，一般是指简单案件以及《最高人民检察院机关司法责任制改革实施意见（试行）》第六条第一款规定的案件。由检察官办案组承办的案件，一般是指职务犯罪侦查案件以及《最高人民检察院机关司法责任制改革实施意见（试行）》第六条第二款、第七条第一款、第八条第一款规定的案件。"第六条规定："检察官办案组承办案件，依据《最高人民检察院机关检察官司法办案权力清单》，由独任检察官、主任检察官在其职责范围内对办案事项作出决定或者提出处理意见，提请业务部门负责人召开检察官联席会议讨论。主任检察官作出决定或者提出处理意见前，应当组织办案组检察官进行讨论或者听取组内其他检察官意见。"

〔3〕刘笑鹏："检察机关办案责任制研究"，华东政法大学2015年硕士学位论文。

二是符合了司法办案亲历性的要求。司法工作的具体性、重要性、复杂性以及实现程序公正的需要决定了司法办案必须亲历。[1]《司法办案组织办法》规定的独任检察官和检察官办案组的组织形式改变了原先检察机关审定分离的现象，使检察官不仅仅负责案件具体证据的收集、事实认定和审查起诉，而且可以对承办案件作出决定或者提出意见，这就赋予了检察官真正的自主权，体现司法办案真正的亲历。

三是有利于合理配置司法资源，提高司法效率。针对现今社会司法办案人员紧缺，案件数量激增的矛盾状况，最高人民检察院实行办案组以及独任检察官的办案组织形式，可以确保根据不同的案件类型合理配置办案人员，从而扩大司法办案的数量，最大限度地优化司法资源配置和实现司法办案高效。如最高人民检察院承办的审查起诉、审查逮捕、直接受理的立案侦查案件以及诉讼监督等案件中，有一部分属于常规、普通案件，还有相当一部分属于重大疑难复杂案件，而且检察院不同部门受理案件的数量以及复杂程度不一，因此最高人民检察院根据履行职能的需要、案件类型以及复杂难易程度，将案件繁简分流，并且随案分配不同的司法办案组织形式，更有利于专业化、灵活性办案，与此同时还能保证司法的高效。

3. 现实问题

一是并未规定两种办案组织之间的衔接机制。最高人民检察院《司法办案组织办法》虽然规定了独任检察官和检察官办案组两种办案组织形式，并分别对其受案范围进行规范，但是对于两种组织办案程序上的衔接缺乏相应的规定。即如果一开始认为案件类型属于独任检察官承办范围或者认为案件简单而交由独任检察官承办，而后案件性质、复杂程度发生变化，那么是否可以转交检察官办案组承办以及如果可以，检察官办案组与独任检察官在证据、意见以及程序等方面应当如何衔接？反之检察官办案组又是否可以将案件转交独任检察官承办以及二者在程序上又应如何衔接？对此《司法办案组织办法》还需要进一步完善。[2]

二是并未详细规定最高人民检察院机关不同部门应当如何设置临时办案组、固定办案组以及独任检察官的办案组织形式。最高人民检察院《司法办

[1] 朱孝清："司法的亲历性"，载《中外法学》2015 年第 4 期。

[2] 何静："司法责任制背景下检察办案组织的优化"，载《河南财经政法大学学报》2017 年第 2 期。

案组织办法》虽然规定了独任检察官和检察官办案组这两种办案组织形式的受案范围，但是最高人民检察院内部分为不同的业务部门，不同的业务部门由于受理案件类型的不同，其所适用的办案组织形式也应有所不同。如自侦部门主要办理职务犯罪案件，因此其应多适用检察官办案组的形式；而公诉部门以及诉讼监督部门由于处理的案件有较大一部分属于简单案件且审查起诉业务具有鲜明的司法属性，强调亲历性，因此适用独任检察官的形式更为适宜，但是《司法办案组织办法》并未对其有明确的规定。本文认为可以在最高人民检察院公诉部门和侦监部门单列独任检察官承办案件，并且在遇到重大疑难复杂案件时，可以临时组建检察官办案组。而在自侦部门，主要以设立固定检察官办案组为主，独任检察官设立在办案组内，然后根据案件特点授权其独任办案。至于诉讼监督部门和其他综合业务部门，则根据各自的业务特点，设立独任检察官和固定检察官办案组若干，如遇特殊情况也可令其组建临时办案组。

（二）划定业务部门负责人的职责权限

1.《司法办案组织办法》的规定

从对《司法办案组织办法》第 6 条、第 8 条、第 9 条规定[1]的归纳来看，业务部门负责人的职责包括以下四个方面：第一，指定临时办案组及主任检察官，提议固定办案组及主任检察官；第二，承办具体案件；第三，审核检察官负责决定的办案事项；第四，对于需要由检察长、检察委员会专职委员批准、检察委员会讨论决定的事项，需要将其审核意见一并报送。

2. 业务部门负责人权限配置的合理性

一是有利于业务部门负责人回归办案本位。从《司法办案组织办法》有关规定来看，业务部门负责人不仅要负责案件审核，而且要作为承办人亲自承办

〔1〕《司法办案组织办法》第 8 条规定："对于《最高人民检察院机关检察官司法办案权力清单》确定由检察官在职权范围内负责决定的办案事项，独任检察官或者主任检察官作出决定前，原则上应当报请业务部门负责人审核。通知、告知等程序性办案事项除外。对于应当由检察长（分管副检察长）批准、决定或者检查委员会讨论决定的办案事项，由业务部门负责人审核后报请检察长（分管副检察长）批准、决定或者由检察长（分管副检察长）提请检察委员会讨论决定。"第 9 条规定："业务部门负责人审核案件时，可以要求独任检察官或者检察官办案组对案件进行复核或者补充相关材料，并就自己的意见与检察官沟通，但不得直接改变检察官意见或者要求检察官改变意见。需要报请检察长（分管副检察长）、检察委员会专职委员批准、决定或者检察委员会讨论决定的，应当将审核意见连同检察官的处理意见一并报送。审核过程中召集检察官联席会议讨论的，讨论情况和意见应当一并报送。"

一定数量的案件。这项规定是落实检察院司法责任制的要求，“凡入检察院员额的，就要在司法一线办案”，同时也符合《意见》第3条“业务部门负责人须由检察官担任”之规定。检察办案职责作为检察官的基本职责，业务部门负责人作为检察官首先应当履行其检察办案职责，其次才是综理部门行政事务的职责，因此规定业务部门负责人检察办案职责，是符合负责人回归办案本位要求的。

二是有利于司法办案质量的提升。从《司法办案组织办法》有关规定来看，业务部门负责人对于检察官在职权范围内负责决定的办案事项享有审核权，但是其仅可以就自己的意见与检察官沟通，并不享有改变检察官意见的权力。这样的规定在充分保障业务部门负责人的审核监督作用的同时强调办案检察官自主决定权，自主独立保障了司法的亲历性，监督制约保障了司法的公正性，两相结合使司法办案的质量不断提升。

三是有利于提高审核的效率和保障决定的公正。从《司法办案组织办法》有关规定来看，对于应当报送检察长、检察委员会专职委员或者检察委员会批准（讨论）、决定的事项，业务部门负责人在审核案件后不仅要报送检察官对于案件的处理意见而且要报送其对于案件的审核意见。业务部门负责人的审核意见可以很快地帮助检察长、检察委员会专职委员或者检察委员会了解案件的情况和处理决定的界限，因此这项规定不仅提高了检察长、检察委员会专职委员或者检察委员会审核案件的效率，而且有利于保障检察长、检察委员会专职委员或者检察委员会对案件决定的公正性。

3. 现实问题

一是并未对业务部门负责人的审核责任有所规定。依据《司法办案组织办法》的规定，业务部门负责人仅对其作为检察官所承办的办案事项承担司法责任，而对其审核行为的司法责任并未有所规定。也就是说业务部门负责人虽然对于检察官负责决定的事项享有审核权，但是其是否承担相应的司法责任并无明文规定。根据权责一致的要求，本文认为作为履行监督管理职责的业务部门负责人既然享有了案件审核权，即使其并不能改变检察官意见，但其审核意见依然会对检察官的处理意见造成或多或少的影响，因此当事后案件的处理结果出现偏差或者错误时，业务部门负责人也应当承担相应的责任。

二是业务部门负责人的审核权与指定提议权之间的矛盾。《司法办案组织办法》一方面规定了业务部门负责人在对独任检察官或者检察官办案组承办的案件进行审核时不能改变检察官的意见，另一方面又赋予了业务部门负责人指定临时办案组及主任检察官，提议固定办案组及主任检察官的权力，这两种权力存在着矛盾冲突。如果检察官办案组及主任检察官是由业务部门负责人指定或者提议的，那么其在面对业务部门负责人审核案件时如何能摒弃其施加的影响，保持司法办案的独立性呢？因此本文认为同时赋予业务部门负责人这两项权力是不妥当的。但是在目前检察官办案素质有待提高，实行业务部门负责人审核监督制仍十分必要的情况下，只能考虑剥离业务部门负责人的指定提议权。

（三）明确主任检察官的职责权限

1.《司法办案组织办法》的规定

从对《司法办案组织办法》第 6 条至第 11 条规定〔1〕的归纳来看，主任检察官的职责主要包括以下三点：一是指导检察官办案组的其他成员办案，并对整个办案组案件的处理结果负责；二是召集办案组检察官会议，对办案事项进行讨论；三是对其职责范围内的办案事项作出决定或提出意见。主任检察官与其他主体之间的关系包括三个方面：第一，主任检察官要接受部门负责人对案件的审核和管理；第二，主任检察官要接受检察长的领导，执行检察委员会、检察长的决定；第三，主任检察官指导办案组成员办案，但不得决定和审核办案组成员独任承办的案件。

2. 主任检察官权限配置的合理性

一是有助于实现检察权的合理运行。首先，《司法办案组织办法》确立的主任检察官办案责任制很好地去除了原本检察机关“三级审批制”的行政化色彩。其赋予了主任检察官独立决断其所承办案件的权力，并且办案组内的其他检察官对于案件的处理意见也占一定比重，检察官办案的独立性得到充

〔1〕《司法办案组织办法》第 7 条规定：“固定设置的检察官办案组内的主任检察官、检察官可以作为独任检察官承办案件，并依据本办法第六条规定的程序履行职责。主任检察官对组内其他检察官作为独任检察官承办的案件，不行使办案事项决定权和审核权。”第 10 条规定：“检察长（分管副检察长）、检察委员会专职委员审核案件时，同意独任检察官或者检察官办案组意见的，可以直接作出决定或者提请检察委员会讨论决定。不同意独任检察官、检察官办案组意见或者业务部门负责人审核意见的，可以要求补充相关材料，或者对案件进行复核，也可以在职权范围内直接对案件作出决定，或者提请检察委员会讨论决定。”第 11 条规定：“独任检察官、检察官办案组内的主任检察官、检察官对其负责和决定的办案事项负责。对于检察委员会、检察长（分管副检察长）在其职权范围内对办案事项作出的决定，独任检察官、检察官办案组应当执行。独任检察官、检察官办案组执行检察委员会、检察长（分管副检察长）的决定，其司法责任的认定与承担，按照《关于完善人民检察院司法责任制的若干意见》第十条第二款的规定执行。”

分的体现。其次，《司法办案组织办法》规定不实行主任检察官审批制，即对于检察官办案组承办的案件，主任检察官应当组织会议讨论、听取意见，并可以对其办案事项作出决定，但是主任检察官对其组内其他检察官承办的案件并不享有审批权。“去行政化”是新一轮司法体制改革的重点，如果仍然赋予主任检察官案件审批权，无疑是与司法体制改革的目的相背离的。再次，主任检察官制度变革了以往的行政审批模式，将案件的决定权下放，提高了案件的处理效率。复次，从《司法办案组织办法》的规定中可以看出虽然检察长、检察委员会对于检察官办案组职权范围内的事项享有决定权，但是主任检察官仍然享有一定的建议权，如可以补充相关材料，而且检察委员会、检察长也并非是决定其所有的办案事项。最后，虽然业务部门负责人对其办案事项享有审核权，但是其并不能直接改变或者要求主任检察官改变处理意见。综上，主任检察官办案责任制理顺了主任检察官与办案组成员、业务部门负责人、检察长、检察委员会之间的关系，使其各司其职，有利于保障检察权的合理运转，提高了检察院的工作管理效率。

二是有助于检察官队伍的建设。依据《司法办案组织办法》的要求，主任检察官不仅要负责具体案件的审理，而且要对其职责范围内的办案事项作出决定或提出意见，这种改革方向改变了以往检察机关“审定分离”的局面，突出了检察官的办案主体地位，赋予了检察官更大的权力，充分调动了检察官的积极性和工作热情，为优秀检察官的加入和培养提供了平台。同时《司法办案组织办法》还要求主任检察官要对其负责和决定的事项负责，这项规定有利于增强检察官办案的责任心，促使其提高职业素养。因此实行主任检察官办案责任制可以吸引和培养大量优秀的检察官，同时对于提高检察官队伍的正规性、专业性具有重要意义。

三是有助于明确办案的责任主体。依据《司法办案组织办法》的规定，主任检察官要承担起对其负责和决定案件的办案责任，而对于由检察委员会、检察长决定的案件，其承担不完全的司法责任，具体按照《意见》第 10 条第 2 款的规定执行。[1] 由此可见，主任检察官办案责任制改革可以在科学界定

---

〔1〕《意见》第 10 条第 2 款规定：“检察官执行检察长（分管副检察长）决定时，认为决定错误的，可以提出异议；检察长（分管副检察长）不改变该决定，或要求立即执行的，检察官应当执行，执行的后果由检察长（分管副检察长）负责，检察官不承担司法责任。检察官执行检察长（分管副检察长）明显违法的决定的，应当承担相应的司法责任。”

权力主体的基础上合理划定责任主体，实现权责统一，这能够保障检察官办案的尽职尽责，有利于司法办案质量的提高。[1]

3. 现实问题

一是缺少制定法层面的立法确认。主任检察官制度的建立是检察院办案责任制改革的探索，是一种超前立法的尝试，虽然有益但显然是缺乏明确的法律支撑的。《司法办案组织办法》赋予主任检察官的案件承办权和决定权显然与《人民检察院刑事诉讼规则（试行）》第4条规定的三级审批制度[2]存在着明显的冲突，而且我国《宪法》《刑事诉讼法》和《人民检察院组织法》等法律均未对主任检察官的存在合法性以及职能权限作出明确的规定，因此主任检察官制度的推行需要通过法律的修订来获得确认和保障。[3]

二是主任检察官办案独立未能得到充分保障。依据《司法办案组织办法》的规定，检察长、检察委员会专职委员在审核案件时，不同意独任检察官、检察官办案组意见的，可以在职权范围内对案件直接作出决定。这一规定导致在检察机关司法办案责任制改革的背景之下，虽然主任检察官被赋予了一定的自主办案权，但这一权力的行使随时会因为上级的指令而被直接改变，从本质上来看，主任检察官的自主决定权并未受到充分的保障。为此，本文建议可以借鉴域外经验引入职务收取和转移权制度，即当检察长或专职委员与检察官对案件的处理意见相左时，检察长或专职委员可以行使职务收取权或者转移权，将案件收回由自己亲自重新办理或者授权其他检察官或办案组处理，这样在强调检察一体的同时也能够实现对检察独立的充分保障，而且当处理意见冲突时，二次处理比上级直接决定更能保障司法公正。[4]

（四）明晰检察长（分管副检察长）、检察委员会以及检察委员会专职委员的权限范围

1.《司法办案组织办法》规定

从对《司法办案组织办法》第3条、第10条、第11条规定的归纳来看，检察长（分管副检察长）、检察委员会专职委员的职责包括：第一，指定临时

---

〔1〕 王守安："完善主任检察官办案责任制"，载《检察日报》2014年12月19日。

〔2〕《人民检察院刑事诉讼规则（试行）》第4条规定："人民检察院办理刑事案件，由检察人员承办，办案部门负责人审核，检察长或者检察委员会决定。"

〔3〕 谢佑平、潘祖全："主任检察官制度研究"，载《中国法学》2015年第1期。

〔4〕 李章仙："主任检察官制度改革中的独立性问题探析"，载《中州学刊》2015年第7期。

办案组及主任检察官，批准决定固定办案组及主任检察官；第二，承办具体案件；第三，审核检察官对其办案事项作出的决定或者提出的处理意见；第四，批准、决定有关办案事项；第五，提请检察委员会讨论决定有关事项。检察委员会的职责主要是讨论决定有关办案事项。

2. 检察长、检委会及其专职委员权限配置的合理性

一是有利于“检察一体”的实现。《司法办案组织办法》的有关规定明确了检察长、检察委员会专职委员享有检察官办案组以及主任检察官的指定权（批准决定权），享有对检察官承办案件的审核权，不同意其处理意见，甚至可以享有对办案事项的直接决定权以及要求检察官执行的权力，但执行后果由检察长承担。在我国虽然法律没有明确规定“检察一体”原则，但是有关规定还是体现“检察一体”原则的基本内容。[1]检察一体原则的内涵是：所有的检察机关和人员在法律监督的目标下形成一个自上而下、不可分割的整体，对内奉行检察长负责，上命下从和互相配合的工作原则；外部则遵循独立判断、独立责任的原则。[2]《司法办案组织办法》这样的规定是符合“检察一体”原则的精神的，有助于检察长、检委会对司法办案工作的统一领导，保障检察权行使的统一性，同时一定程度上有助于检察权的独立行使。[3]

二是有利于案件质量的提升和司法经验的总结。《司法办案组织办法》第3条的有关规定明确了检察长、副检察长等院领导承办案件的具体组织形式，是落实《意见》“检察官必须在司法一线办案，并对办案质量终身负责，担任院领导职务的检察官办案要达到一定数量”的要求，而且检察长以及检委会专职委员一般具有良好的政治素质、法律政策水平较高，业务熟悉、经验丰富，因此由其对一些重大疑难复杂案件进行处理，更有利于案件质量的提升，同时也可以对其他检察官起到很好的示范引领作用。同时落实检察长以及检委会专职委员的办案权，可以为检察业务建设提供直接的经验，通过检察长、

〔1〕 如我国《宪法》第136条规定：“人民检察院依照法律规定独立行使检察权，不受行政机关、社会团体和个人的干涉。”第137条规定：“最高人民检察院是最高检察机关。最高人民检察院领导地方各级人民检察院和专门人民检察院的工作，上级人民检察院领导下级人民检察院的工作。”我国《人民检察院组织法》第35条规定：“人民检察院的检察人员由检察长、副检察长、检察委员会和检察员等人员组成。”

〔2〕 邓思清：“我国检察一体保障制度的完善”，载《国家检察官学院学报》2016年第2期。

〔3〕 孔璋、叶成国：“检察长负责制与民主集中制关系论证——以检察机关内部领导体制为视角”，载《第七届国家高级检察官论坛会议论文集》2011年。

专职委员作为案件承办人直接亲历案件的处理过程，其可以直接发现案件处理的重点、难点、疑点，法律程序中可能存在的弊端以及其他改革的着力点，有利于其总结司法经验，推动司法改革。除此之外，明确检察长以及专职委员的办案权，具有与明确业务部门负责人的办案权同样的，敦促检察机关领导回归办案本位的效果。

三是有利于优化检察职权的配置，完善检察工作体制和机制。《司法办案组织办法》确立了简单案件检察官或办案组承办并决定，业务部门负责人审核，复杂案件检察官或办案组承办，业务部门负责人审核，检察长（分管副检察长）、检察委员会专职委员审核、批准、决定或提请检委会讨论、决定的制度。这种制度不仅保障了检察官自主办案的权力，而且赋予了检察长、检委会及其专职委员带有监督性质的审核权和对部分案件的批准决定权。虽然相较于原本的绝对审批权，其职权相对有所削弱，但是这是在保障“检察一体”原则下体现“检察独立”价值取向的，规范检察职权和完善检察工作体制、机制的最优之选。

3. 现实问题

未能协调检察一体与检察独立之间的关系。“检察一体反映了各国检察活动的共性特征，也是检察机关办案组织建设的基本准则。根据这一原则，检察长可以领导、监督检察官办案工作，改变检察官决定。”[1]但是按照司法责任制改革的要求，检察人员承担司法责任的前提是能够依法独立行使检察权，因此在深化司法责任制改革过程中，我们应当坚持在检察一体与检察独立之间保持平衡，而且目前《司法办案组织办法》在检察长与检察官之间的关系问题上仍然显得刚性有余柔性不足，规定“检察长有权要求检察官直接按照自己的意志执行办案事项”，该规定在强调“检察一体”原则的同时，并未对“检察独立”予以充分的尊重。

三、对《司法办案组织办法》的评价

总体来说，此次《司法办案组织办法》的规定颇具亮点，进一步明确了司法办案主体即司法办案组织的组建形式和运行规则，细化了检察官、主任检察官、业务部门负责人、检察长、检委会及其专职委员在司法办案中的职

[1] 郑青：“我国检察机关办案组织研究与重构”，载《人民检察》2015年第10期。

责权限，使最高人民检察院机关的司法办案活动更加遵循司法属性而非行政属性，对最高人民检察院机关检察人员职权的划分也更能体现检察职业的特点。但是我们也应当看到此次《司法办案组织办法》仍然存在着不足之处，如并未规定两种办案组织形式间的衔接机制，也未就协调检察机关内设机构与办案组织间的关系作出规定，检察一体与检察独立间的关系在《司法办案组织办法》的有关规定中也未得到有效的平衡等。为了解决上述问题，需要我们进一步对最高人民检察院机关司法办案组织设置及其运行机制加以完善，最终形成权责明晰、权责统一、管理有序、高效便民、独立公正的检察权运行机制，为落实检察机关司法办案责任制奠定基础。

点　评

内设组织改革与司法责任制改革的目的在于实现权责统一，将权力稀释分散到办案小组手中，减少腐败的发生。检察院过去实行的是行政首长负责制（一人责任制），将权力集中在检察长手中，容易使外力通过影响检察长进而干预到检察系统的运行。此次改革将进一步实现检察机关内设组织工作人员的专业化、职业化：一方面，办案人员通过员额制进行选拔，强化了办案环节的职业化、专业化，这是《司法办案组织办法》的重要价值之一；另一方面，通过此后权力清单、责任清单的进一步细化，确保检察官在界限之内敢于行使职权，避免权力因过分集中而带来不良后果。

（点评人：武汉大学法学院　江国华教授）

法院院庭长审判监督管理职能之转型

——《关于落实司法责任制完善审判监督管理机制的意见（试行）》评论

邵 帅*

摘 要： 传统院庭长审判监督管理机制弊端突出，司法责任制改革背景下院庭长审判监督管理必然面临转型。在转型过程中，要正确看待院庭长审判监督和管理职责，核心问题是正确处理充分放权和有效监管的关系。最高人民法院在转型改革试点和经验总结基础上，最新发布了《关于落实司法责任制完善审判监督管理机制的意见（试行）》，从制度设计和规定表述来看，该《意见》较过去体现了问题针对性更强、转型更具有系统性和规定更有操作性等优点，但在文件性质合法性、规定细化程度、权力边界探索、追责规定等方面还有部分局限。总体而言该《意见》对进一步完善院庭长审判监督管理机制，实现审判监督管理转型起到推动作用。

关键词： 司法责任 审判监督 审判管理 转型

随着司法责任制改革的推进，过去饱受诟病的院庭长审判监督管理机制迫切需要转型。2015 年 9 月 21 日，最高人民法院发布《关于完善人民法院司法责任制的若干意见》（以下简称《若干意见》），提出在部分法院进行院庭长审判监督管理转型的试点。2017 年 4 月 18 日，最高人民法院发布《关于落实司法责任制完善审判监督管理机制的意见（试行）》（以下简称《意见》），为进一步落实司法责任制、规范人民法院院庭长审判监督管理职责提

* 邵帅，武汉大学法学院 2016 级宪法学与行政法学专业硕士研究生。

供了基本制度遵循，这标志着院庭长审判监督管理转型开始从试点走向普遍推广，从不成熟走向日趋完善。司法责任制下顺利完成院庭长审判监督管理转型，关键是正确处理充分放权与有效监管之间的关系。本文坚持问题导向和目标导向，对院庭长审判监督管理转型中的问题进行分析，同时对《意见》进行述评。

一、院庭长审判监督管理转型是落实司法责任制的重要举措

《中共中央关于全面深化改革若干重大问题的决定》中指出，要健全司法权力分工负责、互相配合、互相制约机制，完善主审法官、合议庭办案责任制，让审理者裁判、由裁判者负责。〔1〕这是官方文件对司法责任制的第一次正式表述，其中规范院庭长审判监督管理是实现“让审理者裁判”的重要保障，建立和完善司法责任制必然要涉及院庭长审判监督管理机制的转型和完善。

（一）司法责任制的核心：让审理者裁判、由裁判者负责

司法责任制，不等同于司法责任追究，是指“基于司法的属性而产生的一种责任体系，不仅包括法官的责任担当与责任追究，还包括法官享有充分独立的司法裁判权”。〔2〕其核心是办案责任制，突出办案法官的主体地位，即“让审理者裁判、由裁判者负责”。习近平总书记曾将“建立和完善司法责任制”形象比喻为“抓住司法体制改革的‘牛鼻子’”。〔3〕要落实司法责任制，其前提和基础是保证司法权独立行使，这是司法责任制必须遵循的司法规律，“司法责任制改革就是还权于法院和法官，就是建立以审判为中心的诉讼制度和以审判权为核心的司法制度”。〔4〕因为司法审判权，其核心是司法裁决权、裁判权，必须得独立公正行使，不能受任何干扰，否则无法保证司法权威和公正，出现冤假错案时更无法有效追责，“让审理者裁判，让裁判者负责”也将成为空话。正如马克思所说，“法官是法律世界的国王，除了法律就没有别的上司”。〔5〕为保证司法权独立行使，法官必须以事实为依据、以法律为准

---

〔1〕“中共中央关于全面深化改革若干重大问题的决定”，载《十八大以来重要文献选编》（上），中央文献出版社 2014 年版，第 530 页。

〔2〕金泽刚：“司法改革背景下的司法责任制”，载《东方法学》2015 年第 6 期。

〔3〕习近平：《在中央政法工作会议上的讲话》，中央文献出版社 2015 年版，第 102 页。

〔4〕张文显：“论司法责任制”，载《中州学刊》2017 年第 1 期。

〔5〕《马克思恩格斯全集》（第 1 卷），人民出版社 1956 年版，第 76 页。

绳，诚实而公平地裁判争议，不受任何力量的干涉和影响。因此，落实司法责任制，核心就是做到“让审理者裁判、让裁判者负责”。

（二）司法责任制改革背景下院庭长审判监督管理方式转型之必要

在过去审判权力运行模式下，院庭长审判监督管理方式弊端突出，造成了“审者不判、判者不审、判审分离、权责不清”的乱象。

一方面，审判监督管理过于行政化，权力配置有缺陷。比如在法院内部审判实践中，承办法官（合议庭）在作出正式判决之前，必须将裁判文书层层上报给院庭长审批，即所谓的裁判文书院庭长审核签发制度。这种办案层级审批制存在诸多弊端：①拉大了真正作出判决的裁判者与案件当事人之间的距离，从而影响裁判结果在案件当事人中的可接受性；②分散了案件审理者与各个环节的责任，导致彼此依赖、相互推诿、无人担责，进而会影响裁判结果的质量和效率；③减弱了庭审在认定事实上的决定性作用，层级审批制下判决大多数是在非庭审状态下实际作出，导致庭审虚化；④层层审批为权力寻租留下了空间。[1]因此裁判文书院庭长审核签发制度虽是一种形式，但“实质上是院庭长借由裁判文书审核签发权变相行使了指令定案权，动摇了法官的办案主体地位，造成审判权运行的过度行政化”。[2]

另一方面，审判监督管理权力边界不清，权力运行失调。根据法律规定，院庭长负有对审判权力运行的监督管理职责，依法享有审判监督权和审判管理权。但对于这种院庭长审判监督权、审判管理权，两者和审判权之间的权力边界一直不清，加上院庭长行政级别高，负责法官绩效考核等因素，导致实践中院庭长的审判监督权和审判管理权客观凌驾于审判权之上，背离了“以审判权为中心”的原则，淡化了法官在办案中的主体地位。此外，权力边界不清和责任追究不明极易导致院庭长审判监督管理职权的滥用，对案件过分监督会干涉法官的独立办案，增加案件出现裁判错误等问题的可能性。

传统院庭长审判监督管理方式的种种弊端，阻碍了司法权的独立行使，为切实推进司法责任制改革，必须要在法院内部进行院庭长审判监督管理的转型，厘清院庭长审判监督管理职责及权力边界，规范其权力运行机制。2015 年 9 月 21 日，最高人民法院发布的《若干意见》明确将“以审判权为

---

〔1〕 参见贺小荣：“解读：如何牵住司法责任制这个牛鼻子”，载《人民法院报》2015 年 9 月 23 日。

〔2〕 万毅：“对院庭长审判监督权的若干思考”，载《人民法院报》2016 年 5 月 25 日。

核心，以审判监督权和审判管理权为保障”作为人民法院审判责任制改革的基本原则，并将审判监督管理纳入审判权力运行机制范畴和框架内进行规范，从而将院庭长审判监督管理权的运行程序正式嵌入了审判权力运行机制之中，开始了院庭长审判监督管理转型的试点工作。从试点的实践情况来看，《若干意见》实施过程中审判权独立运行状况虽有一定程度的规范，裁判文书审核签发权也形式上得到了下放，但《若干意见》设计的制度缺乏明确具体、富有操作性的程序和方法，院庭长职责过于宽泛、职责权限不清、监督方式行政化色彩较浓。〔1〕院庭长对案件依然具有实质的影响作用，审判监督管理不力的情况时有发生，甚至在很大程度上，院庭长“不愿放权、不敢监督、不善管理”，部分院庭长将放权与监管对立视之，将司法责任制与审判监督管理对立视之，这些问题都阻碍了院庭长审判监督管理的顺利转型。

二、院庭长审判监督管理转型关键：正确处理充分放权与有效监管关系

传统院庭长审判监督管理方式制约了法官独立行使审判权，这与当前的司法责任制改革有很大的理念冲突。司法责任制是目前司法改革的主题，但为了实现办案责任制，并不意味着应该取消院庭长审判监督管理的职能，给予法官更多的办案自由，而是结合司法规律和客观国情来进行院庭长审判监督管理的转型。那么，在院庭长审判监督管理转型中，我们应当解决好以下问题。

（一）正确看待院庭长审判监督管理职责

虽然过去院庭长审判监督管理机制对法官独立审判作了较大程度的制约，产生了一系列负面问题，阻碍了司法责任制改革的实效，但另一方面，我们也要客观认识到院庭长审判监督管理机制在过去，乃至当前一定阶段所具有的现实合理性。

关于审判监督权，从内涵上它可以分为审判行政事务监督权和审判业务监督权，其中审判业务监督权并不具有充分的法理依据，同时因为带有指令权的性质而可能与法官办案主体地位相悖。〔2〕但从《若干意见》《意见》等表述来看，院庭长的审判监督是一种监督性质的权力，通过要求院庭长在法

〔1〕 东营市中级人民法院课题组：“司法改革背景下完善院庭长监督管理职责的调研报告”，载《山东审判》2017年第2期。

〔2〕 万毅、杨春林：“论院庭长的审判监督权”，载《思想战线》2016年第4期。

院内部裁判的形成方面进行层层审批把关，从而在法院内部形成一个较为统一的裁判标准，规范法官个人的自由裁量权，起到防错纠错的作用，同时还发挥身为资深法官的院庭长的丰富审判经验，来抵御外界的不当干预。这一切制度设计归根结底在于我国目前法院一线办案法官整体司法水平和办案能力良莠不齐，有待提升。一方面即使在当前法官员额制改革的形势下，仍会有部分法官在办理一些疑难、复杂、重大案件时力不从心，心理上依赖院庭长从案件质量管控的角度进行“把关”；另一方面基于对违法审判监督角度考虑，不得不保留院庭长的审判监督职能，对法官独立办案进行必要的监督。一旦有人反映法官违法审判行为，院庭长如果对此不进行积极应对处理，在目前我国司法权威和公信力尚且不足的情况下容易增加社会的不稳定性。

关于审判管理，它符合现代社会公权力运行规律，是人民法院审判活动的必要保障。在审判管理事务中，一系列与当事人诉讼权利密切相关的程序性事项，都需要必要的管理活动来保障，比如案件分配、审判长指定、案件审理期限、法官回避、庭审和裁判文书公开等。[1]但同时，如果院庭长滥用审判管理权，不仅不能保障审判活动顺利进行，还会影响法官独立行使审判权，降低审判活动的质量和效率。

因此，院庭长审判监督管理尽管过去有诸多弊端，但并不能因此便否定院庭长审判监督管理有一定合理存在的价值。实际上，过去这些审判机制运行中出现的问题，并不是都由于院庭长审判监督管理的存在所造成，更主要的是审判监督管理的权限不分，具体行使方式不当使然。只要在尊重司法规律和实际国情的基础上，合理规范院庭长审判监督管理方式，仍将有助于司法审判权力机制的高效运行。

（二）正确处理充分放权和有效监管的关系

推进司法责任制下，院庭长审判监督管理的转型势在必行，而其关键在于正确处理充分放权和有效监管的关系，重点是做到放权不放任、监督不缺位。

1. 审判监督权、管理权和审判权的关系定位

在进行院庭长审判监督管理转型之前，如何正确看待审判监督权、审判管理权和审判权的关系至关重要。一般来说，司法最重要的功能在于独立公

〔1〕 参见贺小荣：“解读：如何牵住司法责任制这个牛鼻子”，载《人民法院报》2015年9月23日。

正地作出裁判，因此“以审判权为核心”是转型必须遵循的最重要的司法规律。针对过去审判监督权、审判管理权与审判权边界不分，甚至审判监督权、审判管理权凌驾于审判权之上的问题，《若干意见》曾明确提出要坚持“以审判权为核心，以审判监督权和审判管理权为保障”，可以说是摆正了审判监督权、审判管理权从属于审判权的位置。

在此认识基础上，审判监督权、审判管理权和审判权三者之间在具体运行上可以进一步细分为两类截然不同的关系。一方面是审判权和审判管理权之间为解决法院内部程序性事项而设定的一种决定与服从的垂直关系；另一方面是审判权与审判监督权之间为解决程序与实体事项而设定的一种相互制约、彼此独立的平行关系。〔1〕基于这两种关系的认识，有助于加深对“以审判权为中心”的正确认识，即程序性事项，审判权应服从审判管理权的决定，而审判监督权可以在实体和程序事项上一定程度制约审判权，但不能直接改变审判意见。这点在《若干意见》和此次的《意见》中都得到了体现，比如院庭长对《若干意见》第24条规定的案件情形，有权要求承办法官（合议庭）报告案件进展和评议结果，如果认为不当可以将案件决定提交专业法官会议或审判委员会讨论，但不得直接改变合议庭意见。因此院庭长可以通过审判监督权制约审判权，但不能直接改变审判结果。

根据以上对审判监督权、审判管理权和审判权的关系定位，我们不难理解，审判权“独立”行使不等于不受监督，“去行政化”不等同于“去管理”。当院庭长拥有审判监督权、审判管理权时，过去由于权力边界不清，十分容易导致审判监督权、审判管理权对审判权的侵犯，法官办案主体地位被弱化。故而，在院庭长审判监督管理的转型中，必须厘清审判监督权、审判管理权与审判权的关系问题，对院庭长依法保留行使的权力，应针对实体和程序的不同事项，明确其权力边界。

2. 如何充分放权

在过去，院庭长的审判监督管理权力过于庞大，审判权运行的行政化弊端明显，审判权难以真正下放至承办法官，从而弱化了法官办案主体地位，与司法责任制背离。但真正落实充分放权在司法实践中有一定难度，不愿放权的想法在部分院庭长心中客观存在，这一方面来自对院庭长权力集中格局

〔1〕 参见贺小荣：“解读：如何牵住司法责任制这个牛鼻子”，载《人民法院报》2015年9月23日。

的不愿改变，另一方面有对充分放权后配套制度供给不足导致审判权运行不畅的担忧，比如，说法官在独立办案下裁判标准的统一问题、不同难易程度的案件对办案法官的能力要求问题等。因此，院庭长审判监督管理的转型首先需要对院庭长的审判监督职责进行合理、明确的界定，按照权责一致的原则对院庭长应有的职责进行合理赋权，保证院庭长职责能够得到切实履行，同时对应该由具体办案法官承担的职责要进行充分地下放以保证办案法官能够独立公正地开展审判工作，不像过去那样容易受到来自院庭长的权力干扰，但在充分放权的同时要对可能出现的问题及时补足相应的配套机制，避免权力“一放就乱”现象的发生。

比如说，在裁判文书签发方面，由于裁判文书签发机制是审判权力运行的关键环节，按照司法责任制要求，理应由具体办案的法官自行签发，实现审理者、裁判者、署名者、签发者的统一，因此院庭长在转型中应当下放裁判文书的签发权。但对于裁判文书签发下放后可能出现的裁判标准不统一、法官独立审判能力是否适应具体案件需要等问题，应作出相应的制度安排。

3. 如何有效监督

信任不能代替监督，在院庭长审判监督管理转型中，对承办法官进行充分放权不代表放弃了对审判权的监督，这两者关系需要联系起来认识，不可偏颇。司法责任制改革的目的是为了让法官能够独立公正地行使审判权，这便要求院庭长减少对案件的直接干涉，对院庭长审判监督职权的行使进行严格的规范。而制度在落实中一旦过于强调放权，会让院庭长对案件的干涉过问产生一定的顾虑，甚至实践中已经出现部分院庭长放权后不愿监督的现象。因此，如何在充分放权下进行有效监督，这是院庭长审判监督转型的关键。

院庭长对审判权进行有效监督，应按照尊重司法规律和客观实际相统一的原则。首先，有效监督应该是监督有序，即院庭长审判监督活动应该严格控制在职责范围内，明确权力边界，职权行使的方式、范围、程度要受到程序的严格规范；其次，有效监督应该是监督有度，即院庭长行使审判监督权必须加强自律和克制，监督权不能干涉审判权依法行使，因此院庭长不能直接否定和改变合议庭的意见，也不得要求合议庭改变意见；再次，有效监督应该是监督有责，即院庭长行使审判监督权要依法行使，既不能滥用监督权，也不能对明确授予的监督职责不履行，任由错误审判、违法审判现象的发生，否则要承担一定的法律后果；最后，有效监督应该是现代化监督，即充分利用一定的现代化办公条件，完善审判监督运行机制等方式，提高审判监督权行使的效率。

4. 如何高效管理

权力的运行离不开必要的管理，提高管理活动的效率有助于审判监督权、审判权的有效行使。传统法院内部审判权运行的管理机制越来越不适应现代审判模式的需要，在审判监督管理转型过程中，应完善院庭长审判管理机制，增强管理活动的高效，从而助力审判权和审判监督权的运行。首先，应明确院庭长对审判权运行进行管理的是程序性事项，对非程序性事项审判管理权不能行使，因此要对审判管理活动的范围、方式要进行准确的界定和规范；其次，针对院庭长所涉及的管理事项，对法院内部程序性事项进行具体性的设计，比如案件分配机制，要明确随机分案和指定分案的适用情形，以及具体落实机制，再比如合议庭的产生，以及如何完善专业化审判机制；最后，应借助现代办公管理技术提高效率，比如建立法院内部的办公办案平台，强化信息平台应用，对审判的各个阶段活动实现电子化操作，再比如建立类案及关联案件强制检索机制，确保类案裁判标准统一、法律适用统一等。

综上所述，司法责任制下院庭长审判监督管理转型，关键问题在于正确处理好充分放权和有效监管之间的关系，即正确处理好法官依法履职和院庭长审判监督管理职责的问题，通过权力明晰化、组织化、公开化的方式规范审判管理和监督权，防止院庭长以行政化方式对独任法官、合议庭独立办案进行干预。

三、《关于落实司法责任制完善审判监督管理机制的意见（试行）》述评

2017 年 4 月 18 日，为加快推动院庭长审判监督管理的转型，促进司法责任制改革的进行，最高人民法院在《若干意见》基础上，通过法院试点总结经验，进一步完善院庭长审判监督管理机制，制定发布了《意见》。

（一）《意见》在完善院庭长审判监督管理机制方面体现的优点

为完善院庭长审判监督管理机制，此次《意见》主要围绕解决不愿放权、不敢监督、不善管理等问题，在遵循司法规律和试点经验的基础上提出了很多重要举措。纵观《意见》全文，体现了以下优点：

1. 问题针对性更强

为了全面落实司法责任制改革，规范人民法院院庭长审判监督管理职责，

《意见》提出了多项针对性更强的措施：第一是坚持《若干意见》中下放裁判文书审核签发权的举措，规定“除审判委员会讨论决定的案件外，院庭长对其未直接参加审理案件的裁判文书不再进行审核签发”，并在此基础上，针对实践中出现的口头指示、旁听合议、文书送阅等变相审批的“不愿放权”问题进行了明确的禁止。第二是明确提出逐步完善院庭长审判监督管理职责“权力清单”的任务，《意见》第2条列举了院庭长五项审判监督管理职责，分别为“对程序性事项的审核批准、对审判工作的综合指导、对裁判标准的督促统一、对审判质效的全程监督和排除案外因素对审判活动的干扰等”，一改《若干意见》中表述职责时存在的“不确定概念”“兜底性条款”，进一步限缩了院庭长行使权力的模糊空间。其中统一裁判标准方面过去是院庭长直接负责的，现在为“督促”统一，“督促”二字体现了“充分放权”与“有效监管”的辩证关系。第三是院庭长审判监督管理要全程留痕、永久保存。“全程留痕”一方面是为了防止院庭长借审判监督管理职权干预案件，另一方面也是为了督促院庭长积极、依法履行审判监督管理职责。《若干意见》第24条只规定了在特定案件情形下院庭长进行监督建议才要全程留痕，而《意见》规定“院庭长行使审判监督管理职责的时间、内容、节点、处理结果等，应当在办公办案平台上全程留痕、永久保存”，对个案监督的启动也要求了全程留痕，不仅在全程留痕基础上增加了“永久保存”要求，还将全程留痕的范围扩展到院庭长所有的监督管理活动，力度更大。第四是将院庭长对案件的影响由直接变为间接。《意见》再次肯定了院庭长对《若干意见》第24条规定情形的案件具有重大监督职责，“院庭长有权要求独任法官或者合议庭报告案件进展和评议结果”，对有异议的可以决定将案件提请专业法官会议、审判委员会进行讨论，这是充分尊重合议庭办案主体地位的表现，院庭长再也不能像过去那样对案件做决定性改变，影响由直接变为间接。同时《意见》完善了个案监督程序，对个案监督情形进行了明确规定，增强了院庭长对特殊案件的审判监督管理。

2. 转型更具有系统性

为了正确处理充分放权与有效监管的关系，此次《意见》在进行充分放权的同时，为避免“一放就乱”，通过完善院庭长审判监督管理机制，尤其是一些配套性制度，保证了有效监管的进行，审判权运行体制整体系统性增强。第一，在《若干意见》基础上进一步完善了案件分配机制，增加了“繁简分流安排”的分配原则，对分配机制作了具体说明，尤其对案件调整的理由和结果明确规定了通知和公示义务，充分考虑了当事人的权益。第二，探索建立专业化审判模式，“放权不放任”，在司法责任制下为了提升办案法官的办案水平，《意见》指出要组建相对固定的审判团队和合议庭，同时提出人员定期交流以避免可能产生的司法腐败等副作用。第三，建立类案及关联案件强制检索机制，确保类案裁判标准统一、法律适用统一，明确院庭长对案件进行监督的七种途径，以及时发现并纠正裁判标准和法律适用不统一问题，从而增强了裁判结果的权威和公信力。第四，强化法院内部信息平台应用，《意见》指出要“切实推进电子卷宗同步录入、同步生成、同步归档，与办公办案平台深度融合”，实现对审判权运行不同阶段下各种事项的自动化监管功能。

3. 规定更有操作性

为了顺利完成院庭长审判监督管理的转型，《意见》在提高规定针对性的同时，对规定的操作性有一定的要求。第一，在建立院庭长审判监督管理职责的“权力清单”时，在五种原则性规定下，《意见》对院庭长具体行使权力方式作了进一步明确，比如“对审判流程运行情况进行查看、操作和监控，分析审判运行态势，提示纠正不当行为，督促案件审理进度，统筹安排整改措施”。第二，在承办法官的调整和案件的指定方面，为了防止实践中院庭长滥用职权和对案件进行实质性的干预影响，《意见》进一步明确了院庭长调整法官的四种事由，比如“存在回避情形或者工作调动、身体健康、廉政风险等”，在指定分案的情形里列举了五项，并且要求这些活动都应当在办公办案平台上全程留痕。通过更明确地列举各种情形，增强了规定落实的操作性。第三，《意见》强调了法院的党风廉政建设主体责任和监督责任，同时明确规定了院庭长对不同审判监督管理的结果如何处理的程序问题，有现实的指导意义。

(二)《意见》的局限性

《意见》对司法责任制下院庭长审判监督转型作了较好的制度安排，具有重要的积极意义。但与此同时，也要理性地认识到《意见》本身存在的局限性，这将有助于未来进一步指导和顺利完成院庭长审判监督管理的转型。

1. 关于《意见》性质的思考

从最高人民法院的网站我们可以看到，此次《意见》的性质为司法文件，也可以理解为最高人民法院在法院系统内部发布的规范性文件。《意见》出台的背景是司法责任制改革，那具有改革性质的规范性文件能否对现行有效的法律规定进行调整甚至突破呢？比如《意见》第5条规定院庭长对案件有异议的，“可以决定将案件提请专业法官会议、审判委员会进行讨论”，根据目前的诉讼法规定，对特殊案件应由院长提请审判委员会讨论决定，这种法定的权威审判组织不包括专业法官会议，专业法官会议是改革后的产物，那么《意见》的这种规定是否有违法嫌疑呢？此外《意见》涉及的对院庭长权力的重新配置，以及新提出的重大改革是否都于法有据呢？如果没有，最高人民法院有没有权力制定这种关于院庭长权力资源配置的具有抽象性适用的司法文件呢？值得深思。

2. 具体实施中《意见》仍有待进一步细化

此次《意见》对落实司法责任制下完善审判监督管理机制提出了很多具体有效的意见，部分意见较《若干意见》更具有一定的可操作性，但真正落实《意见》的规定，尤其在具体实施上还有待进一步细化，至少下级法院要根据《意见》出台若干配套细则。比如，院庭长行使审判监督管理要在办公办案平台上全程留痕，永久保存，那么留痕的具体程序、留痕的标准、对没有留痕的处理等缺乏进一步规定。再比如，《意见》在统一裁判标准和法律适用上规定“应当充分发挥专业法官会议、审判委员会总结审判经验、统一裁判标准的作用”，那如何发挥专业法官会议、审判委员会的作用则没有作具体的落实规定。因此，《意见》的这些原则性规定要真正落地和发挥效果，需要进一步细化。

3. 院庭长审判监督管理权力边界有待进一步明确

在院庭长审判监督管理转型中，一个非常重要的目标是实现审判监督管理与法官审判之间权力边界从模糊走向明晰。虽然《意见》第2条对院庭长的审判监督职责进行了列举，试作出“权力清单”，但这种原则性的列举并没有完全达到边界清晰的目的。比如，原则性规定具体在审判环节中分别对应着哪些事项的权力不是很明确，其中“对审判工作的综合指导”中“综合”二字含义丰富，具体在哪些方面有哪些职责职权我们不得而知。此外，要实现权力边界的明晰化，除了制定“权力清单”，还可以制定“负面清单”，也就是根据实际突出问题明确院庭长没有权力行使的领域事项，在“权力清单”和“负面清单”的双重勾勒下，院庭长审判监督权、审判管理权的边界才更加清晰。

4.《意见》缺乏对院庭长审判监督管理失职的追责规定

在《若干意见》中，对院庭长审判监督管理失职作出了相应的追责规定，但是此次《意见》并没有包括这些方面的内容。责任是对权力的必要约束，根据权责相一致原则，院庭长作为审判监督管理职权的行使主体，当院庭长怠于行使或者滥用职权时，应承担相应的责任，在《意见》中明确审判监督管理责任追究的规定将更加有利于院庭长审判监督管理职责的履行。此外，尤其在院庭长审判监督管理职权得到梳理、权力边界逐渐清晰时，其责任的追究规定应该有相应的调整，规定更加细致具体。而且从文件效力上说，《若干意见》虽然有规定，但毕竟是对试点地区有效，当《意见》普遍适用时，《若干意见》即使没有被废止其效力依然有局限。因此，院庭长审判监督管理机制理应包括职权与追责两部分，追责规定应当在《意见》中有所反映。

四、总结

司法责任制改革下院庭长审判监督管理转型是必然的，关键在如何正确处理充分放权和有效监督之间的关系，做到放权不放任，促进审判组织自我管理、自我监督、自我约束。《意见》经过试点单位的探索，已经作出了一定程度有效的制度安排，尤其在解决实践中院庭长不愿放权、不敢监督、不善管理等问题上有一定积极意义。尽管实现院庭长审判监督管理的完全转型仍需要进一步积累经验，《意见》在规定的具体落实中仍需要地方法院进一步制定配套规定办法，但从现实角度来说，《意见》对全面落实司法责任制和完善院庭长审判监督管理机制无疑具有促进作用。

点　评

司法责任制改革使得司法系统中产生了一些不同于我们固有认识的显著变化。首先，审判、检察组织体系有所改变：检察院通过将自身内部划分为若干办案小组，将办案权限下放；法院改革的方法则是细化审判组织、建立繁简分流机制，并依案件需要分别设立独任法官、小合议庭或大合议庭。其次，随着司法责任制的建构，司法系统出现了专业化与社会化并存的格局：一方面，审判、检察职能的专业性得到强化，改由入额的法官、检察官行使职权；另一方面，行政性、事务性的工作则更为集约（如设置集多窗口为一体的立案大厅），技术性工作的发展也出现了社会化趋势，如委托企业、社会组织承担送达任务等。最后，在分配责任时，采用大数据分析的现代化手段来对法官、检察官的办案全程进行评估与评价。分配责任是落实责任制的前提，司法责任制首先需要放权于法官、检察官，在其之后便需要解决放权之后的监督问题——以前的行政化监督手段不再合时宜，其本身已经成为改革的对象，因此我们转变为用技术化的手段来分配责任，再通过建立相关制度，使其规范化。

（点评人：武汉大学法学院　江国华教授）

法院院长角色重塑的困境与出路

——《关于加强各级人民法院院庭长办理案件工作的意见（试行）》评论

薛颖卓*

摘　要：我国法院院长长期以来更多地扮演着管理家和政治家的角色，较少扮演法律家角色，较少亲自办理案件。为配合员额制和司法责任制改革，使案件审判更符合司法规律和公众期待，树立司法权威，有必要强化法院院长法律家角色职能。当前我国强化法院院长法律家角色职能面临其角色超载，办案能力和办案意愿不强的困境。为走出这一困境，一方面，需要合理协调法院院长的多重角色，在强化法院院长法律家角色职能的同时减少其管理家和政治家角色职能；另一方面，应当构建法院院长亲自审理案件的配套机制，包括严格的入额法院院长选任机制、入额法院院长审理案件的责任机制、入额法院院长审理案件的监督机制。

关键词：法院院长　角色重塑　困境　角色协调　配套机制

在司法实践中，我国法院院长长期以来更多地承担着官员角色而非法律家角色，法院院长不亲自审理案件的情况较为普遍。一方面，这与“院长是法官，应当审案”的常识背离；另一方面，这与各国的司法实践也不一致，不论是英美法系的首席大法官还是大陆法系的法院院长，都鲜有不亲自审理案件的情形。法院院长不亲自审理案件的问题也早就引起了各界的重视，早在2007年，最高人民法院就印发了《关于完善院长、副院长、庭长、副庭长

* 薛颖卓，武汉大学法学院2016级宪法学与行政法学专业硕士研究生。

参加合议庭审理案件制度的若干意见》。这一司法解释性文件明确了法院院长应当审理案件，并就法院院长审理案件的类型、作用等进行了规定。但是，这一文件没有规定法院院长应当办理案件的具体数量、监督机制等，这使得这份文件更多的具有宣誓意义而不具有可操作性，文件出台后法院院长仍然较少亲自审理案件。

随着新一轮司法改革的进行，强化法院院长办案职能再次进入人们的视野，2015 年最高人民法院印发的《关于完善人民法院司法责任制的若干意见》（以下简称《完善司法责任制意见》）第 7 条再次强调了法院院长应当亲自办理案件。2017 年 4 月 10 日，最高人民法院印发的《关于加强各级人民法院院庭长办理案件工作的意见（试行）》（以下简称《院庭长办案意见》），对法院院长亲自办理案件作出了更为细致的规定。

《院庭长办案意见》对进入法官员额的法院院长的办案形式，办理案件的类型、数量、作用，相关的角色协调机制、监督机制，以及入额不办案的法律后果等作出了规定。相比最高人民法院 2007 年印发的《关于完善院长、副院长、庭长、副庭长参加合议庭审理案件制度的若干意见》，《院庭长办案意见》的进步意义在于规定了各基层、中级人民法院院长办案数量的最低标准，注意到了相关角色协调机制的构建，并明确了监督法院院长办案的主体和方式、院长入额不办案的法律后果。但《院庭长办案意见》仍然存在一些不足，主要体现在规定的基层、中级人民法院院长最低办案数量标准偏低，相关角色协调机制不完善，监督机制不健全等。

以上一系列文件都试图促进法院院长亲自办理案件，强化法院院长法律家的角色，但现实中法院院长亲自办理案件仍然面临一定困难，本文将主要讨论解决这一问题的路径。

一、法院院长角色重塑的含义与意义

长期以来，我国法院院长承担了管理家、政治家、法律家三种角色，三种角色所占比重依次递减。[1]管理家角色的职能主要包括审判业务管理和司法行政管理。审判业务管理包括对个案的管理和对案件审判的统一指导。司法行政管理包括对法院内部的人、财、物等的管理以及为法院利益对外进行

〔1〕 参见左卫民："中国法院院长角色的实证研究"，载《中国法学》2014 年第 1 期。

沟通协调。政治家角色的职能主要是针对案件有关内容，代表法院与法院外的党委、政府、公安、检察、公众、传媒等进行协调，化解冲突和矛盾，维护社会秩序稳定，为地方经济社会建设保驾护航等。法律家角色的职能主要体现在亲自办理案件。亲自审理案件在法律规范层面是法院院长的主要职责之一，《法官法》明确规定，法院院长是法官，法官职责包括依法参加合议庭审判或者独任审判案件。但是，长期以来法院院长的这一职责在实践中并未被充分重视，法院院长较少亲自办理案件。

本文所谈的法院院长角色重塑是指在实践中促进法院院长亲自审理案件，加强法院院长法律家角色职能的比重。其意义主要有以下几点：第一，在司法改革背景下，法官实行员额制，而员额比例又比较小，各地区法院略有不同，一般在30%到40%之间。同时，基于话语权等现实原因，各法院院长往往会进入法官员额，甚至有些试点方案直接规定院长当然入额。法院院长进入员额无可非议，但是，如果法院院长进入法官员额后却不审理案件，必然会加剧案多人少的矛盾，增加其他入额法官的工作量。因此，有必要要求进入法官员额的法院院长亲自审理案件。第二，基于司法规律的考量，审判者需要对案件有亲历性和独立判断权，法院院长由间接行使监督权转变为直接行使审判权，有利于司法去行政化，亦有利于案件的正确处理。第三，法院院长减少对案件的指导，有利于实现让审理者裁判，由裁判者负责，完善司法责任制，实现司法公正。第四，中国传统社会有官本位的思维习惯，法院院长行政职级高，判决说服力强，其亲自审理案件具有示范作用，能够提升案件裁判权威性，提升司法公信力。尤其对于社会关注度较高的案件，由院长审理更有利于达到良好的社会效果。第五，法院院长亲自审理案件符合社会的期待。在某市发放的调查问卷显示，分别有75.8%的律师和46.7%的公众认为未来法院院长的角色应当定位于法律家。[1]可以看出，社会公众，尤其是法律人期待法院院长更多地扮演法律家的角色。

二、强化院长法律家角色的现实困境

强化法院院长法律家角色目前面临的最根本的障碍就是法院院长目前身兼多重角色且存在角色超载的情况。在规范层面上强化法院院长法律家的角

〔1〕 参见左卫民："中国法院院长角色的实证研究"，载《中国法学》2014年第1期。

色并没有在现实中削减其他角色的职能，现实中，法院院长基于法律规定或者基于现实需要仍然要承担很多管理家和政治家的职能。根据相关法律的规定，我国法院院长需要承担的职能包括：主持法官内部考评；签发司法拘留决定书、强制证人出庭令、搜查令、罚款决定书等；审批延长审限的申请；对本院已经发生法律效力的判决、裁定和调解书，发现有错误，认为需要再审的，提交审判委员会讨论决定；提请同级人大常委会免除人民陪审员职务；决定审判委员会列席人员；确定法院重点调研课题等。〔1〕此外，由于法院院长通常兼任法院的党组书记，法院院长还需要承担党内的一些事务，领导掌控法院大局，树立法院权威，维护社会秩序。上述职能在现行规定下是专属于法院院长行使的，很难由其他人代替，而具体的审判案件则可以由任意一个法官完成。这导致了法院院长很难将有限的时间和精力投入到亲自审理案件中去，即使有明确的法院院长审理案件的指标规定，也难以避免有象征性地办理案件的情况，甚至还会造成委托办案、挂名办案等不良现象。

办案能力和办案意愿不足是当前强化法院院长法律家角色面临的另一重要问题。目前我国法院院长队伍已经基本实现职业化，各个法院的院长基本是法律科班出身，个别院长虽然没有法学学历但是也长期从事司法实务工作。但是，法院院长大部分仍是从党政部门调任或者从法院内部综合部门升任，由于长期脱离审判岗位，其办理案件的能力相较于在审判业务部门一直从事审判工作的法官仍显生疏。而推行司法责任制后，法官要对自己裁判的案件终身负责，这使得法院院长不愿办案，尽量少审理案件或选择简单的案件审理以减轻自身责任。

三、合理协调法院院长多重角色

如前所述，角色超载是目前强化法院院长法律家角色的根本性障碍，为扫清这一障碍，必须合理协调法院院长的多重角色。具体而言，在强化法律家角色的同时，应当减少法院院长承担的管理家角色职能和政治家角色职能，确保其有足够的时间和精力亲自审理案件。

（一）应当减少法院院长管理家角色的职能

关于审判业务管理，法院院长的审判管理权限应当限制在宏观指导方面，

---

〔1〕 夏正林："论法院改革中法院院长的角色定位——兼议法官队伍去行政化"，载《法治社会》2016年第3期。

对个案的管理权限可以下放给具体的审判组织，如合议庭、承办法官等，对正在审理的个案的监督权则应当逐渐取消。这体现了对案件审理者独立裁判权的尊重，有利于落实司法责任制，符合司法规律，有利于实现司法公正，是减少法院院长管理家角色职能的可行途径。相关的法律法规和司法解释对这点认识还不够。在针对个案的管理权方面，法院院长仍有相当的对个案的管理权限，如签发司法拘留决定书、强制证人出庭令等。笔者认为，审理个案的审判组织对案件的情况是最了解的，对是否需要采取一定的措施也最有话语权，司法责任制实行以后对错误的防止也可以不必依赖于院长的垂直行政管理，因此，应当将这些针对具体个案的裁判权力交给合议庭或承办法官以减轻院长的管理负担。在针对正在审理案件的监督权方面，法院院长仍有监督部分类型的正在审理案件的权力。例如，根据《司法责任制意见》第 24 条，院长仍然可以对“涉及群体性纠纷，可能影响社会稳定的案件”“疑难、复杂且在社会上有重要影响的案件”“与本院或上级法院的类案判决可能发生冲突的案件”“有关单位或个人反映法官有违法审判行为的案件”进行个案监督。笔者认为，个案的公正审理，应当通过审级制度和审判监督程序实现，没有必要通过院长的直接监督实现。法院院长如果认为案情重大复杂，则应当亲自对案件进行审理。因此，法院院长针对正在审理个案的这类监督权应当被取消。

关于司法行政管理，法院院长应当将内部管理事务中除人事任免等比较重要的职能外的其他事务交由专门机构管理，与法院相关的行政部门也应当从外部加强对法院人、财、物的支持，减轻法院院长对外沟通的工作负担。纵观各国司法实践，法院内部的行政管理事务，除了比较重要的人事任免等事务，均交由专门的内设或外设行政机构处理。考虑到我国法院内部设有办公室等的专门行政部门，同时也为了防止外部行政机构对司法的不当干预，笔者认为，将法院内部除人事任免外的其他行政事务交由法院内设专门行政机构管理较为合适。实践中，法院院长通常需要对外进行沟通，为法院争取人、财、物等方面的利益，因此，加强外部对法院的保障也是减少法院院长司法行政管理职能的重要途径。司法改革中已经实行的法院人、财、物的省级统管就是这方面的有益探索。《院庭长办案意见》第 5 条第 3 款也提到要“积极争取地方党委政府支持，进一步精简会议文件，压缩管理流程，确保院庭长有更多时间和精力投入办案工作”。这一规定就是要加强外部对法院的保障，减少法院院长对外沟通协调的负担。

（二）应当减少法院院长政治家角色的职能

无论是中国还是外国，法院的政治化几乎都不可避免。域外法院的政治化主要是因为法院在法治架构中所处的地位，法院承担着制约行政权、立法权的职能，不可能不涉及政治。中国法院的政治化则是基于中国共产党对司法工作的绝对领导，司法工作必须服从于党的总体工作安排，要“讲政治、顾大局”。[1]在中国的具体国情下，法院的政治化有其存在的价值和意义。但是，笔者认为，法院的政治化不等同于将法院的政治化任务全部交由院长完成。长期以来，我国的法院院长过多地替案件主审法官承担了政治家的职责，案件的政治影响主要由院长考虑，涉及政治影响的案件的处理方式也主要由院长决定。笔者认为，法院的政治化任务不能仅仅依赖于法院院长完成，政治家的角色也不应该只赋予法院院长一人。每一位审判案件的法官都应当扮演政治家的角色，在处理案件时考虑案件的政治影响。这样，法院院长政治家的角色职能就可以分担到每一位审判案件的法官身上，其政治家角色职能比重自然可以减少。

四、构建入额法院院长亲自审理案件的配套机制

（一）构建严格的入额法院院长选任机制

首先，在选任各级人民法院院长时，必须将其审判案件的能力作为重要的考察指标，不具备优秀专业素质的法官不得担任院长；其次，在确定法院院长是否加入法官员额时，必须考察其专业素养和办案能力，不具备优秀办案素质的，不得加入法官员额。

过去选任法院院长，常常忽视其专业能力。但近年来，情况有所改善，法院院长队伍基本实现职业化，各法院院长或具有法学学历，或长期从事司法实务工作。未来选任法院院长以及确定法院院长是否进入法官员额时应当采用更加严格的业务能力考察标准，除考虑是否具有法学学历以外，还应当考虑其在审判业务部门的工作年限，是否是办案骨干等因素。

（二）构建入额法院院长审理案件的责任机制

法律应当明确规定进入法官员额的法院院长的办案数量、形式以及不办

〔1〕参见［美］杰弗里·图宾：《九人：美国最高法院风云》，何帆译，上海三联书店2010年版，第10页。

案、挂名办案、委托办案的法律后果。一方面，这可以避免法院院长审理案件流于形式、走过场或只象征性地办理几个案件；另一方面，这也与司法责任制相衔接，可以倒逼入额法院院长提升自身办案能力，使不具备优秀办案能力的法院院长退出法官员额。《院庭长办案意见》第1条、第4条、第9条分别规定了法院院长办案的形式、数量以及不办案的法律后果，这是对法院院长办案职责的明确，对促进法院院长亲自办理案件具有积极意义。但是，《院庭长办案意见》规定的基层人民法院院长最低办案数量仅为本院法官平均办案量的5%-10%，中级人民法院院长的最低办案数量仅为本院法官平均办案数量的5%。笔者认为，这一办案数量的规定未经过科学测算且偏低，使得法院院长办案更多地还是起到象征性的作用，因此，这一比例应当提高。

（三）构建入额法院院长亲自审理案件的监督机制

要保证法院院长亲自审理案件的制度长期运行良好，必须建立配套的监督机制。《院庭长办案意见》第8条规定由各高级人民法院审判管理部门负责法院院长办案数量的测算核定和定期通报，由上级人民法院对下级人民法院院长办理案件情况展开督察。这一规定明确了监督法院院长办理案件的主体和方式，使监督职责明确具体，更具有可操作性，是具有进步意义的。笔者认为，除法院系统的内部监督外，还应当加入更加多元的监督主体和方式，如可以通过法院院长办案信息公开的方式引入公众监督。针对挂名办案、委托办案等违规行为，还可以通过畅通诉讼当事人的申诉、举报渠道引入当事人监督，通过完善相关党内法规引入纪委监督等。

点　评

要探讨法院院长角色重塑问题首先应当认清我国法院面临的现实情况：其一，法院院长要承担多项职能，其大部分精力放在办案以外的事务上；其二，受我国社会长期以来对法院的定位之影响，过去部分法院院长可能从未承担过审判职能，而是更多地承担行政长官的职能；其三，在比较长的时期内，我国法院内部的分工不同，因而专司业务或专司综合职务的人发展路径也不相同。在当前的司法改革进程中，我国法院已经逐渐回归"审判机关"的定位。在此背景之下，法院内部法官专业化程度提高，在遴选法院院长时也会更加关注其学历背景、工作背景（是否从事过司法实务等）。为应对上述变化，院庭长的角色应当"瘦身"，为其减少不必要的行政性事务。与此同时，法院内部应当进行职能下放与机制改革，逐步完善各种办案组织的设置，将院庭长的职能逐渐分解由合议庭、主审法官、办案小组承办，从而有利于使司法责任得到有效落实。

（点评人：武汉大学法学院　江国华教授）

监察体制研究

中国监察体制改革研究

孙中原*

摘　要： 2016年年末，国家监察体制改革试点工作正式启动，依照中共中央办公厅2016年11月7日印发《关于在北京市、山西省、浙江省开展国家监察体制改革试点方案》（以下简称《方案》）的表达方式，国家监察体制改革作为“事关全局的重大政治改革、国家监察制度的顶层设计”，其端倪初现时日已久，有关的讨论非常热烈，亦被相关机构列为“2016年度中国十大宪法事例”。[1]但伴随着《全国人民代表大会常务委员会关于在北京市、山西省、浙江省开展国家监察体制改革试点工作的决定》（以下简称《决定》）的正式施行、《中国共产党第十八届中央纪律检查委员会第七次全体会议公报》（以下简称《公报》）的确认以及相关改革试点工作于2017年年初逐渐落实开展，从相关历史沿革、改革背景、改革文本规范视角下的改革内容与改革未来走向等角度对改革工作加以审视，是我们以法治思维考量政治体制改革时可以聚焦的一条路径。

关键词： 监察体制改革　监察　宪法　国家权力

---

* 孙中原，武汉大学法学院2016级宪法学与行政法学硕士研究生。

〔1〕“2016年中国十大宪法事例与中国十年十大宪法事例正式揭晓”，载 http://mp.weixin.qq.com/s?__biz=MzI4MDMyODMwMw==&mid=2247485324&idx=1&sn=0f802deb98e9bb403afcbe50dd185bbc&chksm=ebbb668cdcccef9ac71c8a8ace75414003f3c36d08d6b68a77ce0cadec20cc294bcccfd93860&mpshare=1&scene=23&srcid=01012AtJmcHY9z6vkWG n7ZC2#rd，2017年1月2日最后访问。

一、国家监察体制改革背景

（一）改革背景

有关国家监察体制改革的猜想与呼吁由来已久，特别是十八大以来，中央加大反腐败的力度，纪检监察作用凸显的同时，宏观上国家的监察体制却面临着部分机构独立性与授权不足、监察力度和作用方式有限、监察对象范围狭窄、各机关职权交叉重叠、纪检与司法机关衔接不畅导致司法资源浪费等问题，即缺乏一套统一协调、资源集中、监察范围覆盖全域、职权法定的有效监察制度。概括来看，我国监察体制改革的背景主要有以下几点：

1. 长期不容忽视的腐败态势与对反腐败形成“压倒性态势”的执政要求。在十八大新时期之前，我国长期存在的腐败问题已经凸显，部分地区出现“塌方式腐败”等较为严重的情形严重损害着党、国家与人民的根本利益，从执政党的角度分析，更是对国家繁荣发展、自身执政权威与人民信任基础的极大危害。而十八大以来，新时期确立并坚定实施的反腐政策，不断地对阶段性工作提出新要求，若以党中央对反腐败斗争形势的总体判断描述，新时期的反腐工作目标应逐步将斗争形势从“严峻复杂”改变为2015年初十八届中央纪委五次全会党中央描述的“腐败和反腐败呈胶着状态”，再到2016年初十八届中央纪委六次全会党中央认为的“反腐败斗争压倒性态势正在形成”，而我国监察体制改革亦是在2016年底中央政治局会议提出“反腐败斗争压倒性态势已经形成”[1]的背景与执政要求下确立开展的。

2. 原有国家监察体制于反腐败背景下出现的问题。

（1）当下中国的反腐败体制存在着多元主体、力量分散、职能重叠、协调衔接机制不成熟、工作重复等问题。“多管分流”的实践模式下，纪检监察机关、检察机关、公安机关往往都要参与案件，三者之间职能分工亦难以避免在个案中因案情牵涉复杂导致职权重叠的情形。按照“惯例”，涉及高级领导干部的贪腐案件由纪检机关先行查办，转入司法程序后，再由司法工作人员总体上重复之前工作，其中也可能存在部分关键性证据难以顺利转换，从而出现监察、司法资源以及部分案件实质正义难以保证的问题。

---

〔1〕 龚亮、王昊魁：“反腐败斗争压倒性态势已经形成”，载《光明日报》2017年1月17日。

（2）行政监察制度存在地方干预、独立性不足、侦查范围过窄、侦查手段有限等问题。行政监察制度的问题由来已久，由于监察部（局）与预防腐败局同属中央或地方政府部门序列，其职权行使在理论观念与实践操作之中都存在独立性不足、行政干预的信任困境；而从法律规定与实践操作来看，也存在行政监察的手段较为有限，程序不够完善等问题。[1]

我们还可以发现的是，整合各领域监察权力、形成统一强力的监察体系的初衷还可能在于弥补现行行政监察法体系下，行政监察部门的覆盖范围窄于公务员法调整范围的制度缺陷。前者目前包括国家行政机关及其公务员，以及国家行政机关任命的其他人员，而公务员法调整对象不仅仅是行政机关工作人员，还包含了立法机关、司法机关、各党派和主要人民团体的公职人员等。基于此我们亦可以作出预测，行使公权力、由财政供养的广义上的公务员今后都将被纳入监察委员会的监察范围，如法院、检察院、医院、学校等组织及相关人员都在监察之列[2]。而在2017年1月9日，国务院新闻办新闻发布厅举行新闻发布会，确认监察委员会将对六大类人员进行监督，分别是：国家公务员法所规定的国家公职人员，包括中国共产党机关、人大机关、行政机关、政协机关、审判机关、检察机关、民主党派机关、工商联机关的公务员以及参照公务员管理的人员；法律授权或者政府委托来行使公共事务职权的工作人员；国有企业的管理人员；公办教育科研文化医疗体育这样的事业单位管理人员；群众自治组织中的管理人员；其他依法行使公共职务的人员。[3]这些信息也印证了笔者观点。

（3）党内纪检监察制度的法定主体定位缺失。这类问题即纪检监察在理论或是法律规定层面上的监察范围受限、实务操作中可能受到的“无法律依据、不符合法律规定、违背法治原则”等批评。前文已述，虽然我国涉及领导干部贪腐及职务犯罪的案件调查在实践中（或是由执政权力群体确立）往往以领导干部的党员身份为依据由纪检监察率先行使职权，由于纪检人员不是《刑事诉讼法》规定的犯罪侦查主体却可以优先行使实质上的国家司法权力；而在转入司法程序之前，党内决策又可以先行对调查对象行使某些由法律规定只能由司法侦查行使的侦查手段，故而会受到类似上文党政先于国家

---

〔1〕马怀德、张瑜：“通过修法完善国家监察体制”，载《学习时报》2016年7月14日。

〔2〕马怀德：“全面从严治党亟待改革国家监察体制”，载《光明日报》2016年11月12日。

〔3〕“国新办举行解读十八届中央纪委七次全会精神发布会”，载 http://www.gov.cn/xinwen/2017-01/09/content_5158304.htm#allContent，2017年1月15日最后访问。

权力、违背现代法治精神等的批评。

当然，基于国家繁荣发展、治国执政的根本要求与宏观上较为严峻的腐败背景，催生我国监察体制制度设计变革最直接的原因可能更偏向于先行监察制度暴露的局限性。由此可见，整合国家反腐败力量（包括当前实际发挥重要效用的纪委监察），无论是从节省国家资源、有效预防与惩治腐败的目标考量，还是解决行政监察职权行使效能不佳、党纪监察法定主体定位模糊等问题，都具有现实意义。

（二）试点改革工作梳理

在2016年1月召开的第十八届中央纪委第六次全体会议上，习近平总书记指出："要完善监督制度，做好监督体系顶层设计，既加强党的自我监督，又加强对国家机器的监督"，"要健全国家监察组织架构，形成全面覆盖国家机关及其公务员的国家监察体系"。反顾回想，此次会议（亦包含之前的种种信号）已较早地反映出领导决策层对于监察体制改革的态度，使得改革正式进入顶层设计、具体落实的层面。

而监察体系相对独立的改革路径选择亦较早地体现在2016年10月27日发布的中共十八届六中全会公报之中，公报将监察机关与人大、政府等并列提出，这在中央文件中尚属首次，当时即有猜测认为此举意味着新的国家监察体系的建设已提上中央议程。公报原文的表述是："各级党委应当支持和保证同级人大、政府、监察机关、司法机关等对国家机关及公职人员依法进行监督，人民政协依章程进行民主监督，审计机关依法进行审计监督。"

国家监察体制改革的正式规范性文件出台则始自中共中央纪律检查委员会、中华人民共和国监察部网站发布的中共中央办公厅2016年11月7日印发的《方案》〔1〕，《方案》指出京晋浙三地即将开始试点成立省级监察委，专责行使国家监察职能，监察委由同级人大产生，同级纪委与监察委合署办公。该文件的公布标志着改革决定的正式落地。

2016年12月25日，根据党中央确定的《方案》，为在全国推进国家监察体制改革探索积累经验，第十二届全国人民代表大会常务委员会第二十五次

〔1〕"中共中央办公厅印发《关于在北京市、山西省、浙江省开展国家监察体制改革试点方案》"，载中纪委监察部网站 http://www.ccdi.gov.cn/yw/201611/t20161108_89274.html，2017年1月2日最后访问。

会议决定：在北京市、山西省、浙江省开展国家监察体制改革试点工作，并正式通过《决定》。[1]该决定以国家权力运行途径与准法律形式确立党中央决策的改革试点方案，为之后国家监察体制改革工作全面开展进行法律预备工作，并针对《方案》的相关内容细节尝试了细化明确等技术性工作，如监察委员会的产生与负责机制、权限与职能措施等。

2017 年 1 月 8 日，中国共产党第十八届中央纪律检查委员会第七次全体会议公报中提到：扎实推进监察体制改革，完善党和国家自我监督。在党中央领导下，中央纪委牵头抓总，落实改革方案，推动制定国家监察法，筹备组建国家监察委员会。

由此，自 2016 年年末而始，国家监察体制改革试点工作正式启动并细化开展。

2017 年 1 月 18 日，经山西省人大会议选举，山西省委常委、省纪委书记任建华当选该省监察委员会主任，成为监察体制改革试点以来我国首位监察委员会主任。当日山西省人大常委会会议还通过了山西省监察委员会 3 名副主任和 6 名委员的任命。其后，山西省监察委员会挂牌成立，且与中共山西省纪律检查委员会和山西省人民检察院同在该省检察院大楼办公。2017 年 1 月 20 日，浙江省、北京市紧随其后，地方纪委书记张硕辅、任泽民亦当选两地监察委主任，两地基本也在同一时间完成了省级监察委员会的人事任命和挂牌工作。

之后三地市县两级监察委员会的相关筹备计划与组建工作平稳推进开展，三地各级相关职能机构的职权交接、机构调整、人员转隶亦在进行当中。

二、我国监察制度的历史沿革与相关介绍

依照中共中央办公厅《方案》、第十二届全国人民代表大会常务委员会《决定》的相关内容，我们可以明确：作为国家监察体制改革试点工作最主要的机构设置，监察委员会将吸纳整合试点地区人民政府的监察厅（局）、预防腐败局及人民检察院查处贪污贿赂、失职渎职以及预防职务犯罪等部门的相关职能，同时党的纪律检查委员会将与监察委员会合署办公。由此我们可以对行政监察体制、中共纪律检查委员会体制以及检察机构中的监察体制从各

---

[1] 《全国人民代表大会常务委员会关于在北京市、山西省、浙江省开展国家监察体制改革试点工作的决定》，第十二届全国人民代表大会常务委员会第二十五次会议通过，2016 年 12 月 25 日。

自的组织机构变迁视角加以梳理：

（一）合署办公的行政监察部门与中共纪委组织机构演变

1949 年，政府监察委员会和中国共产党纪律检查委员会分别成立。

1954 年，监察委改组为监察部。

1955 年，中共中央监察委员会取代中央纪律检查委员会职能。

1959 年，人民政府撤销监察部。

1969 年，中共九大撤销中央监察委员会。

1978 年，中共十一届三中全会重新选举中央纪律检查委员会；

1986 年，中央人民政府恢复监察部组织设置（20 世纪 80 年代党政分立气氛颇浓）。

1993 年，十四大后，中央纪律检查委员会时任书记尉健行组织中央纪律检查委员会、监察部合署办公，至此 23 年[1]（20 世纪 90 年代以后，党政分制之实践操作结束）。

2007 年，十七大前，人民政府增设国家预防腐败局（监察部长兼任局长），列国务院直属机构，与监察部构成行政监督组织机构的主要主体。

（二）检察系统内的监察机制的确立过程

1949 年，《中央人民政府组织法》《中央人民政府最高人民检察署暂行组织条例》确立了新中国的检察制度，确定中央人民政府最高人民检察署为全国人民最高检察机关，对政府机关、公务人员和全国国民之严格遵守法律，负最高的检察责任；废除审检并署结构，采用审检并立且检察机关独立的体制；在组织上规定最高人民检察署受中央人民政府委员会之直辖；最高各级人民检察署独立行使职权，不受地方机关干涉，只服从最高人民检察署指挥，实行垂直领导的体制。

1954 年 9 月，第一部《宪法》《人民检察院组织法》通过，进一步发展完善了我国检察制度，将人民检察署改称为人民检察院，形成了全国人民代表大会及其常务委员会之下的国务院、最高人民法院、最高人民检察院的“三院”体制，突出了检察机关在国家机构中的地位；重新确立垂直领导体制（新中国成立初期检察机构曾实行一段垂直领导体制，后根据 1951 年的《各级地方人民检察署组织通则》改为双重领导）。需要注意的是，1954 年宪法

---

〔1〕 姬亚平：“我国行政监察体制改革研究”，载《党政论坛》2010 年第 9 期。

和检察院组织法规定了检察机关实行一般监督的职权，即最高检察机关和地方各级检察机关分别对国务院所属各部门和地方国家机关的决议、命令和措施是否合法，国家机关工作人员和公民是否遵守法律行使检察权。但实践证明由检察机关包揽一切监督职权，对其他国家机关的规范性文件以及国家工作人员和一切公民行为的合法性进行审查，不符合人民代表大会制度的政治体制，不现实也不必要。在 1979 年修订人民检察院组织法时彭真同志指出检察院对于国家机关工作人员的监督只限于违反刑法需要追究刑事责任的案件，至于一般违反党纪并不触犯刑法的案件概由党的纪委检查部门和政府机关去处理，现行宪法也将对国家机关规范性文件以及其他工作的审查监督权交由人大及其常委会行使。〔1〕

1978 年以后检察系统开始恢复重建。1979 年 7 月 1 日，彭真同志在第五届全国人大第二次会议上所作的《关于七个法律草案的说明》中，就人民检察院组织法的立法明确指出，列宁在十月革命后，曾坚持检察机关的职权是维护国家法制的统一，我们的检察院组织法是运用列宁这一指导思想，结合我国实际情况制定的。人民检察院的性质是法律监督机关，而不是单纯的公诉机关。1949 年的《中央人民政府组织法》和 1954 年《宪法》，以及相应的检察机关组织法中，都规定了检察机关对国家机关、国家工作人员和公民是否遵守法律行使检察权。当时虽然没有明确提出法律监督的概念，但有关条文已经明显体现了检察机关的法律监督性质。

1979 年《人民检察院组织法》中明确规定："中华人民共和国人民检察院是国家的法律监督机关"，并于 1982 年把这一规定写入宪法。现行《宪法》和《人民检察院组织法》根据我国实际和国家整体制度的建构，将检察机关对国家机关和国家工作人员法律监督的范围和重点放在了对国家工作人员职务犯罪行为的监督，即通过对国家工作人员犯罪事实的揭露，追究犯罪人的违法责任，从而形成对国家工作人员的司法弹劾制度。〔2〕

检察系统内的这部分由法律监督职能衍生出的监督职权，目前（改革全面正式开展之前）主要指人民检察院查处贪污贿赂、失职渎职以及预防职务犯罪的相关职权，一般由反贪污贿赂局、反渎职侵权局及职务犯罪预防局行

〔1〕 韩大元："论我国检察机关的宪法地位"，载《中国人民大学报》2002 年第 5 期。

〔2〕 石少侠："列宁的法律监督思想与中国检察制度"，载《法制与社会发展》2003 年第 6 期。

使，也就是《决定》所提及监察委员会所要整合的相关部门。

（三）不同法域监察制度实践简述

从我国目前正在进行的国家监察体制改革试点工作出发，纵观世界上其他国家地区或者法域的制度实践，我们可以发现，监察制度的适用颇为流行。如我国香港特别行政区发轫于20世纪70年代又在回归后加以改良发展的廉政公署制度，〔1〕相似时期与历史条件下受香港制度刺激并借鉴吸收前者又具备自身特点的澳门特别行政区廉政公署制度，韩国自1963年整合审计与监察职权、合并各自独立的审计院和监察委员会形成的监察院制度；〔2〕众多欧美国家也在其国家权力机制中设置或增添了监督、监察的因素，如美国行政机关大多配备针对本机关及公务人员的监察员制度；再如众多东欧国家如捷克、波兰亦建立起本国独立的监察系统（如最高与各级独立监察院等），一些国家还以宪法上明确的独立权力性质定位为监察体制的有效运行提供保障，特别是波兰在20世纪末建立独立监察系统的过程中以至今日都与我国的相关部门保持交流。〔3〕可以明确的是，在监察制度流行的大背景下，各国并未形成较为主流的路径与模式，如明确独立的监察系统、宪法上明文确立的独立监察权等并不一定是监察改革必备要素，不同的模式实践中制度设计并不当然地决定制度改革的成效，众多相关因素所发挥的作用不容忽视。故而我国当前的监察体制改革并不存在所谓的形式束缚与仿照模式，坚持法治国家建设与权力良性运行的目标，综合考量我国自身的实际情况、各类理论与实践经验，才是国家制度改革的应有路径。

三、国家监察体制改革理路——试点工作文件解读

由于中共中央办公厅《方案》原文难以一窥，故而以第十二届全国人民代表大会常务委员会《决定》作为规范解读的主要材料。后者是以国家权力形式对改革方案进行确认与描述，亦是对中央决策文件的贯彻执行并在一定程度上实现了具体化（当然，改革试点机构最终名称的确定、近期相关立法

---

〔1〕石东坡、石东伟：“香港廉政公署的组织法分析——兼论对内地廉政机构组织法制发展的启示”，载《法治研究》2009年第5期。

〔2〕田雅琴：“韩国：监审合一的行政监察”，载《中国监察》2005年第6期。

〔3〕明金维、马世骏：“贺国强与波兰最高监察院院长会谈”，载《人民日报》2011年7月8日。

工作的部署等内容已可见于2017年1月8日公布的《公报》[1]），同时各改革试点地区试点文件亦总体上依据该文件出台，故而有较大的参考价值。概括来说，《决定》及相关文件主要包含以下几方面的内容：

（一）改革试点地区与改革形式

试点地区集中在北京市、山西省、浙江省及所辖县、市、市辖区，改革的主要内容是在上述各级地方设立监察委员会，行使监察职权。监察委员会将整合试点地区人民政府的监察厅（局）、预防腐败局及人民检察院查处贪污贿赂、失职渎职以及预防职务犯罪等部门的相关职能。试点地区监察委员会由本级人民代表大会产生，监察委员会主任由本级人民代表大会选举产生，监察委员会副主任、委员，由监察委员会主任提请本级人民代表大会常务委员会任免。监察委员会对本级人民代表大会及其常务委员会和上一级监察委员会负责，并接受监督。

2017年1月8日公布的《公报》又表明，中央基本确定了新机构的名称，即国家监察委员会（全称：中华人民共和国监察委员会），分为中央、省市县（区）四级，而非中央监察委员会，目的是跟中央纪律检查委员会相区别。于改革试点工作相配套的是，国家将根据实际情况制定国家监察法，可能需要一段时间，但明确了立法的对象是国家监察法，而非国家监察组织法等。根据公报表述，监察体制改革将可能在2017年年内逐步推开，在试点基础上成立各级国家监察委员会，可见本次监察体制改革推开速度之迅速，改革意愿与力度之强烈。

（二）监察委员会职权及行使职权之措施

监察委员会将拥有3类职权及与此相关的12项可行措施，按照管理权限，对本地区所有行使公权力的公职人员依法实施监察；履行监督、调查、处置职责，监督检查公职人员依法履职、秉公用权、廉洁从政以及道德操守情况，调查涉嫌贪污贿赂、滥用职权、玩忽职守、权力寻租、利益输送、徇私舞弊以及浪费国家资财等职务违法和职务犯罪行为并作出处置决定，对涉嫌职务犯罪的，移送检察机关依法提起公诉。为履行上述职权，监察委员会可以采取谈话、讯问、询问、查询、冻结、调取、查封、扣押、搜查、勘验

---

[1]《中国共产党第十八届中央纪律检查委员会第七次全体会议公报》，中国共产党第十八届中央纪律检查委员会第七次全体会议通过，2017年1月8日。

检查、鉴定、留置（此处指公安执法方式即经公安机关批准将当场盘问发现的违法犯罪嫌疑人留在公安机关继续查问的行为，1995 年《人民警察法》、2004 年《公安机关适用继续盘问规定》赋予了公安机关人民警察盘问留置权，新的《公安机关办理刑事案件程序规定》也有相关赋权）等措施。

（三）所涉法律的适用调整

由于监察委员会将整合相关监察职权与资源，故而有关行政监察、检察侦查等内容涉及的现行法律在适用方式上将暂时进行调整（该职权依据主要可见于《立法法》第 13 条的相关规定）：在北京市、山西省、浙江省暂时调整或者暂时停止适用《行政监察法》，《刑事诉讼法》第 3 条、第 18 条、第 148 条以及第二编第二章第十一节关于检察机关对直接受理的案件进行侦查的有关规定，《人民检察院组织法》第 12 条第（一）项，《检察官法》第 6 条第（三）项，《地方各级人民代表大会和地方各级人民政府组织法》第 59 条第（五）项关于县级以上的地方各级人民政府管理本行政区域内的监察工作的规定。其他法律中规定由行政监察机关行使的监察职责，一并调整由监察委员会行使。

我们可以发现，改革文件强调的重点在于对监察职权与资源的整合（监察对象范围的覆盖、不同系统监察职能的集中等）、监察体制的独立（监察委员会类似“一府两院”的定位表述、产生与负责机制的设计等）、贯彻执行《方案》强调坚持党的领导方针。

四、国家监察体制改革未来走向

依照中共中央办公厅《方案》、第十二届全国人民代表大会常务委员会《决定》的相关表述方式，实行监察体制改革，设立监察委员会，建立集中统一、权威高效的监察体系，是事关全局的重大政治体制改革。2017 年 1 月 8 日，《公报》亦明确：扎实推进监察体制改革，完善党和国家自我监督。在党中央领导下，中央纪委牵头抓总，落实改革方案，推动制定国家监察法，筹备组建国家监察委员会。

而在法治中国建设的宏观背景之下，从宪法及相关法律规范中的权力维度出发，对当前的重大改革进行审视，并对改革的未来走向进行预测分析，更有利于我们的决策与制度方向满足法治国家建设的道路要求，从形式与实质上保证权力的良性运行与人民权利的切实保障，实现社会公平正义与国家发展愿景。笔者认为我国国家监察体制改革未来走向可做如下描述：

（一）试点地区检察制度改革稳定推进，并为后续工作奠定基础

2017年，随着试点改革工作的深入，试点地区的监察改革制度将逐步稳定，并在地方形成较为成熟的监察体系；改革试点工作平稳开展为监察制度的全面改革工作提供信息反馈与经验积累，亦为其后的立法跟进、中央和全国地方监察委员会的组建运行如机构调整、职能交接整合、人员转隶与待遇安排，办案流程如决策、侦查、强制手段、司法程序衔接、权利救济等方面提供参考。

（二）相关立法跟进

根据《公报》的内容，以及2017年3月第十二届全国人民代表大会五次会议相关的信息披露，[1]2017年内，全国人大将修改现行的《行政监察法》、完成《监察法》的修改与审议（《监察法》已于2018年3月20日第十三届全国人民代表大会第一次会议通过）。而国家监察制度相关的其他法律及相关规范、文件，如国家监察委员会组织法、监察委员会工作人员遴选办法及议事细则的制定等工作则亦将可能会在改革过程中稳步进行。

（三）全国范围内正式推进监察体制改革，逐步建立与发展完善我国的监察制度

以试点地区的改革经验为参考，以国家监察法等法律的出台为契机，伴随着如监察组织法、议事遴选等法律规范及相关规则的制定工作，监察体制改革工作将在全国范围内统一展开，并以各级国家监察委员会为组织机构基础，在中央及地方各级形成一套初具雏形并不断发展完备的监察制度。在形成一套新型国家权力机构制度的现实条件下，为宪法确立这一类新整合出的国家权力的法律确认工作即在新一届全国人民代表大会召开的契机下修订宪法的相关规定。

（四）宪法确定国家权力制度变革

结合试点地区的经验与全国范围内监察体制改革工作相关工作的全面开展，基于已经形成、并逐步完善的国家监察制度，本次重大政治改革即国家

---

〔1〕“十二届全国人大五次会议举行新闻发布会大会发言人傅莹答中外记者问”，载新华网http://news.xinhuanet.com/politics/2017lh/2017-03/04/c_1120569337.htm?isnm=1，2017年3月8日最后访问。

监察体制改革对国家根本制度、国家权力设置格局产生的变革在宪法层面被予以确认。新型的国家根本制度即新型的国家权力与国家权力机关、国家监察体制因宪法的规定获得合法明确的定位。由此产生的最后一个问题就是，新的国家权力与国家权力格局应当怎样审视：

依据中共中央办公厅《方案》、第十二届全国人民代表大会常务委员会《决定》规定："将试点地区人民政府的监察厅（局）、预防腐败局及人民检察院查处贪污贿赂、失职渎职以及预防职务犯罪等部门的相关职能整合至监察委员会。"党的纪律检查委员会、监察委员会合署办公，建立健全监察委员会组织架构，明确监察委员会职能职责，建立监察委员会与司法机关的协调衔接机制，强化对监察委员会自身的监督制约。这意味着起码从机构职能与理想的法律制度描述层面上看，行政监察职能、检察系统监察职能、中共纪律检查委员会监察职能将整合于监察委员会一处，并形成集中统一的监察体系。这类由改革整合的权力包含了人民政府的监察厅（局）、预防腐败局基于《行政监察法》对于国家行政机关及其公务员和国家行政机关任命的其他人员实施监察的职权；人民检察院查处贪污贿赂、失职渎职以及预防职务犯罪等部门（反贪污贿赂局、反渎职侵权局及职务犯罪预防局等）基于《宪法》《人民检察院组织法》所确立的法律监督职能中的针对国家工作人员的反腐败职权；以及中共纪委基于党规党纪对于党员行使的纪检监察职权。

笔者认为，对于我国监察体系权力的性质定位，还是应当从宪法确立的国家权力格局出发进行分析。通过对宪法文本的分析，我们可以很明显地感受到我国宪法有意地将国家权力体制与三权分立等西方国家的理论实践加以区别，集中体现在《宪法》第2、57条对于人民代表大会最高权力制度的强调和第3、57、123、128、132条等以行使不同部分国家权力的国家机关（如审判机关、法律监督机关）作为国家权力不同部分区分依据。此外宪法亦通篇避免行政权、司法权、法律监督权等表述（虽然立法权在第58条、审判权在第128条、检察权在第132条及各国家机关分章出现，但这些权力概念亦仅仅存在于各自的领域范围，加之总则的涵盖效力在宏观的权力格局层面自然地强于分则，故而并不影响宪法淡化分权理论在我国权力制度之中存在的意图）。由此我们可以得出结论，我国宪法层面的国家权力制度设计是区别西方三权分立、分权制衡等模式，而建立起人民代表大会的最高权力机制，其下由不同国家机关分别行使不同部分的国家权力的"一权并行"模式。实际上这类国家权力思想与自然法学派代表卢梭的唯一主权、权力不可分割等观点十分契合。[1]

在这样的前提下，结合我国监察体制改革工作的各种明显信号，如2016年10月27日发布的中共十八届六中全会公报将监察机关与人大、政府等并列提出、2016年11月7日中共中央办公厅印发的《方案》强调的“建立监察委员会与司法机关的协调衔接机制”、2016年12月25日第十二届全国人民代表大会常务委员会第二十五次会议通过《决定》指出“实行监察体制改革，设立监察委员会，建立集中统一、权威高效的监察体系，是事关全局的重大政治体制改革”等都预示着当前的监察体制改革将在我国现有“一权并行”的宪法权力格局内，整合出一类平行于行政机关权力、审判机关权力、法律监督机关权力的监察机关权力（上文已述，在各部分国家权力自身的范围内如行政权、法律监督权的提法并无不可，以此类推，监察体制改革整合的权力被称为监察权在某种程度上说亦无不可，此类表述与权力格局描述是为了适应确立已久并具备稳定性的权力制度模式）。

点　评

监察体制改革导致整个监督体制发生重大变化，从而使得国家权力被重新排列组合，监察委的权力从人大、检察院、行政检察部门的相关职权中转隶而来，牵一发而动全身，其他体系随之发生变化，相应的法律体系也应当作出修正：刑事诉讼法、行政监察法、检察院组织法等法律均需进行不同程度的修改或废止。我们在审视本次监察体制改革之时，一方面要清楚地意识到，这是一项关乎国家权力配置的重大政治改革，另一方面，我们应该以法学专业的角度审慎地分析这项试点改革方案，通过对国家权力制度变革的相关法理研究，我们可以试图为其中的理论困境及制度构建提供合理参考。《中华人民共和国监察法》主要涉及监察委与检察院工作衔接的问题，但监察机关的侦查行为仍需进行进一步的规范，相关的证据移送制度也有待于在未来立法及修法过程中完善。

（点评人：武汉大学法学院　江国华教授）

〔1〕［法］卢梭：《社会契约论》，何兆武译，商务印书馆1980年版，第36~37页。

监察委员会留置措施研究〔1〕

王　冲*

摘　要：监察体制改革启动之后，构建全面的监察体制成为我国当前进行的各项改革中最为迫切的任务之一。在国家监察体制的构建过程之中，留置措施作为监察委员会被授予的一项全新措施，为学界所关注，并需要在今后的立法与实践过程中不断完善。习近平总书记在中共十九大开幕式讲话中提到“制定国家监察法，依法赋予监察委员会职责权限和调查手段，用留置取代‘两规’措施”。可见，留置措施能否规范运行关乎我国的法治进程。本文旨在结合京、晋、浙三试点省份的实施现状，分析留置措施的规范建构。

关键词：监察委员会　留置措施　职务犯罪

一、引言

中国曾经的反腐败制度主要由行政监察、纪检监督和检察反腐等三个基本板块所构成，在全面依法治国和实施法治反腐败战略要求下，我国当前职务犯罪侦查过程中的“两规”“两指”等侦查行为面临诸多合法性诘难，如对人身自由限制时间过长、侦查手段与程序的合法性存疑等问题始终受到质疑。但自《关于在北京市、山西省、浙江省开展国家监察体制改革试点方案》（以下简称《方案》）与《全国人民代表大会常务委员会关于在北京市、山西省、浙江省开展国家监察体制改革试点工作的决定》（以下简称《决定》）公布之后，试点地区的反腐体制得以整合，反腐败制度综合权力交由监察委

〔1〕本文核心观点曾发表在《湖北社会科学》2018年第5期。

* 王冲，武汉大学法学院2015级法律硕士。

员会这一机构行使，标志着我国监察体制改革工作正式启动。

监察体制改革之后，监察委员会在法律地位上，将与原有的“一府两院”相平行，由此，我国人大制度之下的国家治理结构也将由“一府两院”演变成为“一府一委两院”。作为专门的监察机关，国家监察委员会对“一府两院”以及人大行使监察职权，但同时还需受人大的监督。[1]监察委员会在履行其反腐败职能过程中须运用到多种职务犯罪侦查手段，可见诸《决定》第二项“为履行上述职权，监察委员会可以采取谈话、讯问、询问、查询、冻结、调取、查封、扣押、搜查、勘验检查、鉴定、留置等措施”，其中“留置”的规定为《刑事诉讼法》中尚无相关规定的措施，同时又极有可能侵犯公民的基本权利。因此，在监察委员会进行职务犯罪侦查与职务违纪调查[2]时相应的具体职权行使方面，我国必须进行相关立法，使监察委员会的行为在法治轨道上运行，这是法治反腐的内在要求。

在现行的规范性文件当中，《刑事诉讼法》与《行政监察法》两部法律中均未出现关于“留置”这一措施的规定，在《中国共产党相关纪律检查工作条例》等规定中，同样未曾出现相应的内容，但结合三地试点的做法与习近平总书记十九大开幕式所作报告，可以明确的是，为监察委员会设置“留置”措施的目的在于规范我国目前职务犯罪侦查过程中的超期限制人身自由的行为。据此我们应当进行相应的思考与探索：进行监察委员会的留置措施的相关立法时该如何总结在三试点的改革经验？留置措施的批准主体、审批程序该如何进行相应的规范建构？被留置人员的合法权利又该如何进行保障与救济？

二、试点省份留置措施实施现状

2017 年 6 月，《中国纪检监察报》发布了关于北京市、山西省、浙江省实行监察体制改革的阶段性成果总结，其中，留置措施作为一项新的权力，是各地探索监察体制改革的重点。中央要求各地重点探索留置措施的审批权限、工作流程和方式方法，各地在探索过程中也颁布了相应的试行文件对该

---

〔1〕 江国华：“国家监察体制改革的逻辑与取向”，载《学术论坛》2017 年第 3 期。

〔2〕 关于监察委员会在职务犯罪方面的调查活动究竟属于调查权还是侦查权目前尚有争议，在这一点上笔者赞同秦前红教授在《监察委员会调查活动性质研究——以山西省第一案为研究对象》一文中的观点，认为监察委员会的调查活动兼具调查和侦查属性。

项权力的行使进行规范。在成文判决方面，目前山西省公布2例、北京市公布1例监察委留置案件的判决书，浙江省尚无相关判决书公布。

（一）相关文件规定

省份	相关文件	总体布局	批准程序	其他
山西省〔1〕	《山西省纪委监委机关审查措施使用规范》	关于留置措施实施的相关内容在文件第八章，包括留置的适用对象和使用条件、留置场所和时限、审批权限和程序、留置场所的安全保障、被留置人合法权益保护等。	省监委确需采取留置措施的，应提交省监委执纪审查专题会议研究决定，并由案件监督管理室报中央纪委备案。	1. 留置场所：应当在指定的专门场所实施；与被留置人谈话、讯问，应在专门谈话室进行； 2. 被留置人权利保障：针对被留置对象应当提前做出安全预案； 3. 留置时限：使用留置措施时间不得超过90日，特殊情况下经批准可延长一次，时间不得超过90日。
浙江省〔2〕	《浙江省监察留置措施操作指南》	明确留置条件必须是已立案并且案件具有重大、复杂等四种情形，同时对留置审批、备案、期限、被留置人合法权益保障等方面作了详细规定。	凡采取留置措施的，需监委领导人员集体研究、主任批准后报上一级监委批准，涉及同级党委管理对象的，还需报同级党委书记签批；凡使用、延长、解除留置措施的，市县两级监察机关都需报省级监察机关备案，而省监委则需报中央纪委备案。	-

〔1〕张磊：“做好深度融合大文章——山西开展国家监察体制改革试点工作纪实（下）”，载《中国纪检监察报》2017年6月8日。

〔2〕张磊：“改革，不止于挂牌——浙江省开展国家监察体制改革试点工作纪实（下）”，载《中国纪检监察报》2017年6月14日。

续表

省份	相关文件	总体布局	批准程序	其他
北京市	《北京市深化监察体制改革试点实施方案》《北京市监察委员会工作规则（试行）》《北京市纪检监察机关监督执纪工作规则（试行）》《调查措施使用规范》《监督执纪工作常用文书》《北京市纪委市监委机关执纪监督工作暂行办法》	强调加强约谈安全，减少外查留置；规范审查程序和审查措施使用，确保执纪审查对象安全。〔1〕	留置措施的使用须报同级党委主要负责人批准，予以立案审查（调查）；市纪委市监委机关对局级或相当于局级的监察对象采取留置措施的，还需报市委主要领导批准；区级纪检监察机关对处级或相当于处级的监察对象采取留置措施的，还需报区委主要领导批准。〔2〕	-

（二）具体案件归纳

省份	案件	留置起止时间与机关	判决结果	备注
山西省	山西煤炭进出口集团有限公司原董事长、党委书记郭某	留置于2017年4月13日开始；2017年6月11日郭某被山西省人民检察院依法决定逮捕，留置期为60天。（留置	-	为“山西省留置第一案”。据山西省纪委、监委第十纪检监察室有关负责人介绍，在郭某案中，监察委员会严格维护被留置人的人身权、

〔1〕 李欣然：“抓住三个重点把七次全会精神落到实处”，载 http://www.jjjcb.cn/content/2017-02/16/content_45750.htm；王少伟：“从一开始就把监察权关进笼子”，载 http://www.jjjcb.cn/content/2017-06/02/content_49716.htm，2017年10月16日最后访问。

〔2〕 王少伟：“从一开始就把监察权关进笼子——北京开展国家监察体制改革试点工作纪实（下）”，载《中国纪检监察报》2017年6月2日。

续表

省份	案件	留置起止时间与机关	判决结果	备注
	涉嫌国有公司人员失职、受贿案	机关为山西省监察委员会）		财产权和申辩权等合法权益，专门为郭某制定了合理的日常起居计划，严格按计划进行调查和讯问，充分保障了郭某的饮食和必需的休息时间。[1]
	原运城市水务局防汛抗旱指挥部办公室主任卫某某受贿案	留置于2017年3月27日开始；2017年5月15日卫某某被运城市检察院依法决定逮捕，留置期为50天。（留置机关为运城市监察委员会）	2017年6月18日，卫某某案一审宣判。盐湖区人民法院根据《刑法》有关条款以及全国人大常委会《决定》，认定卫某某犯受贿罪，判处有期徒刑3年，并处罚金20万元。[2]	判决书特别指出，刑期从判决执行之日起计算，判决执行以前先行留置、羁押的，留置、羁押一日折抵刑期一日，即自2017年3月27日起至2020年3月26日止。
	张某受贿案	留置于2017年3月27日开始；2017年5月15日张某被运城市检察院依法决定逮捕，留置期为50天。（留置机关为运城市监察委员会）	被告人张某犯受贿罪，判处有期徒刑3年零6个月，并处罚金人民币25万元。[3]	判决书特别指出：刑期从判决执行之日起计算。判决执行以前先行留置或羁押的，留置或羁押一日折抵刑期一日，即自2017年3月27日起至2020年9月26日止。

〔1〕 张磊："做好深度融合大文章——山西开展国家监察体制改革试点工作纪实（下）"，载http://www.jjcb.cn/content/2017-06/08/content_49994.htm，2017年10月16日最后访问。

〔2〕［2017］晋0802刑初222号刑事判决书。

〔3〕［2017］晋0828刑初45号刑事判决书。

续表

省份	案件	留置起止时间与机关	判决结果	备注
北京市	通州区永乐店镇财政所出纳李某贪污案	留置于2017年4月7日开始；2017年5月5日，李某被通州区检察院执行逮捕，留置期限为29天。（留置机关为通州区监察委员会）	被告人李某犯挪用公款罪，判处有期徒刑3年，缓刑5年（缓刑考验期限，从判决确定之日起计算）。〔1〕	未涉及刑期折抵问题

三、留置措施的规范建构

刑事侦查的强制措施与公民最基本的人身权利息息相关，“留置”类似于刑事侦查强制措施，如果缺乏明确的法定程序及权利保障机制，则《决定》中规定的留置措施便可能成为“达摩克利斯之剑”，会威胁到公民最基本的人身自由权。在职务犯罪调查权与侦查权行使过程中，虽然被侦查对象多为掌握一定权力的国家机关或国有企事业单位等的公职人员，但其在与国家公权力博弈过程中仍然处于弱势地位，容易受到公权力的侵犯。贝卡里亚在《论犯罪与刑罚》中则写道：“只有极少数人考察了残酷的刑罚和不规范的刑事诉讼程序并向其开战……对于未经证实的或臆想中的罪犯所徒劳滥施的野蛮折磨正在变本加厉。”〔2〕因此，必须在《刑事诉讼法》中对于留置措施的适用作出系统规范，从而使得刑事司法体系走向更加完备的状态。

（一）留置措施的构成要件

1. 行使对象

从当下的监督工作来看，行政监察机关、党内纪检机关以及检察机关所能够监督的对象范围存在交叉和互有重复，〔3〕构建统一国家反腐败体制，使得职务违纪、职务违法、职务犯罪的调查与侦查工作更为高效便捷，如何使

〔1〕［2017］京0112刑初416号刑事判决书。

〔2〕［意］贝卡里亚：《论犯罪与刑罚》（第2版），黄风译，中国法制出版社2005年版，第7页。

〔3〕江国华：“国家监察体制改革的逻辑与取向”，载《学术论坛》2017年第3期。

得反腐败体制对行使公权力的公职人员进行全面覆盖是我国当前行政改革中较为迫切的任务。相关权能整合之后，当前处于职务违纪与职务违法惩处“留白地带”[1]的公职人员应当也被纳入监察委员会的监督对象之中。留置措施作为监察委员会实施调查、侦查行为过程中所使用的措施与手段，其适用对象应当与监察委员会的监察对象一致。《决定》第2项规定“试点地区监察委员会按照管理权限，对本地区所有行使公权力的公职人员依法实施监察”。因此，要规范留置措施的行使，首先应当参照《宪法》《刑法》《公务员法》《最高人民检察院关于渎职侵权犯罪案件立案标准的规定》等法律、司法解释的规定，并参照监察委改革过程中各项文件对“行使公权力的公职人员”的含义作出如下解读：包括国家公务员法所规定的国家公职人员，包括党的机关、人大机关、行政机关、政协机关、审判机关、检察机关、民主党派机关、工商联机关的公务员，以及参照公务员管理的人员；法律授权，或者政府委托来行使公共事务职权的公务人员；国有企业的管理人员；公办的教育、科研、文化、医疗、体育事业单位的管理人员；群众自治组织中的管理人员；其他依法行使公共职务的人员。[2]留置措施的行使对象应当包括以上六类被调查对象。

2. 留置时限

在留置时限方面，有的观点认为可从违纪行为调查阶段、职务违法行为立案调查阶段和职务犯罪行为立案侦查阶段三个方面，设置短期、中期和长期留置期限。[3]笔者认为此种观点不甚合理，理由在于留置措施的时限设置应当结合留置措施出台的目的进行考量（即：使得当前纪委在办案过程中的“两规”“两指”措施逐步进入到刑事司法体制内，取得法律上的依据）。首先，该观点认为短期留置可参照《公安机关适用继续盘问规定》第11条[4]有关继

---

〔1〕 意指利用其职务便利实施了一定的职务违法行为，尚未构成职务犯罪，但又因其不属于共产党员，不受《中国共产党纪律处分条例》约束的公职人员。

〔2〕 肖培：“成立监察委员会实现对所有行使公权力的公职人员监察全覆盖”，载 http://www.ccdi.gov.cn/yw/201701/t20170109_92539.html，2017年6月16日最后访问。

〔3〕 王晓：“监察委员会的留置措施论要”，载《北京联合大学学报（人文社会科学版）》2017年第2期。

〔4〕《公安机关适用继续盘问规定》第11条第1款：继续盘问的时限一般为12小时；对在12小时以内确实难以证实或者排除其违法犯罪嫌疑的，可以延长至24小时；对不讲真实姓名、住址、身份，且在24小时以内仍不能证实或者排除其违法犯罪嫌疑的，可以延长至48小时。

续盘问时限的规定，设置“12-24-48”小时的短期留置时限，考虑到职务违纪、违法及犯罪行为通常涉及面广、人数较多、取证难度大，在监察委员会决定采取留置措施之后，以“小时”记的留置期限往往不能满足调查与侦查的需要，故此种设置实际上是多余的。其次，其认为长期留置应当参照《行政监察法》第 33 条〔1〕有关立案调查的案件期限，设置“6 个月至 1 年”的长期留置时限，但笔者认为对于人身自由的限制不宜设定如此之长的期限，同时结合《刑事诉讼法》第 156 条“……侦查羁押期限不得超过二个月……可以经上一级人民检察院批准延长一个月”的规定来看，6 个月至 1 年的规定过长，可以说也是不甚合理的。

结合留置措施的设置目的与前文提及的试点地区留置措施的具体实施情况，笔者认为，应当参考《中国共产党纪律检查机关案件检查工作条例》第 39 条“案件调查的时限为三个月，必要时可延长一个月，案情重大或复杂的案件，在延长期内仍不能查结的，可报经立案机关批准后延长调查时间”中关于时限的规定。但本条规定的内容若直接作为监察委员会采取留置措施的依据，会导致两个问题：其一，调查期限与羁押期限混同，容易导致侦查阶段产生隐性超期羁押，这一点在目前的纪委办案过程中已经较为普遍；其二，“案情重大或复杂”的内涵不易界定，延长调查期限的随意性较强，同样使得被调查人的人身自由容易受到公权力的侵犯。因此，笔者认为，监察体制改革过程中，应参照比例原则规定留置措施的时限，使之与被调查人涉嫌罪行的严重程度、妨碍侦查的可能性的大小、人身危险性大小和案件具体情况（如涉案金额、人数等）相适应，确保该项措施使用的合理性。《山西省纪委监委机关审查措施使用规范》规定的“使用留置措施时间不得超过 90 日，特殊情况下经批准可延长一次，时间不得超过 90 日”应当是比较适宜的。此外，从卫某某受贿案与张某受贿案两个案例的判决书来看，“留置一日折抵刑期一日”应是今后法院在判决适用留置措施的案件时较为通行的做法，应当将此项规定正式写入《刑事诉讼法》。

---

〔1〕《行政监察法》第 33 条规定：监察机关立案调查的案件，应当自立案之日起六个月内结案；因特殊原因需要延长办案期限的，可以适当延长，但是最长不得超过一年，并应当报上一级监察机关备案。

3. 留置场所

在留置措施不断规范的过程中，首先应当规定留置应当在统一的场所中进行。这一点应当参照《刑事诉讼法》第93条的规定“……逮捕后，应当立即将被逮捕人送看守所羁押……”规定在采取留置措施后立即将被留置人送往留置场所，同时确保整个过程录音录像的完整性。就试点地区目前的做法而言，《山西省纪委监委机关审查措施使用规范》在第八章规定使用留置措施，应当在指定的专门场所实施，提前作出安全预案，与被留置人谈话、讯问，应在专门谈话室进行。但试点地区的阶段性总结尚未明确指出何处为“专门场所”或“专门谈话室”。在笔者看来留置场所设置为看守所较适宜，主要基于以下几点考量：（1）看守所中的械具及配套设施等已经较为完善，监察委员会若在此之外另设一处留置场所需动用较多的人、财、物力；（2）纪委办理反腐败案件时若采用设施条件优于看守所的场所（如宾馆），“留置一日折抵刑期一日”的做法将会对其他被羁押于看守所的犯罪嫌疑人造成实质上的不公。此外，在留置与羁押场所交接的问题上，可参考浙江省上城区在实施第一例留置措施中的做法，对留置的宣布、留置调查、留置交接等整个执行过程全程同步录音录像，同时加强与留置场所的对接沟通，加强对办案人员、留置看押人员的安全教育和培训，确保留置安全。[1]《刑事诉讼法》在未来修法中应当以此为借鉴，作出明确具体的规定，通过录音录像的方式来规范二者的交接程序，并使得整个留置过程中获得的证据经得起法庭质证，避免在交接过程中出现侵犯被留置人人身权利的情况。

其次，在被留置人权利告知方面，可参考我国香港廉政公署制度。廉政公署执行处为被扣留的人士提供周全的扣留设施。根据《廉政公署条例》第10A条，廉政公署有权扣留被捕人士，[2]《廉政公署（被扣留者的处理）令》[第204（A）章] 列明了被扣留人士所享有的权利。被扣留者会收到一份中

---

〔1〕 张磊：“改革，不止于挂牌——浙江省开展国家监察体制改革试点工作纪实（下）”，载《中国纪检监察报》2017年6月14日。

〔2〕《廉政公署条例》第10A条：（1）根据第10条被逮捕的人——（a）可随即被带往警署，并在该警署按照《警队条例》（第232章）处理；或（b）可被带往廉政公署办事处。（2）凡根据第10条被逮捕的人被带往廉政公署办事处后——（a）如职级为高级廉政主任或以上的廉署人员（在本条中称为“廉署高级人员”）认为为作进一步调查，有需要扣留该人在该办事处，则该人可被扣留在该处……。

英对照的“致被扣押人士的通告”,[1]列明该法令的详细内容。这份通告会张贴在各个扣留室、会面室和扣留中心的显眼位置。我国大陆地区的留置可以对此进行借鉴，在留置措施的实施场所张贴相应的权利告知。

（二）留置措施的运行程序

1. 留置审批主体

就目前而言，三试点地区对于留置措施批准主体的规定不尽相同：北京市有权决定留置措施的是监察委所在地的党委，山西省为监察委员会，浙江省的规定则是凡采取留置措施的，需监察委员会领导人员集体研究、主任批准后报上一级监委批准，涉及同级党委管理对象的，还需报同级党委书记签批。在未来的修法过程中，统一留置措施的审批机关是必然的趋势，但在确定此项权力由谁掌握时，应作如下考量：首先，留置措施的批准机关不应当是党委，留置措施兼具行政属性与刑事司法属性，应当坚持党政分离的原则，由其他机关掌握；其次，应当参考现行体制中检察机关对公安机关的监督和制约，从《宪法》第140条的规范结构看，三权的“分工配合制约”是在刑事诉讼中实现的，核心价值是“互相制约”，重在控制侦查权，[2]因此依照逮捕权与批捕权相分离的原则来看，由监察委员会掌握留置权的审批也是不合适的，应当考虑此项权力与一般犯罪的批捕权力均交由检察院掌握，防止

---

〔1〕《廉政公署（被扣留者的处理）令（宪报编号：1 of 2003）》第17条　致被扣留者的告示（版本日期：30/06/1997）：廉政公署须在用作扣留被扣留者的每间房间的显眼处，以及易为被扣留者看见的廉政公署办事处内其他显眼地方，张贴具以下条款的中文及英文告示——

被扣留者请注意

1. 你可要求将你已经被扣留一事通知你的亲属或一位朋友。

2. 在不会对调查的进行或执法构成不合理延迟或阻碍的前提下，你可与一名法律顾问通讯和商议。

3. 你如根据裁判官的命令被扣留，为准备你的辩护，你会——

（a）获供应书写用品，而你的书信可邮寄出或递送出而不受延误；

（b）在不会对调查的进行或执法构成阻碍的前提下，你可打电话给他人。（1987年第51号第9条）

4. 你可要求保释。

5. 你如感到不适，请要求医疗护理。

6. 你会获得免费供应足够的食物和茶点。除属基本需要的衣物外，你不得接受从外间送来的任何其他东西。但在你的要求下，可获准自费得到外间送来食物，但这些食物须经过检查。

7. 你如作出要求，便会获得供应饮用水。

〔2〕韩大元、于文豪：“法院、检察院和公安机关的宪法关系”，载《法学研究》2011年第3期。

监察委员会权力不受限制地扩张，并更好地发挥检察机关的法律监督职能。

上文中曾经提及，修法过程中应当规定留置措施的时限在特殊情况下经审批可延长一个月，因此留置措施的批准主体应当包括两个层次，其一为初始留置的批准主体，其二为留置时限延长时的批准主体，那么两个层次的批准权应当由谁掌握呢？笔者认为，初始留置的批准主体应当是与采取留置措施的监察委员会同级的人民检察院，如此规定能够更好地发挥同级检察机关对监察委员会的法律监督功能。而针对留置时限延长的情形，应当参照《刑事诉讼法》第156条对于逮捕后的侦查羁押期限延长的规定，由上一级人民检察院批准，体现留置措施的“审慎”延长原则。

2. 留置条件

在使用条件方面，留置措施的使用应借鉴比例原则，将该种对公民人身自由进行限制的强制措施适用于较狭窄的范围内。“在考虑某措施比例性的时候，必须平衡犯罪的严重性、嫌疑的程度、保护证据或信息的措施可能带来的价值和对所涉及的人带来的破坏或危害等因素”，〔1〕《浙江省监察留置措施操作指南》中明确留置条件必须是已立案并且案件具有重大、复杂等四种情形；《山西省纪委监委机关审查措施使用规范》第八章对留置的使用条件作出了较为具体的规定。因此，《刑事诉讼法》或《监察法》有必要结合试点地区的经验，使用详细条文对该项措施的使用条件作出规定，具体而言，有两个方面是必须包括在内的：其一，涉案金额的最低标准，衡量职务违法行为的情节是否重大，涉案金额的数量应当作为重要的参考指标；其二，被调查对象是否实施了企图自杀或可能逃跑的行为（如办理护照、购买机票等），此种情况下为保障调查及侦查活动的顺利进行，应当立即对被调查人予以留置。

此外，留置措施的实施还应当明确的一点是：在被调查人同时涉嫌职务违法与一般犯罪的情况下，调查与侦查权力应当由监察委员会还是一般犯罪的侦查机关行使？抑或应当根据涉嫌两种犯罪行为的轻重比例分情况决定由谁行使？再或者由监察委员会与一般犯罪的侦查机关分别进行职务犯罪与一般犯罪的调查、侦查？此方面的问题应当进行进一步的学理研究与立法探讨。

---

〔1〕 宋冰编：《读本：美国与德国的司法制度及司法程序》，中国政法大学出版社1998年版，第384页。

（三）被留置人的权利保障与救济

1. 律师会见

目前改革试点地区公布的相关资料中尚未提及留置期间是否允许律师会见被调查人的问题。但从保护公民人身权利的角度出发，应当认为留置期间允许律师会见是必要的。根据我国《刑事诉讼法》第 37 条的规定，辩护律师可以同在押的犯罪嫌疑人、被告人会见和通信，面对律师提出的正当会见要求，看守所应当及时安排会见，仅有特别重大贿赂犯罪案件，在侦查期间辩护律师会见在押的犯罪嫌疑人，才应当经侦查机关许可。香港《廉政公署（被扣留者的处理）令》［第 204（A）章］同样规定职务犯罪侦查过程中允许律师会见"被扣留者"。[1]留置措施带有强制性、主动性与单方面性，涉及被监察人最基本的人身自由权，应当允许其委托律师提供法律帮助，确保被留置人对可能发生的合法权利被侵犯的情况具有相应的防御能力。

在未来的修法过程中，应当进一步明确律师应当在何种阶段介入职务犯罪侦查的过程中，以及在被调查人被采取留置措施之后，律师应当如何申请到留置场所会见被调查人等问题。卫某某受贿一案判决书写道"依照《中华人民共和国刑法》……最高人民法院、最高人民检察院《关于办理贪污贿赂刑事案件适用法律若干问题的解释》……及全国人民代表大会常务委员会《关于在北京市、山西省、浙江省开展国家监察体制改革试点工作的决定》的规定"，可见，《决定》的效力应当位列法律之下，低于或等同于司法解释，其是否有权赋予国家机关以限制公民人身权利的职能，尚有待商榷，从这一维度来说，更应当注重被留置人的合法权利保障。

2. 司法救济

规定留置阶段的律师会见，重点在于被留置人的防御权，而此项规定的

［1］《廉政公署（被扣留者的处理）令（宪报编号：1 of 2003）》第 4 条与法律顾问通讯等，版本日期（01/07/1997）；附注：具追溯力的适应化修订——见 2003 年第 1 号第 3 条

（1）被扣留者须获给予合理机会，以便与法律顾问通讯，并在一名廉署人员在场但听不见的情况下与其法律顾问商议，除非此项通讯或商议对有关的涉嫌罪行的调查或执法会构成不合理的阻碍或延迟。

（2）为了使因依据裁判官的命令而被扣留的人士作好其辩护准备，被扣留者须——

（a）获供应书写用品，而他写给法律顾问及亲友的书信，须在尽量没有延迟的情况下邮寄出或递送出；

（b）获准与法律顾问及亲友通电话，除非此项通讯对有关的涉嫌罪行的调查或执法有合理地相当可能构成阻碍或延迟。（1987 年第 51 号第 9 条）

防御功能并不能够完全杜绝公权力对被留置人合法权益的侵害。因此，如姜明安教授所言，国家监察法立法有必要适当引入司法救济机制，即监察对象对于监察机关采取的限制人身自由的强制措施（如留置）、对财产的部分强制措施（如查封、冻结、扣押、搜查等），以及个别最严厉的行政处分决定（如开除公职）不服，国家监察法应赋予相对人向法院提起诉讼的权利。[1]在此类诉讼中，监察委员会为留置措施的实施主体，若其行为侵犯到被留置人的合法权利，自然应当由其自身作为诉讼的被告一方，但因其被告一方的特殊性，此类诉讼的性质尚有待明确。

如陈光中教授所言，此次监察体制改革将监察权从行政权中剥离，明显提高了监察权在国家权力架构中的等级，使之成为与行政权、司法权并列的国家权力。[2]如此，从一方面来说，监察委员会并不能够被定义为行政机关，行政复议与行政复核的规定并不能够直接适用。设若承认被留置人对监察委员会提起的诉讼为行政诉讼，便等同于承认监察委员会是行政机关，其所行使的权力为行政权，显然是不成立的。但不可否认的是，监察委员会的职权具有特殊性质，留置措施的适用类似于一般犯罪的侦查机关对于拘留或羁押的适用，与民事、刑事诉讼相比较而言，此类诉讼更贴近于行政诉讼，应当由法院的行政庭进行审判，但这一诉讼的具体定性还有待于在今后的研究中进一步挖掘。

四、结语

监察委员会享有的留置权力，是一种全新的权力，尚处于刚刚起步的阶段。在监察委员会采用此项措施时，可能会遇到较多关于程序性的问题，包括前述所列举的留置措施行使对象、场所、时限、条件、审批主体、权利救济等问题。除此之外，仍有一些问题须在立法过程中予以进一步的考量与细化，譬如针对涉嫌职务犯罪与职务违纪行为，是否应当采用不同程度、不同时限的留置措施，使该项强制措施与被调查人行为的社会危害性大致等同；再比如监察委员会在行使职务犯罪侦查权过程中获取的证据该如何通过法定程序转化为检察院提起公诉时所采纳的证据或如何进行证据交接的问题，这一点在既有判决书中尚无体现。在试点地区取得经验的基础上，全国人大及

〔1〕 姜明安："国家监察法立法的若干问题探讨"，载《法学杂志》2017年第3期。
〔2〕 陈光中、邵俊："我国监察体制改革若干问题的思考"，载《中国法学》2017年第4期。

常委会应当尽快作出反应，进行相应的立法与修法活动，使监察委员会的权力在法律的轨道内运行。

点　评

首先我们不应将留置权的性质片面地类比为行政权或司法权，原因在于各权力所依据的规范与制度有根本区别，但应肯定其独立权力的地位。在留置批准程序问题方面，留置是为了配合监察委员会的调查权而设置的强制监察措施，其批准权归于监察内部权力较为合适。而检察机关的监督职责亦不容忽视，可以考虑建立超期羁押备案等机制保证检察机关的介入途径。而留置的期限问题必须由《监察法》进行规定，同时，规定留置期限的刑期折抵以及国家赔偿等制度也是必要的。此外，监察程序与刑事司法的衔接机制也值得进一步研究，可以考虑借鉴公安机关侦查案件的移送机制。再者，学界对于司法程序中侦羁分流改革的呼吁也应当被纳入监察改革的考虑范畴，以保证被留置对象的权利救济，并完善针对监察权力的监督。至于证据转化问题，则应当参照行政机关证据转化制度，譬如完全客观性质的证据可以通过程序转化而采用，而司法审判的质证程序则应当发挥后续鉴别作用。

（点评人：武汉大学法学院　江国华教授）

健全党和国家监督体系

何宗鹏*

摘　要：党的十九大报告中提出，要构建党统一指挥、全面覆盖、权威高效的监督体系。这也为新时代完善党和国家监督体系指明了方向。我国目前的监督体系主体众多、监督方式多样，有党内监督、人民代表大会监督、监察委监督、司法监督、审计机关监督和社会监督等多种形式，但是存在着监督机构的独立性不足、权力机关监督的权威性不足以及监督的法制化程度低、程序不完善等众多问题。针对此种情况，可以考虑从完善权力监督权力机制、优化权利监督权力机制以及健全监督的有关法制三个维度出发，进一步健全党和国家监督体系。

关键词：监督体系　权力　法制化

一、党和国家监督体系现状

（一）中国共产党党内监督

党内监督是中国共产党监督体系的重要组成部分，与党外监督相对应，它主要是党内对自身的监督。党内监督是指在党内政治生活中，党的各级组织、专门机构和党员干部等监督主体，依据党章和党规党纪，通过各种途径和方式，对党内监督对象进行的权力监督。[1]根据监督主体的不同，党内监督可以分为党员监督、党组织监督和纪律检查机关的监督三种具体形式。

党员监督是党内监督中最普遍、最经常的监督，包括党员之间的监督和

* 何宗鹏，武汉大学法学院2016级宪法学与行政法学硕士研究生。

〔1〕 纪中强："党内监督的必要性、难点与路径分析"，载《党的建设》2017年第1期。

党员对党组织的监督。其中，党员间的监督又分为普通党员相互的监督、普通党员对领导干部的监督以及领导干部对普通党员的监督，主要是通过交换意见、沟通思想、开展批评与自我批评等方式，帮助犯错误的党员认识、纠正错误。它要求每个党员，尤其是党的领导干部，自觉地接受他人监督，虚心听取批评建议。党员对党组织的监督主要是通过自觉履行党员义务、正确行使党员权利，对党组织提出建议、倡议和申诉，保证组织作出的决定和决议不走偏，帮助组织纠正自身错误。它要求党员要在坚决维护和执行组织决议的前提下提出不同意见，坚决反对任何形式的分裂主义。

党组织监督是党内监督的重要形式，包括上级党组织对下级党组织的自上而下的监督、下级党组织对上级党组织自下而上的监督和同级党组织之间的横向监督。上级组织对下级组织的监督寓于上级党组织对下级党组织的工作领导和检查的过程之中，要求下级党组织必须执行上级党组织的指示，重大问题要向上级组织请示报告和备案。通过这种自上而下的监督，保证全党与党中央的高度一致。[1]下级党组织对上级党组织的监督表现为，下级党组织对上级党组织的指示和决定，可以提出意见包括批评意见，下级党组织可以揭露和抵制上级党组织及其领导人违反党的纪律的各种行为，以保证党的上级组织正确运用领导权力，始终代表人民利益。同级党组织之间的监督，主要通过组织之间的交流学习、交换意见和建议开展，可以提高工作效率，减少违纪行为。

各级纪律检查机关的监督是党内监督必不可少的组成部分，是党组织监督的一种特殊形式。党的纪律检查机关是专司党内监督检查之职的机构，《中国共产党章程》规定其任务是：维护党的章程和其他党内法规，检查党的路线、方针、政策和决议的执行情况，协助党的委员会加强党风建设和组织协调反腐败工作。纪律检查机关行使党内监督的权力主要是通过履行“保护、惩处、教育”等职能来实现的。保护是指保护党员的民主权利和合法权益，保护党员的积极性和创造性；惩处是指严肃查处党内违纪案件，对违纪者和腐败分子给予应有的处罚；教育是指加强对广大党员的党性党风党纪教育，包括教育犯错误的同志和党组织。

---

〔1〕 周和平：“简论党内监督的方式及其运用”，载《福州党校学报》2004年第4期。

（二）人民代表大会监督

从法律地位看，根据《宪法》的规定，全国人民代表大会是最高国家权力机关，地方各级人民代表大会是地方各级国家权力机关，因此，作为国家权力机关的监督，是代表国家和人民进行的具有法律效力的监督。各级人大及其常委会的监督在国家监督体系中，位于最高层次：从监督所依据的法律看，各级人大及其常委会的监督依据是宪法和有关法律的规定，这就决定了它的监督具有不容置疑的法律效力；从行使的过程看，监督的权限、范围、形式，都是宪法和法律规定的，而且各级人大及其常委会的监督是单向行使的监督，被监督对"一府两院"只有接受各级人大及其常委会监督的义务，而没有反向制约的权力，更突显监督的权威性。

其监督方式，依照《各级人民代表大会常务委员会监督法》包括：第一，听取和审议人民政府、人民法院和人民检察院的专题工作报告；第二，审议和批准决算、听取和审议国民经济和社会发展计划、预算执行情况报告、听取和审议审计工作报告；第三，法律法规实施情况的检查；第四，规范性文件的备案审查；第五，询问和质询；第六，特定问题调查；第七，撤职案的审议和决定。

（三）监察委监督

2018年3月20日，第十三届全国人大一次会议表决通过了《监察法》，监察委员会的性质、地位与职权得以明确。首先监察机关是一个与政府、法院和检察院平行的机构，它由人民代表大会产生，对人民代表大会负责。此外监察委的主要监督任务是对行使公权力的公职人员进行监察，调查职务违法和职务犯罪以及开展廉政建设和反腐败工作。它的主要职权有：第一，对公职人员依法履职、秉公用权、廉洁从政从业以及道德操守情况进行监督检查；第二，监察机关对涉嫌贪污贿赂、滥用职权、玩忽职守、权力寻租、利益输送、徇私舞弊以及浪费国家资财等职务违法和职务犯罪进行调查；第三，监察机关依据相关法律对违法的公职人员作出政务处分决定；第四，对在行使职权中存在的问题提出监察建议、对履行职责不力、失职失责的领导人员进行问责、对涉嫌职务犯罪的，将调查结果移送检察机关依法提起公诉。[1]

〔1〕参见《监察法》第16、17、18条。

（四）司法监督

司法监督，是实现社会公平正义的重要保障。司法公正的程度，是衡量一个国家公平正义水平的重要标志。通过司法监督，加强对行政机关、司法机关遵守国家宪法、国家法律的情况的监督检查，对违反国家法律的行政行为和司法行为依法作出处理，是现代民主社会国家维护社会公平正义的最基本要求和执政理念。我国是社会主义法治国家，加强司法监督，是我们党和国家科学执政、民主执政、依法执政的必然要求，是人民当家作主和社会稳定的法律保障。〔1〕

1. 人民法院监督

人民法院对行政机关的司法监督主要是通过行政诉讼的方式进行和实现的，我国《行政诉讼法》第1条明确了法院监督行政机关的法定职责，第6条规定“人民法院审理行政案件，对行政行为是否合法进行审查”。这一规定明确了我国行政诉讼司法监督审查的范围，即行政诉讼审查的对象是行政行为，审查的内容或标准是行政行为是否合法。行政诉讼的目的就在于维护行政相对人的合法权益，监督行政机关依法行使职权。当行政相对人对侵犯其合法权益的各种违法失职的行政行为向法院起诉时，法院通过适用法律并依据严格的司法程序审理行政案件，实现对行政权力的有效司法监督，充分体现了行政权和司法权的相互分立和牵制。

2. 人民检察院监督

（1）人民检察院对公安机关的司法监督，是指人民检察院对公安机关参与刑事诉讼的一切活动是否违反法律规定所实施的法律监督。根据我国《刑事诉讼法》规定，我国刑事诉讼活动包括立案、侦查、提起公诉、审判和刑罚执行五个诉讼阶段。我国公安机关参与立案、侦查和刑罚执行三个诉讼阶段的诉讼活动。因此，人民检察院对公安机关所参与的诉讼阶段的诉讼活动进行司法监督主要包括：刑事立案监督、审查批捕监督、侦查活动监督以及刑罚执行监督等三个方面。

（2）人民检察院对人民法院的司法监督，是指人民检察院对人民法院的审判活动和刑罚执行活动是否违反法律规定所实施的法律监督。具体包括：裁判监督、审判活动监督以及刑罚执行监督等形式。

---

〔1〕 罗华滨、刘志大：《中国特色社会主义监督体制》，中国方正出版社2012年版，第181页。

（3）人民检察院对行政执法机关的司法监督，是指对国家行政执法机关的执法活动是否合法所进行的法律监督。具体包括：对监狱、看守所和拘役所的监督以及在生态环境和资源保护、食品药品安全、国有财产保护、国有土地使用权出让等领域发现负有监督管理职责的行政机关违法行使职权或者不作为时发出检察建议、提起公益诉讼的权力。〔1〕

（五）政府专门机关监督（审计机关）

审计机关是我国政府的重要专门监督机关，是国家政权的重要组成部分。它代表国家依法行使审计监督权。审计监督对落实科学发展观，加强国家宏观调控，强化经济管理，打造廉洁政府，维护社会主义市场经济秩序，推动国民经济又好又快地发展和构建社会主义和谐社会都有着重要作用。〔2〕

法律赋予审计机关审计权限的目的，是为了保证审计机关有效履行审计监督职责。审计机关的权限主要包括：第一，要求报送资料权；第二，检查权；第三，调查取证权；第四，建议权；第五，处理、处罚权；第六，通报、公布审计结果权；第七，提请协助权。

（六）社会监督

（1）社会组织的监督。社会组织是指具有共同利益的社会成员为了实现特定的政治目标、维护和扩大自身利益、有组织的合法政治实体。社会组织是我国社会主义民主的有机组成部分，《宪法》和法律为合法社团的存在和进行民主监督提供了法律保障。主要包括政协、工会、共青团、妇联、城市社区居民委员会和农村村民委员会的监督内容与形式。

（2）社会公民的监督。社会公民监督，就是我们平时讲的群众监督，是公民利用宪法和法律赋予公民的权利而进行的监督。这是社会监督中的重要组成部分。依照我国《宪法》的规定，我国人民享有通过各种途径管理国家事务，管理经济和文化事业，管理社会事务的权力，以及通过各种形式行使对国家机关及其工作人员的民主监督权。公民在维护人民根本利益的前提下，进行监督的内容广泛，形式多样，但概括起来主要是三个方面：第一，通过选举对国家事务和国家机关及其工作人员进行监督；第二，通过批评、建议、检举、控告、申诉等方式进行监督；第三，通过评议和政务、村务、厂务公

---

〔1〕参见《行政诉讼法》第25条。

〔2〕阎德民：《中国特色权力制约和监督机制构建研究》，人民出版社2011年版，第341页。

开的形式进行监督。

（3）社会舆论的监督。社会舆论监督是一种重要的社会监督形式。它是人民群众通过言语、非言语或其他形式，对党务、政务活动和党政工作人员包括各级党政机关领导人员公开表达的态度、意见、要求、情绪。随着时代的进步、社会的发展，特别是现代传播媒介的普及，社会舆论监督在国家政治和社会生活中的地位、作用越来越突出，影响越来越大。

二、党和国家监督体系的缺陷与不足

（一）监督机构的独立性不足

在当前的监督体系中，对权力进行监督的专门机构，如监察机关、审判机关、检察机关在领导体制上受双重领导，既受同级党政机关的领导，又受上级业务部门的领导。在双重领导体制下，专职监督机构受到的控制比较多，尤其是受制于执行权，在组织上、在经济上受制于人。这种监督机制严重影响了监督主体的独立性，使监督人员在心理上有顾虑，他们害怕滥用权力的人用多种办法对其工作设置障碍，干扰甚至打击报复。监督人员背着这个思想包袱，难以毫无畏惧地展开工作，难以独立行使监督权。

（二）权力机关监督的权威性不足

我国权力机关监督是指各级人民代表大会及其常委会对国家行政机关及其工作人员的行政管理活动实施的监督。按照宪法规定，人民代表大会制度是我国的基本政治制度，全国人民代表大会是国家最高权力机关，对本级行政机关、审判机关和检察机关的工作实行监督，包括人事监督和立法监督。〔1〕目前人大监督面临以下几个方面的难题：一是同体监督。在人大代表中有一部分是政府工作人员，一些地方的人大常委会主任是由党委书记兼任的，这就出现监督主体与监督对象混同的现象，这种“同体监督”的模式不利于人大监督职能的充分发挥。二是无力监督。我国人大代表的非职业性使他们倾听群众心声的精力受限，受理群众的申诉和控告，进行执法监督监察工作亦受到一定影响。

（三）监督的法制化程度低、程序不完善

监督立法是建立和完善监督机制的前提和保证。监督主体执行监督职能，

〔1〕范永同、郝俊杰：“中国监督体制的不足与完善”，载《人民论坛》2015年第476期。

必须以事实为依据，以法律为准绳，如果缺乏权力监督立法，就会造成监督机关无法可依，行使监督缺乏法律标准和依据，易导致监督的盲目性和随意性，甚至产生负向功能。我国目前监督的有关法律比较少，有些领域甚至还是空白，[1]尤其是缺乏专门监督法律法规。立法的滞后给权力监督带来了一定影响，如是与非、罪与非罪、合法与不合法的界限有的没有法律规定，有的规定不清，这在监督上易引起混乱。同时又使得监督机构对腐败现象的监督或惩处缺乏法律依据和法制手段，这大大影响着监督工作的严肃性和公正性。

（四）对于权力流程监督不足

现有的监督体系忽视了事前预防性监督及事中过程性监督，权力监督活动是一项经常性、连续性的活动，凡是有权力行使，就应伴随着对权力的监督。根据监督主体对监督客体进行监督的不同发展阶段，监督可分为事前监督、事中监督、事后监督三个前后相继的阶段，权力监督应在事前、事中、事后全方位地进行，做到三者的有机结合。[2]长期以来，我国一直把监督工作的重点放在“纠偏于既遂”上，偏重于追惩性的事后监督，忽略了权力腐败发生前的预防和权力滥用过程中的控制。应该说，这是一种“马后炮”式的监督，由于事前预防和事中控制不完善，以致造成行政偏差出现过多，监督机构整天忙于应付“查错纠偏”，陷入被动消极的不利局面。预防为主应是监督工作的根本目标，应以“防患于未然”为主，同时加强过程中的控制，加大事后监督的力度，建立起全方位的监控机制。

（五）群众监督积极性不足

群众监督是指公民或社会组织对于公权部门及其工作人员的监督。宪法赋予我国公民对国家机关及其工作人员依法行政和廉洁奉公的监督权、批评建议权、申诉控告权以及对各种腐败行为的检举权，说明人民群众监督具有广泛性，但是，人民群众监督的作用远没发挥出来。主要因为：第一，公权部门政务公开不够完善，群众不能了解权力运行的详情，致使有些问题群众无法监督。第二，举报监督渠道不够畅通。群众申诉、举报能否被受理，受

---

〔1〕潘新喆：“行政法律监督试探”，载《理论探索》2001年第1期。

〔2〕黄鑫：“改革和完善我国国家权力制约和监督体制的思考”，曲阜师范大学2004年硕士学位论文。

理后能否保证有关部门依法查办等程序性的法律保障还不完善，无法保证群众行使监督权。第三，缺乏激励机制。导致一些群众希望反腐败，但又不愿出头，陷入搭便车困境。要解决这个问题，只有从制度上强化激励机制。

三、健全和完善我国监督体系的路径选择

（一）完善权力监督权力机制

1. 完善人大监督

第一，确立人大监督的至上性。我国的权力监督以人大监督至上为根本特征，人民代表大会制度是我国的根本政治制度，国家行政机关、司法机关是人大的执行机关，由人大产生，向人大负责并报告工作。但是由于我国缺乏代议制传统，同时也由于落后国家现代化进程中赶超战略的需要，在实际政治生活中，行政机关的权力往往过大，人大在一些时候没有很好发挥制约和监督作用。根据现代化进程中的权力悖论，即“需要有一个强有力的政府推进现代化进程，同时又需要对政府权力进行规制化改造以达到现代化的要求”，我们需要在实践中强化人大监督。我国的宪法和法律对人大、政府的职权都作了原则性的规定，我们应该在实践中对人大与政府职权进行清晰的界定，对于一些涉及国民经济和社会发展的重大项目审批、重大事情的决策和大额度资金的使用都要由人大来决定，以确保人大对政府监督权的行使。

第二，加强人大监督的程序性立法。我国宪法明确规定国家行政机关、审判机关、检察机关由人大产生、对人大负责，并接受其监督。人民代表大会与其他国家机关之间是监督与被监督的关系，全国人大是国家最高权力机关，但是长期以来人大监督的程序性立法不够。目前人大监督的实施往往受到不少干扰和阻碍，根源在于我们的法律对人大监督没有明确的法律定位，人大在行使监督权时没有具体明确的法律可依，监督的性质和原则，监督的对象、内容，监督的方式、程序、后果处理等都缺乏可操作性的法律依据。因此，必须尽快制定相应的法律法规，如人大监督法，明确规定人大监督实践中涉及的诸多具体问题，确立人大监督在整个监督体系的核心地位。

第三，人大设立专门的监督机构。宪法规定人大对同级“一府两院”拥有监督权，这种国家权力监督应该是最基本、最全面、最权威的，但各级人大的监督功能并没有在现实中得到充分发挥。人大对其他国家机关的制约和监督缺乏力度，未设立专门的监督机构是其中的重要原因之一，在人大内部

设置专门的监督机构将有助于改善这种状况。我国《宪法》规定："全国人民代表大会设立……其他需要设立的专门委员会。……全国人民代表大会和全国人民代表大会常务委员会认为必要的时候，可以组织关于特定问题的调查委员会。"根据这一规定，我们可以在适当的时候在人大内部设立专门的监督机构，加强对行政机关、审判机关、检察机关的监督。

2. 完善提升有关横向监督机构的独立性

第一，提升纪检监察的独立性。应该着重做好两方面的工作：首先，对现行的监督职能机关即党的各级纪律检查委员会的领导体制实行必要的改革。现行党内监督机制的主要特点是作为党纪监督机关的纪委由同级党代会产生，并受同级党委和上一级纪检委的双重领导，问题的关键在于纪委受同级党委的掣肘太多，纪委受同级党委一般意义上的领导是必要的。但当纪委对同级党委成员进行监督或调查时，还要受同级党委的直接领导的话，这样的制约监督就会进入两难境地：监督主体受监督客体直接领导，同时前者又要担当起监督后者的重任。这种状态下的制约监督难以达到完全意义上的有效的制约，因为它没有相对独立的监督权，纪委也就无法对同级党委形成真正有力的权力制约。因此，有必要在保持目前双重领导体制的基础上，进一步加强垂直领导的力度，对党内监督机构实行派驻制，既要对已经派驻的机构统一管理和协调，又要在适合设立而又没设立的地区和部门设立派驻机构，其业务工作和领导任职由派出机构直接负责，逐步使党内监督机关派驻制成为主要的监督形式。其次，通过立法保证监督机关有一个良好的执法环境，树立党内监督的权威，扩展监督机关的权限，尤其是应该扩大其对同级党委重大决策的参与权、建议权、批评权，对党的干部任免的考核权、弹劾权和质询权，对违法违纪案件的立案权、检查权和处分权。

第二，落实省级以下法院、检察院人财物统一管理。我国现行《宪法》规定：最高人民法院对全国人民代表大会和全国人民代表大会常务委员会负责。地方各级人民法院对产生它的国家权力机关负责。……最高人民检察院对全国人民代表大会和全国人民代表大会常务委员会负责。地方各级人民检察院对产生它的国家权力机关和上级人民检察院负责。但是在实践中我国法院、检察院的财权、人权、物权都受同级党委和政府的约束，法院在这种态势下要想独立行使审判权，监督行政权力的运作，难以尽如人意，检察院也同样存在这样的问题。十八届三中全会提出："确保依法独立公正行使审判权、检察权，推动省以下地方法院、检察院人财物统一管理，以及探索与行政区划适当分离的司法管辖制度。”司法机关应建立自上而下的统一领导体制，下级司法机关只受上级司法部门的领导监督，并向同级人民代表大会负责，在组织上、经济上相对独立，从而使其不受地方党政部门干预，没有后顾之忧地依法独立工作。

（二）优化权利监督权力机制

第一，创新群众监督机制，确保主体的广泛性。“只有让人民来监督政府，政府才不敢松懈。只有人人负起责任，才不会人亡政息。”当前，我国虽然鼓励群众监督，但效果不够理想，最主要的原因是没有建立起保障群众监督的体制机制。要完善群众监督机制，就必须通过立法，用制度来保证群众监督有法可依，切实解决不让监督、不敢监督和不愿监督的问题。这就需要做到以下几点：其一，保护群众的知情权。要人民监督，就必须实现政务公开，因为公众的知情权是公众进行监督的前提。这就必须完善政务公开制度，以法律的形式加以保障。其二，疏通群众诉求的渠道。邓小平强调，要提供条件“使群众有出气的地方，有说话的地方，有申诉的地方”。目前我国存在着多种群众监督渠道和方式，但这些渠道大都要向党政机关提出，而群众监督的对象就是党政机关工作人员，这样就容易堵塞诉求渠道。所以，建议将政府的信访局划归人大，群众可向人大信访局提出诉求。此外，尽量为群众提供更多的诉求渠道。其三，激发群众监督的积极性。完善群众监督机制，必须把个人利益驱动机制引入到监督领域，以物质奖励为主，精神奖励为辅，充分调动人们的监督积极性。其四，强化群众对人大代表的罢免权。权力部门的行为如何？群众说了算，人民只有通过选举、监督、罢免自己选出的代表和官员，才能保证权力机关依法执政，勤政廉政。为此，必须在法律上保障群众能够自由选举并监督代表和官员，并依法罢免不称职的代表和官员，只有这样才能避免领导干部对上而不对下负责的现象。

第二，创新舆论监督机制，确保舆论的客观性。要强化舆论监督，提高舆论监督的实效，当务之急应完善舆论监督机制，必须解决舆论主体的法律地位问题。这就要求：一是要求对地方各级新闻媒体实行垂直管理。二是要建立健全舆论监督的激励机制。所以，建议国家设立反腐基金，对勇于揭发腐败行为的舆论工作者，给予更多的奖励，从物质上和精神上解除他们的后顾之忧。

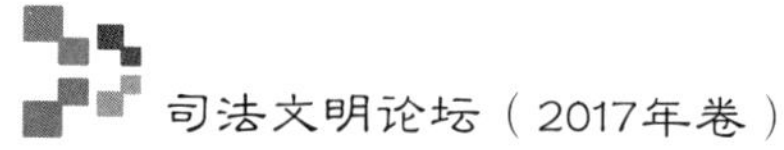

（三）健全监督的有关法制

第一，加强相关法律制度建设。一是要有一套系统、完备的规范权力运行的各个环节及公务员行为的行政法典；二是各种法律规范要有较强的可操作性；三是社会监督保障制度要完备。只有尽快建立健全各种监督法规，才能为积极有效的监督提供基本的规范程序。监督立法不足，会造成监督机关无法可依，使监督缺乏标准和依据，导致监督的盲目性和随意性。长期以来我国监督立法工作薄弱，尽管这几年也制定了一些法规条例，但从总体上讲，仍不能满足当前监督发展的实际需要，因此监督立法亟待加强。为营造我国行政法制监督的法治环境，首先，必须尽快建立健全相关的法律法规，为法制监督提供法律层面的保障和指导，做到有法可依。〔1〕其次，完善法制监督程序。法制监督与权力行使行为一样都应该具有严格的程序，使法制监督主体按照法定程序进行监督。只有建立健全法律制度，形成完善的法律体系，才能推动我国法制监督的健康发展。在社会主义市场经济的条件下，我国行政机关活动的范围虽不及计划经济下的范围，但仍然拥有诸如对进入市场的主客体的资格审查，税收、信贷政策的制定执行，发展公益事业，举办公共工程，管理国有资产等权限。这客观上就存在着权钱交易、以权谋私等不规范行为的可能性，防止这些可能性出现的重要措施是加强监督制约。但加强监督的前提条件是政府行为公开和透明，只有政务公开，才能了解国家机关及工作人员的言行，从而展开监督；只有政务公开，才能杜绝各种幕后交易，搞不正之风的人才易败露。

第二，注重事前监督，使事前、事中、事后监督相结合。作为一种权力制约机制，法制监督应贯穿于整个行政权力运作的全过程，我国现行的法制监督要改变轻事前监督、重事后监督的做法，形成一个事前、事中、事后全过程的动态监督机制。〔2〕“防范胜于救火”，建立行政法制监督的事前监督机制，可以起到事半功倍的效果。事中监督即对行使权力行为的监督，事中监督便于及时发现问题并采取有效措施。事后监督类似于“救火”，是监督机制的最后一道防线，其重要性毋庸置疑。综上所述，就法制监督的整体工作而言，应做好事前监督、事中监督、事后监督的相互衔接，充分发挥监督的作用。

---

〔1〕 王萍：“我国权力制约与监督体制的发展与完善”，载《新疆社科论坛》2017 年第 3 期。

〔2〕 陶伟军：“如何抓好干部事前监督工作”，载《党政干部论坛》2007 年第 10 期。

点　评

首先应当明确监察与监督的关系，在我国，监察属于监督体系中的一个分支。域外将监督称为制约、制衡，我国叫监督，本质上都是对公权力的监督。我国曾经的监督模式主要在人大框架内，主要监督对象是司法与行政，对立法的监督较弱，监察体制改革实现了监察全覆盖，将立法人员纳入监察对象之中。其次应当明确对公权力监督的制度依据，明确监督的主体与客体。在监察体制改革过程中对有关监督的法律体系作出适当调整。再次，检察监督的定位问题应当被重视，检察机关的自侦权被剥离之后，实际上检察院由原先的类似于司法机关的角色回归到《宪法》第134条所明确的“法律监督机关”的宪法定位，其主要监督内容为法的执行、法的适用，以及法律本身合法性的监督。复次，监察委员会一方面须接受人大的监督，另一方面又能够监督人大的组成人员的行为，其与人大形成了一种相互制约的关系，国家监察体制改革进程中应当尤为注意监察委员会的监督在整个监督体系中的定位问题。最后，监察体制改革中应当注意程序的规范性问题，通过改革归纳经验以及监察体制的实际运作，不断完善相应的法律法规。

（点评人：武汉大学法学院　江国华教授）

行政司法前沿

完善行政复议决定释法说理的路径探究

——以“饭垄堆公司诉国土资源部案”为例

陈浣莹*

摘　要： 增强裁判文书说理是自党的十八届三中全会以来党中央高度重视的一项改革目标，作为准司法裁判文书，行政复议决定书的释法说理也应以司法裁判文书的说理标准来要求。2018年3月7日最高人民法院通过典型案例正式提出了行政复议决定应当依法说理的要求。通过最高人民法院判决书的释法说理方法与行政复议决定书中的释法说理的对比，发现行政复议机关在行政复议决定释法说理中仍存在事实论证不充分、法律推理形式僵化以及考虑要素不全面的问题，需要从说理技巧、内容、原则三个方面设立行政复议决定的释法说理标准，督促行政及复议机关依法说理。

关键词： 行政复议　裁判文书　释法说理标准

党的十八届三中全会通过的《中共中央关于全面深化改革若干重大问题的决定》明确要求：“增强法律文书说理性，推动公开法院生效裁判文书。”十八届四中全会通过的《中共中央关于全面推进依法治国若干重大问题的决定》也特别提出要：“加强法律文书释法说理”[1]。可见，加强法律文书的释法说理，督促有关机关依法说理成为中央深化司法体制改革的重点项目之一。近年来，行政复议作为一项准司法行为也受到越来越多的关注，行政复

* 陈浣莹，武汉大学法学院2017级宪法学与行政法学硕士研究生。

〔1〕 参见吴杰：“我国裁判文书说理存在的问题与改革对策”，载《政治与法律》2015年第4期。

议是行政机关行使裁判权的表现，行政复议决定广义上也属于裁判文书的范畴，与普通的司法裁判一样，也具有定分止争，影响当事人权利义务的作用，因此，同样需要以裁判文书的标准来严格要求行政复议决定书的释法说理。2018 年 3 月 7 日最高人民法院作出了一个典型判例，首次明确提出行政复议决定应当依法说明理由，凸显了中央对行政复议决定释法说理的重视以及社会对行政复议决定依法说理的迫切需求。

一、案例分析

（一）案情回顾

本案为再审申请人郴州饭垄堆矿业有限公司（以下简称“饭垄堆公司”）诉被申请人中华人民共和国国土资源部（现自然资源部，下同）（以下简称“国土资源部”）国土资源行政复议决定案。北京市第一中级人民法院于 2015 年作出了一审行政判决，驳回了饭垄堆公司的诉讼请求，饭垄堆公司提出上诉，北京市高级人民法院于 2016 年作出终审判决，驳回上诉，维持一审判决。饭垄堆公司仍不服，向最高人民法院申请再审，最高人民法院接受申请，提审本案，于 2017 年作出终审判决，撤销了一审、二审的行政判决以及国土资源部的行政复议决定，责令国土资源部重新作出行政复议决定。

2006 年 1 月 16 日，湖南省国土资源厅向郴州市兴光矿业有限公司（后变更为“中信兴光有限公司”）颁发《采矿许可证》。2011 年 10 月，中信兴光公司在国土资源部办理了采矿许可证延续登记手续，有效期为 2011 年 10 月 7 日至 2012 年 10 月 7 日，同时国土资源部在该许可证上标注：“请在本证有效期内解决重叠问题，重叠问题解决后，再申请办理延期登记，否则，不再予以延续。”〔1〕

2006 年 3 月 24 日，郴州市国土资源局向饭垄堆公司颁布了《采矿许可证》，2011 年该证到期后，由湖南省国土资源厅办理采矿权延续登记手续，有效期为 2011 年月 1 日至 2014 年 9 月 1 日。

在饭垄堆公司与中信兴光公司的《采矿许可证》中，存在矿区垂直投影重叠的问题，在许可证内无法解决重叠问题。2012 年 11 月，中信兴光公司以湖南省国土资源厅授权郴州市国土资源局向饭垄堆公司颁发《采矿许可权》

〔1〕 参见“郴州饭垄堆矿业有限公司、中华人民共和国国土资源部资源行政管理：土地行政管理（土地）再审行政判决书”。

违法、湖南省国土资源厅在该公司矿业权坐标范围内重叠、交叉向饭垄堆公司设置采矿权侵权、湖南省国土资源厅授权郴州市国土资源局向饭垄堆公司颁发《采矿许可证》违反法定程序等为由向国土资源部提出行政复议申请，国土资源部于2014年7月14日作出行政复议决定书，决定撤销湖南省国土资源厅向饭垄堆公司颁发的《采矿许可证》。

（二）被诉行政复议决定书与最高人民法院判决书释法说理的区别

最高人民法院撤销了国土资源部行政复议决定，认为该行政复议决定不能依法进行充分论证。若要对其进行改善，就要找出行政复议决定书在论证过程中存在的不足。通过国土资源部作出的行政复议决定书以及最高人民法院作出的判决书两者之间的对比可以看出，围绕该案的争议焦点主要有两点，在对焦点问题的论证中，国土资源部作出的行政复议决定书较之最高人民法院的判决书明显存在事实认定不清，适用法律不当，论证不充分等问题。

1. 关于2006年的行政行为违法是否必然影响2011年行政行为合法性的问题

本案的第一个争议焦点是2006年湖南省国土资源厅违法授权郴州市国土资源局向饭垄堆公司颁发《采矿许可证》，国土资源部认为2006年向饭垄堆公司颁发的《采矿许可证》属于违法许可的情形，2011年的延续许可以2006年颁发的《采矿许可证》为基础，因此，该行政行为同样不具备合法性。最高人民法院对此认为2006年的行政行为违法并不必然导致2011年的行政行为违法，经过纠正后应当承认其合法性。

在论证过程中，在法条的运用上，国土资源部根据《矿产资源开采登记管理办法》《关于授权颁发勘察许可证采矿许可证的规定》（地发［1998］48号，以下简称地发［1998］48号文件）以及国土资源部《关于规范勘察许可证采矿许可证权限有关问题的通知》（国发资［2005］200号，以下简称国土资发［2005］200号文件）[1]。这些文件规定本案涉及的小规模铅、锌、银等矿种由国务院地质主管部门（国土资源部）授权省级国土资源部门审批发证，并且不得再进行授权，但是湖南省国土厅根据湖南省原地质矿产厅《关于委托审批登记办法采矿许可证的通知》（湘地行发［1998］6号，以下简称

〔1〕参见“郴州饭垄堆矿业有限公司、中华人民共和国国土资源部资源行政管理：土地行政管理（土地）再审行政判决书”。

湘地行发［1998］6号文件）规定，将此审批权下放至市级国土资源部门。湘地行发［1998］6号文件违反上位法的规定，湖南省国土厅的授权行为属于违法授权的行政行为，因此，2006年郴州市国土资源局向饭垄堆公司颁发《采矿许可权》属于越权行为，应当予以撤销。

最高人民法院对此问题论证的思考更为深入。首先明确了审理的对象，最高人民法院认为无论是行政复议决定还是一审、二审的判决，审理的对象都是2011年颁发许可证的行政行为，但是实质上都依据2006年作出的行政许可的违法性直接对2011年的行政许可行为作出了否定性评价。虽然中信兴光公司在提请行政复议的时候提出了对2006年行政许可行为合法性的质疑，并以此为依据否定2011年的行政许可行为的合法性。但是行政复议决定的直接审查对象仍然是2011年的行政许可行为，而2006年的行政许可行为是2011年许可行为的前提，因此，最高人民法院认为应该全面考虑前后两次行政许可行为的合法性。

明确了审理对象，最高法人民法院在展开论述之前先纠正了国土资源部在作出行政复议决定时存在的误区，即2006年的行政许可行为与2011年的行政许可行为即使存在一定的联系，但属于两个独立的行政行为，2006年行政许可存在的合法性问题并不必然影响2011年的行政许可的合法性，且表明两者的审查标准应有所不同。最高人民法院肯定了国土资源部的行政复议决定中关于2006年行政许可行为存在违法性问题的内容，但也明确了审查2011年行政许可行为的审查标准，即对许可期限届满的行政许可，许可机关在延续时既要考虑原许可的适法性问题，也要考虑基于公共利益需要是否能够延续，并且要在一定程度上兼顾信赖利益。[1]

一方面，关于原许可的合法性与2011年行政许可之间的逻辑关系。最高人民法院认为只有2006年行政许可存在重大明显违法或者存在显而易见的违法且无法补正的情况下，才能直接影响到2011年行政许可的合法性。该标准的重点在于是否“无法补正”，显然，2011年的行政许可是由湖南省国土厅作出的，延续许可的审批主体已经由郴州市国土资源局变更为湖南省国土资源厅，并由湖南省国土资源厅以自己的名义颁发了2011年的《采矿许可证》。

---

〔1〕 参见“郴州饭垄堆矿业有限公司、中华人民共和国国土资源部资源行政管理：土地行政管理（土地）再审行政判决书”。

因此在审批主体上是合法的，消除了2006年行政行为存在的越权情形。

另一方面，最高人民法院认为行政机关越权进行行政许可的法律责任不应该全部由饭垄堆公司承担。饭垄堆公司于2006年取得的《采矿许可证》是通过公开拍卖出让、签订采矿权出让合同、缴纳采矿权价款等法定程序依法取得的，其合法权益应该得到保障。

由此可见，在对2006年行政许可行为以及2011年的行政许可行为合法性的论证说理过程中，最高人民法院的判决书较国土资源部的行政复议决定书审查的对象更全面，且逻辑更清晰，严格遵循审查对象——审查标准——涵摄推理——作出判断这一清晰的逻辑主线进行论证，更具说服力。

2. 关于采矿权区范围垂直投影能否重叠的问题

本案另一个争议焦点即饭垄堆公司与中信兴光公司获得的《采矿许可证》登记的矿区存在垂直投影重叠，即两个分别处于上、下位置的采矿权矿区范围，虽然不发生物理交叉，但是垂直投影后在平面上形成重叠。

对此问题，国土资源部的行政复议决定书中的论述为：尽管在立体空间上采矿权没有重叠与交叉，但垂直投影重叠已经实质构成了矿产资源管理中的矿业权重叠。根据《国土资源部关于进一步治理整顿矿产资源管理秩序的意见》第2条第（四）项“一个矿山原则上只能审批一个采矿主体，不能违法重叠和交叉设置探矿权、采矿权”的规定，湖南省国土资源厅给饭垄堆公司颁发的《采矿许可行为》违法，因此应予以撤销。

最高人民法院对法条的运用和解读上与国土资源部有明显的区别。首先，最高人民法院对国土资源部引用《国土资源部关于进一步治理整顿矿产资源管理秩序的意见》的明确性和适当性提出质疑，认为该法条没有对相关概念作出明确规定，如何为“一个矿山”“重叠”；也没有对违法设置矿业权的法律责任进行明确规定，因此，国土资源部仅仅以此为三段论的“大前提”是不够充分的，不足以证成采矿权矿区范围不能重叠。其次该条款中所用的字词为“原则上”，包括国土资源部在后续的答辩中补充的文件也仅规定“原则上”不得重叠，因此可以看出立法原意不是绝对不允许设立重叠采矿权。由此可见国土资源部采用的法律依据和对法律条款的理解都不足以证成其作出的判断。

在没有具体法律规定的情况下，最高人民法院从另一个角度来论证其观点。根据《国土资源局关于矿产资源勘查登记、开采登记有关规定的通知》

（国土资发［1998］7 号附件二《矿产资源开采登记有关规定》），采矿申请人应与已有的探矿权人或采矿权人就可能造成对探矿权或采矿权影响的诸方面签有协议，探矿权人或采矿权人同意开采的，采矿登记管理机关可划定矿区范围。由此可见，现行立法没有严格禁止设立重叠矿业权，只要原矿业权人同意即可。国土资源部在查明案件事实时遗漏了部分事实，即 2011 年 5 月 16 日，饭垄堆公司与中信兴光公司签订承诺书，双方承诺在采矿过程中做到合法开采、安全生产，不超深越界。因此，依据最高人民法院引用的《矿产资源开采登记有关规定》，经过采矿权人的协商调解，允许存在矿区垂直重叠的情况，并不必然需要保证采矿权的唯一性。

在焦点二的论证中可看出，国土资源部的行政复议决定的说理中认定的案件事实不够客观全面，且在法律依据的引用上也欠缺准确性，导致无论是从内部证成还是外部证成，都得不出有效的结论。

二、行政复议决定释法说理存在的不足

通过对国土资源部的行政复议决定书和最高人民法院的终审判决书的对比，行政复议决定书在释法说理的过程中存在很多问题。本案中国土资源部的行政复议决定书是一个典型例子，能够从中发掘很多行政复议机关在制作行政复议决定书的过程中忽视的内容和细节，结合对其他行政复议决定书的分析，行政机关在进行行政复议决定释法说理时存在的不足主要有以下三个方面：

（一）事实论证不充分

案件事实是作出正确裁判的前提，对案件进行分析判断需要以确实无误的案件事实为基础。行政复议决定书在事实认定上的问题，主要体现在对证据缺乏深入分析，无法对证据与案件事实之间的逻辑联系进行判断，是否采用证据，采用什么证据，采用判断的标准等都没有在行政复议决定书中作详细说明。

对案件事实的认定，行政复议机关在制作行政复议决定书时主要采取两种方式。一种是直接忽略证据认定环节，在列明当事人双方的诉求之后直接进入“经本机关依法审理查明”部分。第二种是对证据进行简单罗列，即“上述事实有证据证明：……人的笔录材料及…等证据”。缺少对复议机关根据

证据的相关性、可采性和证明力加以判断进而采信的过程。[1]案件证据与事实之间没有得到充分论证，导致复议机关认定的案件事实真实性遭受当事人质疑，甚至在认定的事实中存在错误或者遗漏的现象，进而理由部分缺乏事实依据的支撑。[2]本案中的行政复议决定就缺少了对饭垄堆公司和中信兴光公司已经达成协商共同开采的事实认定，导致在矿区垂直重叠问题的论证中采用的法律条款出现偏差，且缺少对重叠问题的是否影响安全生产、是否有损当事人信赖利益等情形的考量，无法全面认定案件事实。

（二）法律推理形式僵化

作为典型的成文法国家，我国的法律推理侧重于形式推理，即传统的三段论。但是在现实操作中，行政复议机关过于强调形式推理，恪守文义解释，对规则的忠诚过于僵化被动。[3]本案的行政复议决定对矿区垂直重叠的问题进行说理论证时，国土资源部根据其引用的［2001］85 号文件以及后续的［2011］14 号文件，得出矿区禁止设立重叠采矿权的结论。但是在法律条文的理解上，国土资源部过于僵化，仅仅从字面上理解条文，没有深入挖掘法律条文的立法目的，两个文件都说明矿业权在垂直投影范围内不得重叠，但仅仅是“原则上”，即其立法原意在于强调设定和出让重叠的采矿权时，应当采取适当措施，确保采矿权由同一采矿权人取得，若因历史原因形成重叠且采矿权人不同一时，应当逐步妥善处理。[4]因此，在三段论中，国土资源部无法从外部证成其选择的“大前提”是准确且合理的。

现有的法律大前提并非完美无缺，法律漏洞和空白也很多，复议机关认定的案件事实也并不确定，因此，大前提与小前提之间并不是完全契合，强硬地把复议机关自认为正确的法律条文和案件事实放入三段论的框架内无法顺利得出准确结论。复议机关必须在出现新型、疑难、复杂的案件而现有的法律规范不足以裁断相关法律关系时，运用目的解释、系统解释等多种解释方法解释法律规范以及法的价值、原则、理念来支撑法律推理过程，使法律推理过程更加生动灵活。2018 年 6 月最高人民法院印发了《关于加强和规范

---

〔1〕参见田源：“法律推理在文书说理中的应用考察及反思建议”，载《山东审判》2016 年第 1 期。

〔2〕参见白泉民：“关于加强裁判文书说理的几点思考”，载《山东审判》2015 年第 1 期。

〔3〕参见张保生：《法律推理的理论和方法》，中国政法大学出版社 2000 年版，第 233 页。

〔4〕参见“郴州饭垄堆矿业有限公司、中华人民共和国国土资源部资源行政管理：土地行政管理（土地）再审行政判决书”。

裁判文书释法说理的指导意见》（以下简称《指导意见》）的通知，其中第7项〔1〕就民事案件中缺少明确法律规范的情况作出规定，此项指导意见亦可为行政复议决定的释法说理借鉴。在出现法律空白或者法律漏洞的情况下可以依据法律习惯、法律原则、立法目的等作出裁判，结合多种法律方法对法律依据进行充分论证和说理。

（三）考虑要素不全面

限于篇幅，行政复议决定书应该把侧重点放在归纳争议焦点，围绕争议焦点进行事实认定，开展法律推理的内容上，但是不能完全忽略案件其他要素的论证。本案最高人民法院的判决书中除了对行政复议决定书中归纳的两大争议焦点进行论证说理外，还对申请人的复议主体资格、复议期限等问题作出了论证判断。说明在行政诉讼中，当事人会对申请人的主体资格、复议期限等程序性问题提出质疑。对于解决行政纠纷，行政复议较行政诉讼更具专业性和更高效，应该尽量确保行政纠纷能够在行政复议阶段得到解决，这不仅有利于社会稳定，也有利于节约司法资源。因此，相关程序性要素也应在行政复议决定中得到论证明确。但是从目前的行政复议决定书的分析来看，行政复议决定书的结构顺序是：基本信息——申请人请求——申请人陈述——被申请人答复——（证据罗列）——认定案件事实——论证说理——裁判决定。无论是申请人陈述还是被申请人答复，甚至到复议机关认定案件事实，开展论证说理，都是围绕当事人的诉求和案件的争议焦点展开，对其他程序性的问题完全没有提及。行政复议机关在制作行政复议决定书时忽略此部分内容加大了当事人对行政复议决定书的质疑，降低了行政复议决定书的说服力，增加了日后当事人以此为由提请行政诉讼的概率。

三、行政复议决定释法说理标准建构

行政复议决定的释法说理存在极大的随意性与不确定性，不符合准司法裁判文书的特点。行政复议作为一种准司法行为，其作出的裁判结果会对行

〔1〕《关于加强和规范裁判文书释法说理的指导意见》第7项："……民事案件没有明确的法律规定作为裁判直接依据的，法官应当首先寻找最相类似的法律规定作出裁判；如果没有最相类似的法律规定，法官可以依据习惯、法律原则、立法目的等作出裁判，并合理运用法律方法对裁判依据进行充分论证和说理。法官行使自由裁量权处理案件时，应当坚持合法、合理、公正和审慎的原则，充分论证运用自由裁量权的依据，并阐明自由裁量所考虑的相关因素。"

政相对人的权利义务产生实质性影响。由于行政纠纷一般会涉及较为敏感的社会问题，行政相对人对行政复议决定的可接受度以及社会的认可程度成为复议机关作出行政复议决定的过程中需要着重考虑的因素，因此需要增强行政复议决定书的说理性。判断裁判文书是否充分说理的前提是有一套评价裁判文书说理的标准。[1]目前，在行政系统中尚未出台关于规定行政复议决定释法说理规则的统一法律文件，而最高人民法院新出台的《指导意见》对裁判文书释法说理过程进行了细化指导，作出系列的具体规定。行政复议决定书作为一种“准裁判文书”，在其释法说理的标准构建中，可从中吸取借鉴相关原则规则并结合行政复议案件的特点加以改造形成独特的标准体系。本文从说理内容、说理技巧和说理原则三个方面构建行政复议决定释法说理标准体系，以此为框架督促复议机关依法进行释法说理。

（一）说理技巧：优化三段论在说理中的运用

《指导意见》第2项规定，裁判文书说理要讲究文理，合理运用说理技巧，增强说理效果。[2]作为成文法国家，与司法裁判机关类似，行政复议机关在撰写行政复议决定书时也无法脱离司法三段论的逻辑结构，即大前提——小前提——结论。但如上文所述，在实际操作中，复议机关在运用三段论进行说理论证的过程中出现了形式僵化现象，过度依靠三段论的固定模式，导致得出与社会主流思想、法律精神、道德观念相悖的结论。因此需要优化行政复议机关对司法三段论的运用。

首先，要明确说理论证应该包含哪些要素。无论是复议机关对案件事实认定过程还是法律推理过程，都是围绕当事人请求、证据认定、法律适用等内容进行阐释，[3]因此需要考虑以下要素：当事人主张的事实及请求、有关证据、当事人争议的事实焦点、复议机关采信的事实和主张以及适用的法律。这些要素将贯穿整个论证过程。

具体到运用三段论进行说理，可以分为三个阶段：

---

〔1〕 参见王明辉：“裁判文书说理评价标准之建构”，载《河北经贸大学学报（综合版）》2016年第2期。

〔2〕 参见最高人民法院网：http://www.court.gov.cn/fabu-xiangqing-101552.html，2018年6月17日最后访问。

〔3〕 参见王明辉：“裁判文书说理评价标准之建构”，载《河北经贸大学学报（综合版）》2016年第2期。

（1）选择合适的法律规范作为大前提。虽然三段论的推理逻辑顺序为大前提——小前提——结论，但是在现实操作中，都是先进行案件事实的认定，即先确定小前提，再根据小前提寻找合适的法律规范。在本文的第二部分中分析到行政复议机关在寻找大前提的时候常会出现遗漏甚至找错法律依据的情况。为了解决此问题，可以引入民事审判中的法律分析方法。民事审判的分析方法主要有两种。一种是法律关系分析方法，是一种通用的、具有普适性的法律分析方法。根据法律关系主体、客体和内容限定的范围来锁定适用的法律规定的范围，通过分析法律关系来确定当事人应履行的法律义务，从而寻找应承担的法律责任的缘由和法律依据。〔1〕另一种是请求权基础分析法，主要针对民事诉讼中的给付之诉，通过确定当事人的请求权并以此为依据检索可以适用于案件的所有法律，最后提炼出法律中的积极要件和消极要件确定适用的法律规范。在行政复议中，复议机关既要审查行政行为的合法性，也要审查行政行为的合理性，因此复议机关要审查两组法律关系，即行政相对人与作出行政行为的行政机关的关系以及行政机关作出行政行为所依据的法律关系。法律分析方法可以用在各个阶段的法律关系分析中，但是面对错综复杂的案情时，因为法律关系相互交叉，难以理顺，此时可以通过请求权基础分析方法，以请求权的分类标准，根据当事人的请求寻找请求权的基础即相关法律规范，有利于对案情的梳理，也便于快速归纳案件的争议焦点。

（2）认定案件事实。对案件事实的认定一定要全面且具体，对案件进行客观全面查明的基础是对证据的科学合法运用。《指导意见》对证据规则也有专项规定，认为要“……根据证据规则，运用逻辑推理和经验法则，必要时使用推定和司法认知等方法，围绕证据的关联性、合法性和真实性进行全面、客观、公正的审查判断，阐明证据采纳和采信的理由”〔2〕。首先明确证据采纳标准，明确证明对象和举证责任以及举证不能的后果，通过一系列的标准来筛选有效证据。其次，在通过证据确定案件事实的过程中应当结合全案所有证据并结合个案特征，以客观性、合法性与关联性为依据，主要阐明采纳

〔1〕 参见抗红：“法律关系分析方法在《经济法》教学中的应用”，载《广东技术师范学院学报》2005年第3期。

〔2〕 参见最高人民法院网：http://www.court.gov.cn/fabu-xiangqing-101552.html，2018年6月17日最后访问。

与驳回特定证据的理由。[1]最后必须确保全面展现了当事人提交的证据所体现的案件事实，不能为了论证复议机关预设的观点而有选择性地“忽略”部分案件事实，必须做到客观全面。

（3）连接大小前提。连接大小前提的过程在三段论中称为涵摄，首先需要注意的是要正确解释法律，不能依据已经预设的判断来歪解相关的法律规范，善于运用多种法律解释方法，在文义解释的基础之上灵活运用目的解释、系统解释、逻辑解释等解释方法，准确理解法律规范的含义。其次，因为法律规则无可避免地存在一些局限性，例如规定滞后、存在法律漏洞或者空白等，并且行政纠纷易受政府政策、经济发展需要、社会主流价值观等“法律外”因素影响。因此要求复议机关发挥主观能动性，在正确把握立法宗旨、法律精神的前提下把案件置于具体的社会背景中，在整体法律框架范围内寻找最为合理的解释方法，而不应生搬硬套，机械办案。最后，涵摄过程要有针对性，不仅能够引用一般条款和法律原则，也要防止向一般条款逃逸，把法律规范的范围尽量缩小，把法律规范的内容具体化，做到与案件事实一一对应，保证大小前提之间的对应性，能够更好更准确地结合。

（二）说理内容：法理兼容情理

《指导意见》第2项规定裁判文书进行释法说理的过程中，既要注重阐明法理，又要讲明情理，体现“法理情相协调，符合社会主流价值观”。一般而言，裁判文书的说理受众是存在差异的，且“对谁说理”就意味着“怎样说理”，复议机关的说理受众决定着行政复议的说理方式和风格。在行政法律关系中，复议机关与说理对象的“法民关系”是以“积极法民关系”为主，兼具“消极法民关系”。积极法民关系是指复议机关的主要说理对象是法律外行，受到当事人甚至一般公众的“积极影响”，消极法民关系是指复议机关的说理对象是法律同行，当事人以及一般公众处于“消极状态”。[2]在行政复议关系中，双方当事人一方是行政相对人，即“民”，一方是作出行政行为的行政机关，即“官”，一方是法律外行，一方是法律同行，本应处于平衡状态。但是基于行政法律关系的特殊性，在“民”与“官”本身地位、力量等

〔1〕参见宋立群：“强化裁判文书说理方式探究——以裁判文书的内容与结构改革为视角”，载《法治与社会》2016年第24期。

〔2〕参见凌斌：“法官如何说理：中国经验与普遍原理”，载《中国法学》2015年第5期。

方面存在巨大差距的情况下，需要更重视“民”对复议机关裁判的理解，因此法民关系中的“积极”部分所占比例会更大。

针对不同的法民关系，说理内容也有所侧重。对于“消极法民关系”，最为典型的是德国的“推理性裁判”，即不区分说理对象，因而将对当事人和公众的说理等同于对律师、法学教授和行政同行的说理。“积极法民关系”的典型模式为美国的“修辞性裁判”，即法官裁判在以法理说理为前提的同时，应辅以修辞学方法，充分考虑法律职业共同成员、当事人和公众的心灵、情绪等因素。

目前复议机关倾向于德国的“推理性裁判”，即注重法理的说明，一方面运用专业的法律术语能够使得文书的说理论证过程更加严谨，增强裁判文书的权威性，但另一方面也削弱了裁判文书的感染力，降低了当事人的认同感。

因此，在说理内容上，应该在说好法理的同时兼具情理，充分考虑社会主流价值与诚实信用、公序良俗原则，合理吸收社会道德情理、生活情理等因素，〔1〕同时根据当事人的具体情况来有针对性地进行说理论证，目的是要让相关利益主体尤其是当事人、社会公众看得明白，败诉方尽量接受结果，语言应该简明扼要，通俗易懂，必要时可运用修辞学的方法，增加裁判文书的可读性，增加情感上的认同感。

复议机关在进行说理时，还应时刻秉持互动与对话的理念，建立“听者”和“说者”的对话模式，既要对当事人的请求进行客观全面展示，也要对疑问进行准确合理的回应。〔2〕特别是在适用法律、认定事实上说明理由，充分展现其心证历程。

（三）说理原则：遵循比例原则

如本案中最高人民法院在判决书中说到，人民法院对向行政复议决定的判断、裁量及理由说明，应当给予充分尊重。〔3〕但人民法院充分尊重行政复议机关居中行使自由裁量权的前提是行政复议机关已经全面客观地查清事实，综合衡量与案件相关的全部因素后在行政复议决定书中完整且具体地说明了

〔1〕参见白泉民：“裁判文书说理的价值其实现路径”，载《人民法院报》2015年4月6日。

〔2〕参加王明辉：“裁判文书说理评价标准值建构”，载《河北经贸大学学报（综合版）》2016年第2期。

〔3〕参见“郴州饭垄堆矿业有限公司、中华人民共和国国土资源部资源行政管理：土地行政管理（土地）再审行政判决书”。

复议机关的心证历程，并非轻率或者武断地作出决定。尤其是在作出改变行政法律关系的决定时，更应充分说明理由。《指导意见》第 7 项规定了法官行使自由裁量权处理案件时，应当坚持合法、合理、公正和审慎的原则，充分论证运用自由裁量权的依据，并阐明自由裁量所考虑的相关因素。[1]以此类推，复议机关应当在行政复议决定书中详细说明其行使自由裁量权的依据以及考量论证的过程。

本案中国土资源部作出的行政复议决定撤销了饭垄堆公司的矿业权，颁发采矿许可证属于典型的许可类授益性行政行为，撤销采矿许可必须考虑被许可人的信赖利益保护，衡量撤销许可对国家、他人和权利人造成的利益损失大小问题。但是在国土资源部作出的行政复议决定中，仅仅以根据《行政复议法》第 28 条第 1 款第（三）项规定为由撤销饭垄堆公司的《采矿许可证》。一方面，无法有针对性地运用法律依据，《行政复议法》第 28 条第 1 款第（三）项规定了五种可以依法决定撤销、变更或者确认行政行为违法的情况，而具体因为哪种情况导致湖南省国土资源厅的行政许可行为被撤销没有明确。另一方面，《行政复议法》第 28 条第 1 款第（三）项规定了五种情况下，复议机关有权作出撤销、变更或者确认行政行为违法以及责令行政机关重新作出行政行为的决定，关于裁决方式的选择，国土资源部没有对为何采用撤销手段进行理由说明，也没有结合案件事实对几种决定方式进行衡量比较，而是径直采用全部撤销行政行为的方式，不符合比例原则的要求。

复议机关在论证自由裁量权的过程中应当贯彻比例原则。首先应当列明可供选择的裁判方式，然后要全面客观地认定案件事实，不能忽略细节部分，如本案中的双方公司就采矿权的重叠问题已经达成了协议。在根据案件事实选择裁判方式时要充分考虑各种因素，考虑了哪些相关因素以及不考虑哪些相关因素应当给出充分的说明，以及指出各方利益之间的博弈，裁量的标准是什么，再把案件事实与候选的裁判方式一一对比，论证裁判方式与相关行政行为之间的对应性。这既实现了行政机关采取行政裁量权的自我监督，也有利于减少法院在审查行政案件时遭遇的专业性障碍，通过行政机关的充分说理来进行合法性审查。

---

〔1〕 参见最高人民法院网：http://www.court.gov.cn/fabu-xiangqing-101552.html，2018 年 6 月 17 日最后访问。

结　语

行政复议作为行政机关的一项准司法行为，与司法裁判文书一样能够对当事人的权利义务产生实质性影响，因此必须要保证行政复议机关能够在法律的框架内作出专业、公正的裁判。要求行政复议决定书依法说理是规范行政复议机关依法行政的重要方式，但是目前行政复议在制作行政复议决定书时仍存在诸多不足，与正式的法院司法裁判文书的写作水平存在较大的差距，尤其是论证说理部分过于随意，充斥着不确定性和业余性，无法体现行政复议决定书作为准司法裁判文书的特点。因此，需要通过构建行政复议决定书的释法说理标准来规范行政复议决定的论证说理过程，要根据行政复议关系的特点来优化传统三段论的运用，既要保证说理的专业性、严肃性，说好法理，也要兼容情理，增强行政复议决定的社会认同感。为了督促行政机关合法合理行使自由裁量权，在说理过程中要贯穿比例原则，全面客观地考虑各种因素，充分展现复议机关作出裁判的心证历程。

点　评

就案件事实本身来说，本案既涉及实务问题也涉及理论问题。整个案件经过行政复议、一审、二审、再审，完成了行政纠纷处理的所有程序。而对于行政纠纷处理的方式，主要是行政复议和行政诉讼，且行政复议因其节约司法成本的特点，在实践中相对更为常用。在行政复议领域，如果要进行延期，要考虑三个方面因素：一是原先许可的申请基础是不是合法，二是要考虑公共利益的需要，三要考虑对相对人信赖利益保护。此外，关于本案还有很多可以挖掘的理论问题，譬如对采矿资格进行续期，是否应当对申请行政许可的资质条件、相关法律规定、事实情况等方面进行综合考量，值得我们进行深入研究。

（点评人：武汉大学博士后　彭超）

论行政行为“明显不当”的认定标准

——以适用“明显不当”依据的100份行政判决书为例

文　蓉*

摘　要： 2014年《行政诉讼法》在第70条撤销判决的适用情形中增加了“明显不当”情形，“明显不当”被视为是行政诉讼法审查行政裁量行为的主要依据。情形，作为一个不确定法律概念，对“明显不当”的认定标准，司法解释未进行明确，学界为数不多的相关研究意见不一，且多停留在以抽象原则解释抽象概念的层面。本文通过梳理2014年《行政诉讼法》施行以来，适用“明显不当”根据判案的100个行政案例，总结了审判实践中认定“明显不当”根据的经验及不足，提出在认定行政行为“明显不当”时，应考虑立法目的、撤销判决审查依据间的协调以及司法权与行政权二者间的关系等因素，并尝试引入较为客观的行政裁量基准制度作为认定行政行为明显不当的主要参照物，并在必要时寻求行政惯例、法律原则、立法精神等依据来进行辅助认定，以促进个案正义的实现。

关键词： 明显不当　认定标准　行政裁量基准　行政行为

随着现代社会的发展，从“警察国家”到“从摇篮到坟墓”的“福利国家”，从“最好的政府，最少的管理”到“最好的政府，最大的服务”，行政权对社会的直接干预越来越多。[1]日益复杂多变的社会关系依赖积极主动的

* 文蓉，武汉大学法学院2016级宪法学与行政法学硕士研究生。

〔1〕 林莉红：“行政权与司法权关系定位之我见——以行政诉讼为视角”，载《现代法学》2000年第2期。

行政权进行调整，行政权对社会事务的迅速反应又依赖其广泛的裁量权的行使，因而“行政法被裁量的术语统治着”。[1]在这种趋势下，一方面，立法赋予了行政机关较为广泛的裁量权，使得有限的行政权得以应付实践中瞬息万变、错综复杂的社会事务；另一方面，裁量行政行为侵犯公民合法权益的现象日益普遍，实践中不少行政争议与当事人不满行政机关作出的裁量行为有关，若法院无法审查行政裁量行为，将使实践中大量存在的行政争议无法解决，公民合法权益在行政机关广泛的裁量领域无法得到司法救济。[2]

过去《行政诉讼法》规定了两处涉及行政行为合理性审查的内容：一是行政处罚显失公正的法院可以判决变更，二是行政行为存在滥用职权情形的，法院可以撤销。但前者受到行政处罚领域的局限，作用十分有限；后者因其主要涉及被诉行政主体作出行政行为的主观状态，审判实践中难以把握其认定标准，法院很少适用“滥用职权”条款。[3]因此，在我国传统行政诉讼过程中，法院以合法性审查为原则，一般只对行政行为的合法性进行审查。2014年《行政诉讼法》进行了修订，在第70条规定撤销判决的情形中增列了“明显不当”条款，法院对“明显不当”行政行为可以依法作出撤销判决，标志着法院在行政行为合理性审查方面迈出了坚实一步，是2014年《行政诉讼法》推动行政诉讼有效解决行政争议，切实保护公民合法权益的体现。

一、问题的提出

2014年《行政诉讼法》通过后，最高人民法院制定了相应的司法解释，对该法的相关规定进行了细化，但“明显不当”条款未被纳入该司法解释，立法解释和司法解释对“明显不当”的认定尚处于空白状态，那么在实践中法院应该如何适用“明显不当”这一条款呢？或者说行政行为“明显不当”的认定标准是什么呢？

---

〔1〕 Charles H. Koch, “Judicial Review of Administrative Discretion”, *George Washington Law Review*, 5 (1986)，转引自应松年主编：《〈中华人民共和国行政诉讼法〉修改条文释义与点评》，人民法院出版社2015年版，第224页。

〔2〕 参见全国人大常委会法制工作委员会行政法室编：《行政诉讼法立法背景与观点全集》，法律出版社2015年版，该书展示了2014年《行政诉讼法》在修改过程中有关法院合理性审查的各方意见，多地专家学者、律师、法院、检察院及部分社会公众提到，实践中有些行政争议是由行政行为的合理性问题产生的，部分原告对行政审判不满，是因为法院不审查行政行为的合理性问题，以致原告的诉求得不到满足。

〔3〕 参见袁杰主编：《中华人民共和国行政诉讼法解读》，中国法制出版社2014年版，第197页。

学术界关于行政行为“明显不当”的认定标准问题已有一番探讨。何海波教授将“明显不当”拆分为“不当”与“明显”两个层面：评判行政行为“不当”主要考虑行政行为未考虑依法应当考虑的因素、处理方式违反比例原则、没有正当理由的区别对待、违背业已形成的裁量准则；裁量不当是否“明显”，应当以一个通情达理、了解情况的人为标准来判断，要注意给行政机关充足的裁量空间。〔1〕张振峰副教授认为明显不当行政行为的认定标准可借鉴无效行政行为的“重大且明显”标准：明显性标准表现为一个正常的理智的公民毫无争议地一眼就能发现的不当，即“外形上客观而明显”“外观上一见明显”，“如果有关合法或者违法存在着疑义，行政行为的瑕疵就不明显”；重大性标准表现为不当的行政行为违反了相关法律原则和法律精神，不符合相关法律目的，严重损害了相关法益。因此只有当被诉行政行为同时满足重大性标准与明显性标准时，该行政行为才属于明显不当的行政行为。〔2〕滕亚为教授认为可以从行政行为是否违反行政惯例以及是否悖离立法目的与立法精神层面来考察“明显不当”的判断标准。〔3〕蔡维专法官提出明显不当标准包括一般标准与特殊标准，前者是指常理、常情、常识，特殊标准是一般标准的具体化，作用于某一具体领域，包括但不限于正当程序原则、诚信原则、行政行为不得违背公序良俗等。〔4〕史笔法官、曹晟法官则主张法院可以从比例原则、平等原则、正当程序原则三个方面审查行政行为是否构成明显不当。〔5〕其实早在新法出台的十年以前，沈岿教授就呼吁行政诉讼应确立“裁量明显不当”标准，主要审查行政裁量是否明显与立法目的和精神、基本法治原则、习惯法、一般公平正义观念或常人理性相悖，而不是追究主观过错。〔6〕

综观学界关于行政行为“明显不当”标准的论述，我们不难发现，违反

---

〔1〕 参见何海波：“论行政行为‘明显不当’”，载《法学研究》2016年第3期。

〔2〕 参见张振峰：“论不当行政行为的司法救济——从我国《行政诉讼法》中的‘明显不当行政行为’谈起”，载《政治与法律》2016年第1期。

〔3〕 参见滕亚为、康勇：“论行政诉讼变更判决的适用范围——兼评新《行政诉讼法》第70条”，载《重庆理工大学学报》2015年第10期。

〔4〕 蔡维专：“对行政诉讼法中明显不当标准的思考”，载《人民司法》2016年第16期。

〔5〕 史笔、曹晟：“新《行政诉讼法》中行政行为‘明显不当’的审查与判断”，载《法律适用》2016年第8期。

〔6〕 沈岿：“行政诉讼确立‘裁量明显不当’标准之议”，载《法商研究》2004年第4期。

相关法律原则与法律精神的行政行为应认定为明显不当已成基本共识，但学界的这些探讨都是从原则性标准进行把握，缺乏细化的认定标准，这对实践中法院审理案件的指导作用十分有限。“明显不当”本身属于不确定法律概念，对不确定法律概念的解释将直接决定其实施效果，如何合理界定“明显不当”的认定标准，使之既能在逻辑上与其他审查根据相协调，又能在审判实务中发挥其应有的作用，将在很大程度上决定行政诉讼能否担起“解决行政争议，维护公民合法权益”的重任。

立法的完善寄希望于理论的发展与审判实践经验的积累，“法院不得拒绝裁判”。因此，本文通过梳理适用“明显不当”根据的100份行政判决书，总结出永远处于进行时态的审判实践在适用“明显不当”条款时的有效经验以及存在的问题，对“明显不当”的认定标准尝试作出一定积极意义的探讨。

二、司法审判实践中“明显不当”的认定

“法律的生命不在于逻辑而在于经验”，成文法规定因其语词表述的局限及对法的稳定性目标的追求，其明确性往往大打折扣。尽管法律条文含糊僵硬，司法之树常青，跳出不确定的法律条文，总结司法实践中已有经验，吸收其解决实际问题的有益部分，并对其不当之处进行反思，是立法完善的必经过程。因而，笔者在中国裁判文书网以“明显不当”且判决理由部分援引“《行政诉讼法》第70条第（六）项”为全文检索项，截至2017年5月1日，共找到法院依据《行政诉讼法》第70条第（六）项认定被诉行政行为明显不当的判决书100份，其中基人民层法院判决65份，中级人民法院判决18份，高级人民法院判决17份。

（一）司法审判实践中“明显不当”认定的特征

通过梳理判决书内容，发现法院适用“明显不当”根据的两个鲜明特征：

1. 弥补《行政诉讼法》第70条前五项根据的不足

司法实践证明，2014年《行政诉讼法》第70条规定的前五项在行政审判过程中具有一定的局限性，不能充分发挥行政诉讼解决行政争议、维护公民合法权益的立法目的。因此，“明显不当”条款的增设很大程度上弥补了第70条前五项审判根据的不足，实践中认定“明显不当”存在以下情形：

（1）行政行为适用规章错误。2014年《行政诉讼法》第70条第（二）项规定，行政行为适用法律、法规错误的，法院可判决撤销。对于行政行为

“适用法律、法规错误”的理解，立法及司法解释未进行明确，学者有不同观点。[1]从文义解释角度看，法律、法规不包括规章在内，因而行政行为如适用规章错误的，无法适用该项规定。在张某贵诉鄂州市国土资源局华容分局《关于对以汪某卿为首的汪氏家族违法占用耕地建坟举报的回复》（以下简称《回复》）一案中，被告本应适用《国土资源行政处罚办法》第5条的规定，却错误适用了国务院《殡葬管理条例》相关规定，认为案件应由民政部门负责处理，湖北省鄂州市华容区人民法院认定被告所作《回复》明显不当并判决撤销该《回复》。[2]可见，行政行为作出时如没有法律、法规可直接适用，可以适用合法、有效的规章，规章适用错误的，行政行为明显不当。

（2）行政行为违反法律、法规、司法解释、规章及其他规范性文件。法律、法规适用错误不能等同于直接违反相关法律、法规。行政机关作出任何一个行政行为都应该提供事实依据与法律依据，法律依据是指某个行政行为所适用的法律、法规。因而，法律、法规的适用是行政机关在作出行政行为时选择法律依据的过程，与行政机关直接违反法律、法规作出违法行政行为有本质区别。在笔者所搜集的100个案件中，共有15个基层法院案件符合这种情形。如在鲍某娥诉郑州市公安局郑东分局政府信息公开一案中，原告申请公开的内容为公安机关的移交函或转办函，被告在法定期限内进行了答复，但答复的内容是行政处罚的情况，未对原告要求的内容作出答复，违反了《政府信息公开条例》第21条之规定，法院将被诉答复行为认定为明显不

---

〔1〕如姜明安教授认为，“从形式上说，适用法律法规错误，是指本应适用某个法律和法规，而适用了另外的法律和法规；本应适用法律法规中的某个条文而适用了另外的条文；本应适用有效的法律、法规，而适用了已经失效或者尚未生效的法律、法规；本应全面适用法律、法规，而仅适用了其中的某一部分或者某一条款。但从实质上讲，适用法律、法规错误，除了某些技术性的错误以外，通常表现为行政机关对事实的定性错误，对法律、法规适用范围或效力的把握错误，对法律、法规的原意、本质含义或法律精神理解、解释的错误，或者有意片面适用有关法律、法规规范等。”应松年教授认为：“错误主要有以下几种表现形式：①应当适用此法而适用了彼法。②行政行为适用了无效的法律、法规。③适用了正确的法律、法规，但援引条文错误。④违反了法律冲突适用规则。⑤没有考虑特殊情况，而只考虑一般情况适用法律、法规。⑥实施处罚时，应当并罚而未并罚，不应当并罚却并罚。⑦有规章以上的规范性文件不适用，而适用规章以下的规范性文件。⑧有明确的法律根据，而在裁判书中并不引用。”参见姜明安主编：《行政法与行政诉讼法》，北京大学出版社、高等教育出版社2015年版，第516~517页；应松年主编：《行政诉讼法学》，中国政法大学出版社2015年版，第238~239页。

〔2〕参见湖北省鄂州市华容区人民法院［2016］鄂0703行初11号行政判决书。

当。〔1〕

（3）行政行为违反正当程序原则。2014年《行政诉讼法》第70条第（三）项规定，违反法定程序的行政行为，人民法院判决撤销。法定程序，是指由法律、法规、规章及其他合法有效的规范性文件设定的行政程序。〔2〕行政行为虽不违反前述法律、法规、规章及其他合法有效的规范性文件设定的行政程序，但违反正当程序原则的，法院将其认定为明显不当。笔者所搜集的案件中有2个案件符合此类情形，且皆为高院判决。如在薛某更不服内乡县人民政府行政复议决定案中，内乡县政府在复议程序中明知薛某更（原审第三人）与原行政行为存在利害关系，却不给予其提供证据的机会并没有听取其意见，违反正当程序，河南省高级人民法院认定该行政复议行为明显不当。〔3〕

2. 作为法院审查其他行政裁量行为的兜底条款

通过对100份判决书进行梳理发现，“明显不当”行政行为的涵盖面十分广泛，内容几乎可以囊括所有行政裁量行为，其具体适用情形大致可以分为以下十类:〔4〕

（1）行政行为违反平等原则、比例原则、信赖保护原则等法律原则。如在蒙某诉东莞市公安局交警支队清溪大队、东莞市公安局交警支队公安交通管理行政处罚一案中，两相对人实施了同类违法行为，被诉交警大队却只处罚了其中一人，且不存在合法正当的理由，法院认为被诉行政处罚有违平等对待原则，构成明显不当。〔5〕

（2）未考虑相关因素或考虑不相关因素。如在祝某军诉睢县人民政府、商丘市人民政府土地行政处理一案中，法院认为，睢县人民政府对双方争议土地边界确定界点时，没有考虑当事人之间的调解意见及原告已经盖房因素，被诉土地确权行为明显不当。〔6〕

（3）行政处罚畸轻畸重。如在贺某不服神木县公安局麻家塔派出所《行

---

〔1〕 参见河南省中牟县人民法院［2016］豫0122行初157号行政判决书。

〔2〕 姜明安主编:《行政法与行政诉讼法》，北京大学出版社、高等教育出版社2015年版，第517页。

〔3〕 参见河南省高级人民法院［2015］豫法行终字第00245号行政判决书。

〔4〕 实践中的案件是复杂的，部分涉案行政行为同时符合数类情形。

〔5〕 参见广东省东莞市中级人民法院［2015］东中法行终字第277号行政判决书。

〔6〕 参见河南省高级人民法院［2016］豫行终910号行政判决书。

政处罚决定书》一案中，法院认为，第三人张某与原告发生纠纷后手持水果刀刺伤原告，虽然伤情较轻，但其主观上有将原告刺伤的直接故意，应当预见其用水果刀有刺伤原告的可能性，客观上放纵自己的行为将原告刺伤，根据张某的上述违法行为，派出所对其作出罚款500元的行政处罚较轻，明显不当。[1]

（4）违背立法目的、立法精神。如在朱某新诉湖南省人力资源和社会保障厅工伤行政确认行政复议决定案中，法院认为，省社保厅将被申请人未提交答复和证据视为工伤认定决定无证据，进而直接予以撤销，使不利后果由无过错的劳动者负担，与《工伤保险条例》保护劳动者的合法权益及《行政复议法》保护公民合法权益的立法目的、立法精神不符，明显不当。[2]

（5）因案外人原因（冒领身份信息、隐瞒身份信息、婚姻状况等）导致婚姻登记错误。如在陈某香诉资中县（现资中市）民政局、第三人胡某友民政行政登记一案中，案外人胡某海持第三人的身份证与原告陈某香到宋家镇人民政府办理结婚登记，法院认为，虽然宋家镇人民政府履行了形式审查的义务，但由于案外人胡某海对冒用第三人的身份信息与原告办理结婚登记的行为存在主观上的故意，导致宋家镇人民政府在办理结婚登记时对男方的身份认定错误，并依据冒用的身份信息颁发了结婚证，该结婚登记行政行为应属明显不当。[3]

（6）行政机关变相不履行职责，行政处理不到位，无法有效解决争议。如在艾某清诉济宁市社会保险事业局劳动和社会保障行政管理一案中，法院认为，社保局回复的内容具有不确定性，未正面回复相对人是否符合补缴养老保险的条件，未对相对人的申请进行实质性的明确回答，答复内容明显不当。[4]

（7）行政行为明显错误，包括将同一不动产先后确权给两人、认定的相对人不存在或者已死亡、违背已生效判决等。如在高某不服林州市人民政府房屋行政登记案中，林州市人民政府先就争议房屋为原告高某颁发了《房屋所有权证》，原告高某根据该《房屋所有权证》取得了争议房屋的所有权。在

---

〔1〕参见陕西省神木县人民法院［2016］陕0821行初10号行政判决书。

〔2〕参见湖南省长沙市中级人民法院［2016］湘01行终368号行政判决书。

〔3〕参见四川省资中县人民法院［2016］川1025行初14号行政判决书。

〔4〕参见山东省济宁市中级人民法院［2015］济行终字第53号行政判决书。

该《房屋所有权证》未被撤销的情况下，林州市人民政府就同一套房屋又向高某东、程某芬颁发了《房屋所有权证》，法院将被诉行政行为认定为明显不当。[1]

（8）行政补偿标准违背普遍认识，显失公允。如在贾某忠诉宁津县人民政府房屋征收补偿决定书案中，法院认为，涉案评估报告未涉及相对人国有土地使用权范围内空置土地的价值，评估报告系根据委托单位的要求进行的，是征收补偿决定的参考依据，征收单位应当进行全面考量，以作出合法、合理的征收补偿决定。根据对现有房地产市场的普遍认识，行政机关在涉及相对人土地价值的补偿方面，明显不当。[2]

（9）行政补偿未到位即批准供应土地。如在晏某诉安康市政府国有土地使用权批复一案中，在相对人的房屋拆迁安置补偿问题没有得到解决的情况下，安康市政府作出《关于安康市长兴建筑集团房地产开发有限公司受让国有土地使用权的批复》。法院认为，在相对人的房屋拆迁安置补偿问题未解决的情况下，本案《批复》所涉土地无法开发使用，虽然安康市政府作出《批复》，但长兴公司使用相关土地的权利实际上仍然无法实现，该《批复》存在明显不当。[3]

（10）思路和方法出现偏差。如在国家工商行政管理总局（现国家市场监督管理总局）商标评审委员会因商标申请驳回复审行政纠纷案中，法院认为，商标评审委员会在审查涉案立体商标时，仅仅从申请商标的瓶体主视图中含有的文字部分“生态苏酒”与引证商标“生态青酒”构成近似商标的角度进行评述，完全脱离立体商标的审查视角，在审查思路和方法上出现偏差，这种审查思路及方法属于明显不当。[4]

实践中的行政案件复杂多变，法院在面对庞杂的行政裁量行为时，倾向于将“明显不当”的内涵泛化，甚至与日常用语中的“不当”“明显不当”内涵趋于混同，尚未建立其在行政诉讼撤销判决审查根据中的专门含义，导致行政审判中适用“明显不当”的情形零散、混乱。

---

〔1〕参见河南省安阳市中级人民法院［2016］豫05行初2号行政判决书。

〔2〕参见山东省高级人民法院［2016］鲁行终769号行政判决书。

〔3〕参见陕西省高级人民法院［2016］陕行终46号行政判决书。

〔4〕参见北京市高级人民法院［2016］京行终2821号行政判决书。

（二）关于司法实践中“明显不当”认定标准的反思

通过梳理这 100 份文书，可以明显发现，法院为解决行政争议，一定程度上扩大了“明显不当”的适用范围，以弥补撤销判决其他审查根据的不足。但从行政诉讼法未来发展的角度看，目前行政审判中对“明显不当”依据的适用仍存在较大局限，主要体现在以下方面：

1. 与撤销判决中其他审查根据界限不清

在实践中，2014 年《行政诉讼法》第 70 条中“明显不当”与前面五项审查依据界限不分，导致适用混乱。

（1）本应适用其他根据却适用了“明显不当”。2014 年《行政诉讼法》在第 70 条原有五项规定的基础上增加“明显不当”作为撤销判决的第六个审查根据，从法律文本上看，这六项规定是并列关系，不应有交叉重叠。在所统计案件中，与《行政诉讼法》第 70 条第（二）项“适用法律、法规错误”重叠的有 3 件。如在三亚华鑫商旅服务有限公司诉海南省三亚市原工商行政管理局、海南省原工商行政管理局工商行政处罚一案中，三亚华鑫商旅服务有限公司因欺诈行为获取违法所得 1560 元，依《消费者权益保护法》第 56 条第 1 款中“有违法所得”的情形，其罚款最高幅度不得超过违法所得的 10 倍，即15 600元。但三亚市原工商行政管理局按该款规定“没有违法所得”的情形，作出罚款 10 万元的处罚，法院将被诉行政处罚行为认定为明显不当，而不是适用法律错误。〔1〕

此外，“滥用职权”与“明显不当”是我国 2014 年《行政诉讼法》调整行政裁量行为的两项并列规定。在《行政诉讼法》修改前，“滥用职权”由于主要涉及法院难以认定的行政主体的主观意志，且刑法中有“滥用职权罪”，行政机关怀有抵触情绪等原因，滥用职权在审判实践中运用很少。〔2〕新修订的《行政诉讼法》增加了相对客观的“明显不当”根据，使得“滥用职权”根据进一步被架空。在行政主体主观故意明显的案件中，法院仍然选择认定被诉行政行为明显不当。如在前述蒙某诉东莞清溪交警大队、东莞交警

〔1〕 参见海南省三亚市中级人民法院［2015］三亚行终字第 33 号行政判决书。原判决书认为工商局适用法律正确，但处罚方式明显不当。笔者认为尽管行政行为适用的法律条文正确，但条文本身规定有几种不同情形，如行政行为适用的情形错误，仍应属于适用法律错误。

〔2〕 参见余凌云：“对行政机关滥用职权的司法审查——从若干判案看法院审理的偏好与问题”，载《中国法学》2008 年第 1 期。

支队交通管理行政处罚案中，同一交通事故的两个当事人均属于无证驾驶无牌机动车，在事故中负同等责任。交警大队只针对其中一人进行行政处罚，且不存在合法正当的理由。在该案中，交警大队主观上明知两当事人的违法行为属于同类，却只对其中一人进行行政处罚，是故意不正当行使职权，完全符合“滥用职权”的行政行为的特征，但东莞市中级人民法院仍认定被诉行政处罚明显不当。〔1〕

（2）忽视公众的传统理解，无限拉伸明显不当的适用范围。在行政行为的程序要求方面，“违反法定程序”是行政诉讼法上传统的审查根据，随着程序法治的推进，违反正当程序原则的行政行为进入法院视野。在行政诉讼法修改前，法院通过扩大“违反法定程序”的内涵，使之容纳行政机关在程序方面作出的裁量行为，这在我国行政审判实践中已经形成了广泛共识。〔2〕行政诉讼法新增“明显不当”根据后，法院将违反正当程序的行政行为认定为明显不当，割裂了行政行为程序合法的整体要求，与公众的传统理解不符。在实体法律适用方面，行政行为适用法律、法规错误与适用规章错误分别适用不同的审查根据，在逻辑上无法自洽。

2. 适用明显不当依据的理性论辩不足

正如有学者所言：“法律解释的过程是一个开放的理性论辩的过程，解释是法官的最终权力，但并非其独断意志的产物。”〔3〕通过分析相关案件的判决书发现，法院在认定行政行为明显不当时缺乏一个较为充分的说理过程。大部分案件中，法院判决在描述案件主要事实后，直接得出被诉行政行为明显不当的结论考虑到“明显不当”作为新增撤销判决的情形规定，如何把握“明显不当”的认定标准，尤其是它与其他审查依据的界限划分，仍依赖裁判文书的充分说理来完成。法院判决理性论辩不足是形式问题，其背后反映的实质问题是“明显不当”司法审查标准极为不明确，法院难以理性把握。

---

〔1〕 参见广东省东莞市中级人民法院［2015］东中法行终字第277号行政判决书。

〔2〕 参见何海波：“司法判决中的正当程序原则”，载《法学研究》2009年第1期；章剑生：“对违反法定程序的司法审查——以最高人民法院公布的典型案件（1985-2008）为例”，载《法学研究》2009年第2期；孟凡壮：“论正当程序原则在行政审判中的适用——基于75份运用正当程序原则的行政诉讼判决书的分析”，载《行政法学研究》2014年第4期。

〔3〕 王旭：《行政法解释学研究》，中国法制出版社2010年版，第34页。

三、“明显不当”认定标准的学理建构

立法的原则性规定无法指导法院处理具体案件，加之学界对“明显不当”认定标准的理解不一，且同样多停留于对原则性因素的考量，〔1〕使得“明显不当”在行政审判中的适用令人困惑。本文在立足大量行政审判实践的基础上，尝试构建一套较为客观地认定“明显不当”之标准，以期为行政审判提供有益指导。

（一）应当考虑的因素

某项审查根据的认定涉及一个法条中各项根据间的关系、立法目的、立法精神等价值的实现，结合司法审判实践中的经验及不足，构建“明显不当”的认定标准，应当考虑以下几个因素。

1. 立法目的考虑——解决行政裁量争议，维护公民合法权益

2014年《行政诉讼法》第1条在行政诉讼的目的中增加了“解决行政争议”，〔2〕这也是对以往行政审判实践中，行政诉讼案结事未了，公民信访不信法等问题的回应，行政诉讼只有真正解决了争议，才可能使公民合法权益得到保护。随着社会生活的日益纷繁复杂，法律法规不得不赋予行政主体越来越广泛的裁量权，不违反法律、法规的行政行为却侵犯公民合法权益的现象在实践中还有存在。行政诉讼法在撤销判决中增加“明显不当”根据，公民因不服裁量行政行为引发的争议得以进入行政诉讼大门，构建行政行为明显不当的认定标准，应围绕解决行政裁量争议进行，因行政行为的合法性问题引发的争议则应交给行政诉讼法其他规定。

2. 保障撤销判决不同审查根据间的协调统一

2014年《行政诉讼法》第70条规定了“主要证据不足”“适用法律法规错误”“违反法定程序”“超越职权”“滥用职权”以及“明显不当”六项审查根据，这六项根据都是法院作出撤销判决的审查根据，六者之间是并列关系。在构建“明显不当”的认定标准时，应理顺各项审查根据之间的关系，关注立法的体系性与逻辑性，同时应尊重公众对某项审查根据业已形成的传统理解，避免行政审判的任意性。

---

〔1〕 参见本文“问题的提出”部分对学界观点的梳理。

〔2〕 参见修法过程中多地专家学者、法官、律师等学界及实务界人士发表意见，认为行政诉讼法纳入合理性审查有利于解决行政争议。

第一，在事实认定方面，事实认定依赖行政机关对证据的搜集，合法行政行为的作出必须有充分的证据材料做支撑。行政行为事实认定不清，证据不足或者证据不充分的，法院适用“主要证据”不足作出撤销判决，不适用“明显不当”。

第二，在法律适用方面，要分几种情形探讨。其一，在行政行为作出时如没有上位法规定，行政主体可以适用规章或者规章以下的规范性文件作出行政行为，行政行为“适用规章及其他规范性文件错误”是“适用法律、法规错误”的逻辑延伸。其二，行政行为如直接违反法律、法规、规章、司法解释及其他规范性文件的明确规定，应属于最狭义的违法行政行为范畴，法院可根据具体情形直接判决撤销或者确认违法。其三，立法中存在大量不确定法律概念，行政主体对不确定法律概念的解释是否是行政裁量行为呢？如果是，“明显不当”在此处应有适用的空间。越来越多的学者和法官认为，对不确定法律概念的解释是裁量行为，行政行为的适用条件也包含裁量。如在行政许可、行政确认等领域，立法设定的适用条件非常宽泛，案件争议往往集中在法律适用条件的解释上。如在江西省遂川中学诉遂川县人力资源和社会保障局行政确认案中，涉案教师脑死亡状态持续 48 小时，原告申请社保局作出工伤认定，此案涉及对《工伤保险条例》第 15 条第 1 款规定的“死亡”概念的解释。目前对于法律意义上的死亡概念，我国并未出台相关认定标准，医学上关于脑死亡和心跳停止哪个属于死亡标准也一直存在争议。行政机关对此类不确定法律概念的解释存在是否合理的问题，可以适用“明显不当”根据。〔1〕

第三，在程序适用方面，“违反法定程序”应做扩大解释，囊括违反正当程序的行政行为，这既是对我国行政审判实践中积累的成熟经验的吸收，也符合行政行为在程序方面的整体要求。

第四，在行政职权方面，主要涉及滥用职权与明显不当的区分。在行政诉讼法修改前，“滥用职权”是行政诉讼审理行政裁量行为的主要依据，但从行政审判实践来看，法院适用滥用职权的案件十分有限，且主要适用于行政

---

〔1〕 参见江西省遂川县人民法院［2015］遂行初字第 6 号行政判决书。法院认为，按照《工伤保险条例》的立法本意，其侧重于保护劳动者的合法权益，在缺乏法律的明确规定时，应当作出有利于劳动者的解释，被诉行政机关不予认定工伤的决定明显不当。

主体具有主观过错的场合。[1]正是“滥用职权”依据在实践中面对大量行政裁量行为的无力，修订后的行政诉讼法新增了“明显不当”来弥补这一缺口。结合公众对滥用职权的普遍理解及审判偏好，滥用职权应当适用于行政主体故意不正当行使职权的场合，具体表现为徇私枉法、打击报复、任性专横、反复无常，[2]明显不当则适用于更具有包容性的其他行政裁量行为。在实践中，行政行为可能同时符合滥用职权与明显不当情形，此时法院应当同时适用滥用职权与明显不当两项根据。行政行为具有滥用职权情形的，往往严重侵犯相对人合法权益，且损害行政主体的权威，情节严重的还可能涉及刑法上的滥用职权罪。因而，法院应实事求是，依法适用滥用职权根据，既是行政诉讼保护公民合法权益的需要，也是法院更好地监督行政权依法行使的需要。

3. 协调好行政权与司法权的关系

行政行为一旦被认定为明显不当，法院可以判决撤销或者重新作出行政行为，体现了司法权对行政权的监督，有利于防止行政权行使的恣意专断，推动建设法治政府。但是现代社会是一个分工日益精细化的社会，专业的人做专业的事是社会分工的结果。司法权与行政权的分工不同，法院在解决法律问题方面是专家，但行政事务却往往涉及大量技术性、政策性问题，需要借助相应行政机关的知识、技能与经验来解决。因而，在涉及行政领域的专业问题时，法院应保持谦抑姿态，尊重行政机关的专业判断。

（二）一种较为客观的认定标准构建思路

“立法能力的有限性，在很大程度上必须通过有效的司法审查来弥补，但是，审查标准如果不能精确地、较为客观地确定下来，那么，必然会更加剧法的不确定性和不可预测性，会不适当地扩大法官的自由裁量权，变成地地道道地用司法裁量来替代行政裁量。”[3]为避免以抽象解释抽象，导致抽象的问题更加飘忽不定，认定“明显不当”根据的标准应尽量客观化、具体化。结合我国行政立法与执法经验，引入行政裁量基准制度是一种较为可取的举措，同时为实现个案正义以行政惯例、法律原则作为必要补充。

---

〔1〕 郑春燕：《现代行政中的裁量及其规制》，法律出版社 2015 年版，第 159~160 页。

〔2〕 参见何海波：《行政诉讼法》，法律出版社 2016 年版，第 324 页。

〔3〕 余凌云：《行政自由裁量论》，中国人民公安大学出版社 2013 年版，第 7 页。

1. 以行政裁量基准为主要参照物

所谓裁量基准，是指行政机关在法律规定的裁量空间内，依据立法者意图以及比例原则等的要求并结合执法经验的总结，按照裁量涉及的各种不同事实情节，将法律规范预先规定的裁量范围加以细化，并设以相对固定的具体判断标准。[1]我国当下的行政裁量基准主要是作为解释性行政规则的裁量基准，解释性规则解释的对象一般是一些尚未有具体的标准，或者法律、法规、规章规定的裁量幅度较宽泛的条款，在形式上多表现为对一些不确定法律概念的解释、部分行政行为执行标准的细化。例如，《湖南省公安行政处罚裁量权基准（试行）》将《治安管理处罚法》第23条第1款第1项“情节严重”解释为六类具体情形；[2]《南京市城市客运管理类行政处罚自由裁量规则》将《城市公共汽电车客运管理办法》第36条规定的行政处罚标准进行了细化，将后者规定的“损坏城市公共汽电车客运服务设施的”这一事实要件分为“造成轻微损失的”“造成车辆停驶的”“造成线路中断运行的”三种不同情节，并将后者规定的“五百元以上三千元以下罚款”这一裁量范围细化为“五百元以上一千五百元以下的罚款”“一千五百元以上两千五百元以下的罚款”“两千五百元以上三千元以下的罚款”，成为与之相对应的具体判断标准。

法院在涉及“明显不当”认定的案件中，以行政裁量基准为主要参照物，裁量行政行为违反相关裁量基准且无法说明正当理由的，认定为明显不当，具有可行性。首先，裁量基准的内容具体、明确，方便法院参照审查被诉行政行为。其次，行政裁量基准的制定凝聚了行政主体的专业知识、行政执法经验与技术，法院依据行政裁量基准认定涉案行政行为是否明显不当，避免了法院在相关行政专业问题面前的无力，也体现了司法权对行政权的尊让。再次，行政机关一般都对其制定的裁量基准进行了公开，部分地区在制定裁量基准时鼓励公众参与，广泛听取公众意见。比如在《关于印发甘肃省规范行政处罚自由裁量权工作实施方案的通知》（失效）中指出：“要充分听取下级行政执法机关和一线执法人员的意见，采取各种方式征求有关专家和行政管理相对人的意见，不断完善规范行政处罚自由裁量权工作。”裁量基准的订

---

〔1〕 周佑勇：“裁量基准的正当性问题研究”，载《中国法学》2007年第6期。

〔2〕 郑雅方：《行政裁量基准研究》，中国政法大学出版社2013年版，第84~85页。

立既是对法律认识理解的过程，也是行政机关与相对人沟通—协作—服务的过程，其最大的优势是规制对象广泛而直接的参与。因而，依据裁量标准认定裁量行政行为是否“明显不当”，社会公众和行政主体双方的可接受度都较高。最后，在行政国家时代，通过行政系统内部的自制来实现对行政裁量权的限制，已成为当今世界各国的趋势。正如美国行政法学家戴维斯所言，对行政裁量的控制要从行政机关内部着手，以行政机关内部的自我控制为主。裁量正义最终还是要依赖于作为裁量权的最终行使者。〔1〕在我国，随着2004年国务院《全面推进依法行政实施纲要》的颁布，〔2〕各地各级行政机关纷纷制定各种裁定基准。2015年12月，中共中央、国务院印发的《法治政府建设实施纲要（2015-2020年）》，再次提到，要建立健全行政裁量权基准制度，细化、量化行政裁量标准，规范裁量范围、种类、幅度，行政裁量基准制度的科学化、完善化是大势所趋，为司法权对行政裁量行为的审查提供了日趋科学合理的标准。

2. 行政惯例、行政法原则为补充

尽管裁量基准制度在法治政府建设背景下开展得如火如荼，考虑到实践中行政行为的复杂性，科学化合理化的裁量基准制度建设势必需要较长一段时间，法院在审理具体案件时如无相关裁量基准可供参照，或者适用相关裁量基准会导致个案不正义的，法院应考虑行政行为是否符合行政惯例、法律原则、立法精神等其他标准来进行认定，发挥司法在局促空间的能动性，保障个案正义的实现。

四、总结

在社会关系日益复杂的现代社会，立法者赋予行政机关越来越多的裁量权，广泛的裁量权既是行政机关高效管理社会事务的必要装备，也是对公民合法权益的一种威胁。2014年《行政诉讼法》在撤销判决中增加“明显不当”条款，使法院得以审查行政裁量权，这是行政诉讼法解决行政争议，保护相对人合法权益的有力之举。然而，原则性规定对审判实践的指导意义有限，本文以“关怀现实”的立场，用实证研究的方法，探析具体案例中“明

---

〔1〕 LSee Kenneth Culp Davis, *Discretionary Justice*: *A Preliminary Inquiry*, Louisiana State Univerity Press, 1969. 转引自郑雅方：《行政裁量基准研究》，中国政法大学出版社2013年版，第134页。

〔2〕 2004年3月22日国务院文件，国发〔2004〕10号发布，自发布之日起施行。

显不当”的适用状况，总结了法院适用“明显不当”根据的规律及存在的问题，尝试通过引入行政裁量基准制度为行政审判提供较为客观的认定标准。由于新法实施至时间较短，可供研究的权威性案例十分有限，本文所选案例在权威性方面有一定缺陷，但对反映“明显不当”在当前行政审判实践中的适用情况仍具有重要代表意义。

点　评

首先我们应当对立法背景与立法目的进行分析，实践中很多行政争议与行政行为不当有关，此次《行政诉讼法》修改在第1条立法目的规定里增加了“解决行政争议”，在第70条在撤销判决情形里增加了“明显不当”，二者之间存在关联：不当行政行为引发社会纠纷、造成社会不稳定。新法增加了关于“明显不当”的条款，加大法院对行政权的干预力度，是基于现实的考量。其次，我们应当思考对于“明显不当”应如何进行解释，一方面，结合《行政诉讼法》总则第6条“人民法院审理行政案件，对行政行为是否合法进行审查”的规定，考虑到法律体系的协调，可以从实质合法角度来解释“明显不当”；另一方面，应当注意《行政诉讼法》第2条“公民、法人或者其他组织认为行政机关和行政机关工作人员的行政行为侵犯其合法权益，有权依照本法向人民法院提起诉讼”的规定，诉和受应该是等同的，但从第2条和第6条来看，可起诉的事项的范围远比法院可审查的事项范围广。在立案登记制下，大量案件涌入法院，如法院在判决时发现《行政诉讼法》第70条前五项均无法适用，可以用第六项来进行判决，这样法院就总能获得解决行政争议的依据。最后，关于“明显不当”的认定标准问题也尚有讨论的空间，“明显不当”本身是没有标准的，但注意到“明显”这个限定词，行政行为的明显不当往往违背了比例原则、立法目的等应该考虑的相关因素，一旦违背了这些基本的原理、法理，行政行为就是明显不当。“明显不当”是应当从个案角度来进行解释，本文提出以行政裁量基准为参照，在穷尽裁量基准后用到法律原则和行政惯例为补充的思路是可行的，建议同时引入指导性案例、典型案例、公报案例等作为“明显不当”的认定标准。

（点评人：武汉大学法学院　江国华教授）

行政诉讼起诉期限的起算点问题研究

肖潇雨[*]

摘　要： 行政诉讼起诉期限制度是对行政相对人诉权行使进行限制的制度，行政诉讼起诉期限的起算点起着平衡行政效率价值与公平正义价值的重要作用。现行《行政诉讼法》以及其司法解释所规定的行政诉讼起诉期限的起算点有多个，在实际适用时法条之间存在矛盾，而且不能涵盖现实中存在的实际情况，立法逻辑不够严密。主要原因在于没有明确行政诉讼起诉期限的基础理论到底是行政行为效力理论还是权利救济理论，本文从公权力行为与私权利行为之间的区别着手，认为行政诉讼起诉期限的制度应该坚持行政行为效力理论，并结合域外规定对行政诉讼起诉期限的起算点制度设计提出了建议。

关键词： 行政诉讼　起诉期限　起算点

一、案例引入与问题的提出

乐亭县政府于2010年8月3日作出《乐亭县人民政府关于沿海公路改建工程涉及征地拆迁等相关事项的通告》，对沿海公路两侧30米内的土地进行征收，并于2011年2月16日作出《乐亭县人民政府滨海公路改建工程征地补偿方案》。2011年6月27日，乐亭县国土资源局与乐亭县古河乡张李铺村民村委会签订《征用土地协议》。李某系张李铺村村民，因其承包了该村的养殖地，张李铺村民委员会于2012年3月与其协商达成《协议书》，且李某已领取了补偿款。

* 肖潇雨，武汉大学法学院2017级宪法学与行政法学硕士研究生。

一审法院、二审法院均认为在省道沿海公路改建工程项目中，乐亭县原国土资源局与张李铺村民委员会签订了《征用土地协议》，张李铺村民委员会与李某经协商达成了《协议书》，李某已领取了征地补偿款，其已不具备起诉乐亭县县政府要求确认征地行为违法的原告主体资格。

李某不服一、二审裁定，且李某经申请政府信息公开得知，国土资源部（现自然资源部）于 2014 年 7 月 11 日才下发《国土资源部关于省道滨海公路唐秦界至汉沽改建工程建设用地的批复》，而乐亭县政府早在 2010 年 8 月即开始征收土地，明显违法，并以此为由提起再审。

最高人民法院认为根据一、二审查明的事实，2011 年 6 月 27 日乐亭县国土资源局与张李铺村民委员会签订《征用土地协议》，张李铺村民委员会于 2012 年 3 月与李某经协商达成《协议书》，且李某已领取了补偿款，据此可以认为，李某至迟在 2012 年 3 月已经知道涉案征收行为。修改前《行政诉讼法》第 39 条规定："公民、法人或者其他组织直接向人民法院提起诉讼的，应当在知道作出具体行政行为之日起三个月内提出。法律另有规定的除外。"法律之所以设定起诉期限制度是为了督促公民、法人或者其他组织及时依法主张权利，同时依法维护行政效率和公法秩序。起诉人只要认为行政行为侵犯其合法权益即有权依法提起行政诉讼。一方面，法律并不要求起诉人在认识到行政行为的违法性后方能提起行政诉讼，起诉人在起诉时即使不能判断该行政行为违法与否，也不影响人民法院依法对被诉行政行为的合法性进行审查；另一方面，法律在计算起诉期限时亦不以起诉人认识到违法性为必要条件，因为行政行为是否违法属于有权机关的专业判断范畴，而即使是有权机关亦未必总能作出及时准确的判断，是故如果将对违法性的认识作为起诉期限的必要条件之一，则可能因起诉人对违法性的判断困难导致起诉期限的起点长期处于不确定状态，进而产生起诉期限制度被架空的风险，影响行政效率和公法秩序。本案中，李某至迟在 2012 年 3 月已经知道涉案征收行为，但并未在法定期限内提起行政诉讼，而是在通过申请政府信息公开认识到涉案征收行为存在违法可能后，于 2015 年 5 月 5 日提起行政诉讼。根据以上分析，本案的起诉期限应自 2012 年 3 月李某知道涉案征收行为时起算，因此李某于 2015 年 5 月 5 日提起本案行政诉讼，其起诉已经超过法定起诉期限。

这样简单的案例，在案件事实明确的前提下，为何一审、二审界定起诉期限的角度完全不同？在本案中，最为关键的一个问题就是如何认定提起诉讼的诉讼期限的起算点。究竟是从“知道或应当知道作出具体行政行为之日”起算还是以当事人认识到行政行为违法导致自己权益受到侵害之日起算？

从法院判决来看，法院认为当事人对行政行为“违法性”的认识不是起诉的必要条件，但是在现实生活中，基于对行政权力的尊重和理性维权的考虑，行政相对人在判断权益是否受影响时往往会结合行政行为是否合法这一个标准来考虑。毕竟对于行政相对人来说，“知道行政行为的具体内容”并且以此为基础指导后续行为才是具有意义的。如果行政相对人在法定起诉期限内无法根据行政机关的具体行政行为判断行政行为的违法性和自身权益受损的事实，那么法院认定行政相对人“躺在权利上睡觉”从而驳回当事人的起诉，无论是从逻辑上还是情理上都难以让人接受。

我国现行《行政诉讼法》及《最高人民法院关于执行〈中华人民共和国行政诉讼法〉若干问题的解释》（已失效）（以下简称《若干解释》）对于行政诉讼期限的起算点没有采取统一的标准，在实践中产生了很多问题。比如说行政复议期限与行政诉讼期限如何衔接？行政机关未告知诉权或诉权告知错误应该如何解决？必须从法条规范的制定和变更为切入口进行分析，然后从行政起诉期限制度的价值取向入手进行反思并寻求解决途径。

二、法律规范分析

1989年《行政诉讼法》第39条规定：“公民、法人或者其他组织直接向人民法院提起诉讼的，应当在知道作出具体行政行为之日起三个月内提出。法院另有规定的除外。”从该法条规定可以看出，行政诉讼起诉期限的起算点应该是当事人“知道作出具体行政行为之日”，而且起诉期限的例外情形只能由法律进行规定，实质上是进行了法律保留。

修改前行政诉讼起诉期限制度是对“当事人知道具体行政行为内容”“当事人不知道具体行政行为内容”“行政不作为”以及“申请复议的行政行为”这四种情况，分别设置起算点。针对每一种情况，笔者进行相应的法条梳理以及新旧法的对比。

第一，对于当事人知道具体行政行为内容的情况而言，1991年《最高人民法院关于贯彻执行〈中华人民共和国行政诉讼法〉若干问题的意见（试行）》（已失效）（以下简称为《若干意见》）第35条规定：“行政机关作出具体行政行为时，未告知当事人的诉权或者起诉期限，致使当事人逾期向人民法院起诉的，其起诉期限从当事人实际知道诉权或者起诉期限时计算，但逾期的期间最长不得超过1年。”这实质上就是通过司法解释增设了一个起诉期限的起算点，将行政机关是否履行告知义务作为判断起诉期限起算点的基准，这其实是违背1989年《行政诉讼法》第39条所作出的法律保留。在《若干意见》第35条的基础上，2000年的《若干解释》的第41条规定：“行政机关作出具体行政行为时，未告知公民、法人或者其他组织诉权或者起诉期限的，起诉期限从公民、法人或者其他组织知道或者应当知道诉权或者起诉期限之日起计算，但从知道或者应当知道具体行政行为内容之日起最长不得超过2年。”对比《若干意见》第35条，《若干解释》的第41条的规定删减了“致使当事人逾期向人民法院起诉”这一适用条件，也就导致了行政机关未履行告知义务成了2年起诉期限适用的直接条件。

至此，司法实务界的基本观点是：“法律要求完整的行政行为包括行政行为的内容、时间及告知相对人诉权和起诉期限。”〔1〕可以看出，当时最高人民法院还是认为行政机关负有告知行政相对人诉权及起诉期限的义务，但是在实务操作中，当行政相对人以行政机关未履行告知义务而主张程序违法时，法院并未予以采纳。〔2〕从行政相对人权益保护的角度来看，从“告知诉权或起诉期限”之日起算，更有利于保障相对人的权益。但是从文本分析的角度来看，这样的规定在具体适用的时候会出现两个问题：第一，这两个司法解释在适用条件上都是“未告知公民、法人或者其他组织诉权或者起诉期限的”，也就是说行政机关必须告知行政相对人以诉权与起诉期限，两者都是必备要件；而只有当事人知道“诉权”或者“起诉期限”两者之一时，起诉期限就会开始计算。这对于保障当事人权益而言，可能会产生不利影响。第二，虽然从这两条司法解释来看，行政机关具有相应的告知义务，但是司法解释并没有规定告知错误时，应该怎么处理。从笔者搜集到的案例来看，如果行

---

〔1〕 最高人民法院行政审判庭编：《〈关于执行《中华人民共和国行政诉讼法》若干问题的解释〉释义》，中国城市出版社2000年版，第79页。

〔2〕 在秦佃波诉安丘市人民政府案（［2014］鲁行终字第184号）中，一审法院认为：“在决定中虽未告知复议权和诉权，但并未影响原告行使权力。”二审法院山东省高院进而指出：“上诉人在法定期限内已提出本案诉讼，其诉权并未丧失。”所以从法院判决来看，告知诉权或期限并不是一个程序上的要件。

政机关告知的期限短于法定期限，那么按照法定期限来计算；如果行政机关告知的期限长于法定期限，那么按照行政机关告知的期限进行计算，基于信赖利益保护原则，由行政机关承担相应的不利后果。

随后2014年新修订的《行政诉讼法》第46条第1款规定："公民、法人或者其他组织直接向人民法院提起诉讼的，应当自知道或者应当知道作出具体行政行为之日起六个月内提出。法律另有规定的除外。"并没有将《若干解释》第41条所规定的"知道或者应当知道诉权或者起诉期限之日"这一起算点纳入其中。对这一规定，最高人民法院江必新主编的《中华人民共和国行政诉讼法理解适用与实务指南》中指出，新法是有意排除未告知诉权的行为，其考虑因素有二：一是当年要求行政主体告知诉权及起诉期限的立法背景，随着《行政诉讼法》二十余年的实施和推进，目前已经不复存在；二是未告知诉权不是行政行为成立或者生效的要件，在实践中难以判断。[1]

然而，不久之后最高人民法院行政审判庭的法官在《人民法院报》上发表了《行政诉讼法新旧法衔接的几个具体问题》一文，文中指出：在一定时期内无论是行政执法水平还是当事人的法制意识都有待提高，《若干解释》第41条的两年起诉期限与新《行政诉讼法》规定的精神是一致的，应当在实践中继续适用。而继续适用的理由如下：

第一，行政机关在作出行政行为时，应当告知行政相对人诉权和起诉期限。关于行政机关是否具有法定告知义务以及是否影响起诉期限的起算，实务界的主张在短时间内经过了几次颠覆性的转折，这其实还是由于我国行政起诉期限制度的设计缺乏统一的价值导向，导致现在的起算点标准混乱、矛盾重重的现状。

第二，对于当事人不知道具体行政行为内容而言，《若干解释》第42条规定："公民、法人或者其他组织不知道行政机关作出的具体行政行为内容的，其起诉期限从知道或者应当知道该具体行政行为内容之日起计算。对涉及不动产的具体行政行为从作出之日起超过20年，其他具体行政行为从作出之日起超过5年提起诉讼的，人民法院不予受理。"随后，2014年修改的《行政诉讼法》第46条规定："公民、法人或者其他组织直接向人民法院提起

---

〔1〕 江必新主编：《中华人民共和国行政诉讼法理解适用与实务指南》，中国法制出版社2015年版，第211页。

诉讼的，应当自知道或者应当知道作出具体行政行为之日起六个月内提出。法律另有规定的除外。因不动产提起诉讼的案件自行政行为作出之日起超过二十年，其他案件从行政行为作出之日起超过五年提起诉讼的，人民法院不予受理。”由此可见，对于具体行政行为，新法将起算点统一至“当事人知道或者应当知道”之日，并且吸收了《若干解释》第42条对于最长期限的规定。

这样的规定在实务操作中是比较方便的，但是对于“知道”或者“应当知道”的界定标准上存在很多争议。比如说对于先前同主体同行为性质的已决案件，能否作为后一案件中认定当事人已经知道或者应当知道诉权或起诉期限的标准？再比如说，就像前文提到的案件，当事人在知道具体行政行为的内容之时并不知道自己的权益受到了侵害，这样的规定不利于保障当事人的权益。

第三，对于“行政不作为”的情况而言，《若干解释》第39条第1款前半部分规定：“公民、法人或者其他组织申请行政机关履行法定职责，行政机关在接到申请之日起60日内不履行的，公民、法人或者其他组织向人民法院提起诉讼，人民法院应当依法受理。”与其相对比，2014年《行政诉讼法》第47条新增规定行政机关在紧急情况下不履行保护相对人人身权、财产权等法定权益等法定职责的情形不受前款起诉期限的规定。通过新旧法对比，我们可以发现其实现行法律只规定了对经复议后行政机关依旧不作为的情况，那么对于未经复议的行政不作为如何进行救济呢？是直接重新制作一个起算点，还是根据《若干解释》第41条规定在行政不作为案件中，视作未告知诉权适用两年的起诉期限的规定？但是实际上很难适用第41条，因为行政不作为是行政机关的消极不作为，更不用提诉权告知，无法套用第41条所规定的起算点，所以笔者认为还是应该对此进行更进一步的规定。

第四，对于“申请复议的行政行为”而言，新旧《行政诉讼法》都规定的是“可以在收到复议决定书之日起十五日内向人民法院提起诉讼。复议机关逾期不做决定的，申请人可以在复议期满之日起十五日内向人民法院提起诉讼。”由此可见，申请复议的行政行为的起诉期限可以从“收到复议决定书之日”起算，也可以从“复议期满之日”起算。在实践中，这样的规定导致“行政诉讼”与“行政复议”这两种救济制度的衔接出现很多问题。比如说，在行政行为可以复议也可以提起诉讼的情况下，如果当事人先提起行政复议，但是复议机关对复议申请不予受理，那么行政诉讼的期限从何时起算；如果已经超过了行政诉讼的起诉期限，如何进行救济？再比如说，在行政行为可以复议也可以提起诉讼的情况下，如果当事人先提起行政诉讼，被裁定驳回后，当事人又提起行政复议，然后再针对行政复议决定提起诉讼。这样的规定，导致两种救济手段之间的衔接时出现很多矛盾的情形，法院在处理时也非常棘手，给一些当事人留下了钻法律的空子的机会。

通过上述法条的对比分析，我们可以看出行政诉讼期限的起算点有多个，这样的规定虽然有利于解决行政诉讼中一些复杂棘手的问题，但是这样的规定让人难以掌握，在实际适用的时候也存在法条冲突的地方，很多情况都不能从现有法律中找到解决的方法。从上文的梳理中可以看出实务界对于行政诉讼期限起算点的观点也不一致，存在多次反复，在法的安定性与当事人权益保护这两种价值之间摇摆不定，一直在寻找一种平衡。所以本文试图从行政诉讼期限制度设计的基础理论出发，探讨如何平衡这两种价值。

三、行政起诉期限制度的基础理论之争

（一）行政行为效力理论

行政行为效力理论一直以来是行政诉讼起诉期限制度的理论基础之一，行政行为的效力理论中，对于时间的限制主要表现在行政行为的公定力上。日本学者美浓部达吉提出了行政行为的公定力理论，他认为："关于行政行为，一般来说行政厅的组织完备，行政厅被赋予依据法规处理行政行为的权威，并且因为行政厅代表国家或者公共团体的权利，所以其行为暂且被推定为合法，便是当然的事情了。"其效力源泉有多种学说，主要有"法的安定说""自我确信说""既得权说"和"社会信任说"。

在行政行为公定力的基础上提出了行政行为的确定力，我国法学界权威观点认为，行政行为的确定力由行政行为的不可变更力与行政行为的不可争力所组成。行政行为的不可变更力是其实质确定力，主要在于约束行政机关；而行政行为的不可争力是其形式确定力，是指"行政相对人不得任意请求变更、撤销或废止受拘束的行政行为"，[1]主要表现为：非经法定程序不得随便变更或撤销；超出法定期限的行政行为可以获得不可争辩的效力。基于行政

〔1〕章志远：《行政行为效力论》，中国人事出版社2003年版，第132页。

行为的确定力设计的行政诉求起诉期限制度主要考量的是行政行为的效率，如果允许行政相对人能够不受时间限制地或者在较长的时间内不受限制地行使诉权，那么行政行为的效力将会长期处于受到质疑的不确定状态，可能会导致相对人的违法行为长期地损害社会公共利益，所以必须制定行政诉讼起诉期限制度。

行政行为效力理论也符合法的安定性原则，但是随着行政行为的多样化，例如行政给付行为的出现，传统的行政行为效力面临着巨大的挑战。如果以行政行为效力理论作为行政起诉期限制度的理论基础，那么对于没有效力的行政行为，如事实行政行为与无效行政行为，则行政诉讼起诉期限制度就无法适用。同时，随着人权理念的普及，对公民权利的保护得到重视，也对行政行为效力理论提出了挑战。

（二）权利救济理论

权利救济理论源自于“无救济则无权利”这一法谚，没有法律救济途径的权利就是空中楼阁。权利救济理论强调行政诉讼作为一种救济途径，行政诉讼法制定的主要目的就是保障行政相对人的权利以及完善行政相对人权利救济途径，所以不应对诉权行使的期限做过多的限制。

首先，自从“经济分析方法”被波斯纳引入法学分析领域之后，越来越多学者认识到追求正义与公平也是有成本的，所以在进行法律制度设计时，应该考虑到正义的成本问题。从经济分析的角度来看，完全从当事人权利保护的角度来设计行政诉讼的起诉期限制度，可能会导致行政行为因为效力不确定无法得到实施，行政目的无法实现，从而侵犯到社会公共利益，这不是个案正义能够弥补的。

其次，很多持权利救济理论是行政起诉期限制度的基础理论的观点的学者会刻意模糊行政行为与民事行为之间的区别和界限。没有考虑到行政诉讼涉及的不仅仅是相对人的个人权益，还有整个社会的公共利益与公共秩序。

最后，如果从保护当事人权益出发制定起诉期限的起算点和起诉期限，由于时间的流逝，可能导致证据缺失、当事人记忆模糊等原因，从而造成举证、质证的困难，所以制定起诉期限制度也是为了保护当事人的权益。“从形式上看，法律对行政相对人提起行政诉讼的期限作出规定，似乎对行政相对人的诉权给予了一定的限制，使行政相对人不能任由其主观意愿行使法律赋予的权利。但是，这种限制的本身，不是给行政相对人设置实现其诉权的障碍，而是旨在通过期限的限制，增强行政相对人实现其权利的紧迫感，以确保遭受侵害的合法权益能够得到及早救济，或者使侵害造成的损失减少到最低程度。”〔1〕以权利救济理论作为理论基础的行政诉讼起诉期限制度确实能够有效地保障行政相对人的权益，有利于体现民主法治和人权保障的理念。

（三）基础理论之争

从上述分析中可以看出，理论争议的焦点在于行政诉讼起诉期限制度设计的目的到底是限制诉权还是保障诉权，只有在明确行政诉讼目的后，对行政诉讼起诉期限的起算点进行相对统一的规定，才能解决目前标准不一、矛盾重重的局面。

从权利救济理论出发，最理想化的状态是不设定行政诉讼的起诉期限制度，最大限度地保护相对人的权益，但是在实践中这样是行不通的。首先，这不符合效率价值的需求，如果行政行为的效力长期处于不确定的状态，可能会导致无序状态的产生。个人权利与政府公权力的冲突是一个永恒的命题，而政府又要承担维护社会秩序和公共利益的责任，必须给予政府作为的可能性以及明确行政行为的效力。其次，时间的流逝可能会导致证据难以取得和求证，反而无法实现公平的价值。

而行政效力理论，随着行政合同等新型行政行为的出现，行政行为效力理论遭受了诸多的质疑。因为在新型行政关系中行政机关做出的行政行为，与民事行为极其类似，比如说行政合同，行政行为的权威性和强制性在降低，在法院审查时，行政主体在形式上与实质上都被当作民事主体来看待。但是笔者还是认为应当坚持行政行为效力理论，因为行政行为的效力依旧是公权力行为与私权利行为的关键区别，它维护的是一种公共利益。所以笔者认为行政诉讼起诉期限制度的设计从本质上来讲是法律基于对公民个人权益与公共利益与社会秩序的考量来限制行政诉讼权利的行使，但它并没有否定诉权本身。

所以笔者认为行政诉讼起诉期限制度还是应该以行政效力理论与行政效率理论作为理论基础，行政诉讼首先要以不损害公共利益与社会秩序作为前提，在这个前提的基础上最大限度地保护相对人的权益。

---

〔1〕 焦玉珍：“对行政诉讼起诉期限有关问题的讨论——兼议行政诉权之保护”，载《人民司法》2000年第8期。

四、起算点制度修改建议

（一）从权益受到侵害之日起算

通过上文案例的分析，我们得出一个结论：知道具体行政行为与知道权益受损之间可能存在时间差，以“知道具体行政行为”之日作为起算点可能不利于保障当事人的权益。

首先，负担性行政行为与授益性行政行为之分。一般对于相对人而言，负担性行政行为是否侵犯其权益是比较容易判断的，而授益性行政行为裹着一层“糖果的外衣”，让当事人难以判断其权益是否受到了损害。我们在进行规定时候应该区分这两种行政行为，对其作出不同的规定。

其次，我们必须要认识到的一个现状是：更多时候，当事人在被告知具体行政行为内容的时候，往往能够结合实践了解到自己的权益是否受到了侵害，存在时间差的现象是一种特例。虽然我们不能对相对人的法律意识给予过高的期望，但是相对人还是具有及时判断自己的权益是否受到侵犯的能力的。

最后，如果以“权益受到侵害之日”作为起算点，那么完全是以当事人主观的认识进行判断，在实践层面非常难以操作，不利于维护行政行为的效力；而且可能会造成滥诉的现象，导致司法资源的浪费。比如说前文所提到的案例就是有关征地拆迁的案件，其实相对人最终的诉求还是获取更多的征地补偿。

（二）从“知道或应当知道之日”起算，强调文书的送达及诉权告知

从外国行政诉讼法对行政诉讼期限的规定来看，行政诉讼起诉期限采取的是客观的起算点，一般是在行政决定送达后、公布后或者通知后起算。

笔者个人认为应该坚持《若干解释》第41条的精神，以文书送达或告知诉权之日起算，但是要注意行政利害关系人的权益保护问题。一般而言，除当场作出的行政行为之外，一般都要将行政决定送达行政相对人，但是并不一定告知或者送达行政利害关系人。

（三）以判决类型为基础进行行政诉讼起诉期限制度的重构

从域外对行政诉讼类型及起诉期限来看，并不是所有的行政诉讼都规定了起诉期限，一般主要是对撤销诉讼、课以义务诉讼等规定了起诉期限，因为这些诉讼一般涉及公共利益和社会秩序，但是对确认之诉没有规定起诉期

限。笔者觉得我国也应该从这个角度出发对不同的行政行为涉及的诉讼类型进行归纳和整理，设计不同的起诉期限，才能从根本解决现阶段起诉期限起算点混乱不堪的问题。

点　评

这一案例所涉及的不仅仅是起诉时效问题，还包括行政行为的终结时间点之认定、合法性不充分的行政行为之公定力问题等。首先，行政诉讼起诉时效的规定有两重目的，其一是促使相对人尽快启动相关救济程序，维护自身权益；其二是为了维护行政行为的安定性。其次，要厘清《行政诉讼法》根本目的，其目的包括四个方面：规范审判权、解决争议、保护相对人合法权益以及监督行政机关行使职权，但行政诉讼的象征意义其实大于实体意义，“民告官”的根本目的在于督促行政机关接受监督和制约。最后，关于行政机关在作出行政行为时告知行政相对人维权渠道和起诉时限是一个完整的行政行为应当具备的要件，无需争议。无论是何种形式的行政行为，也无论是通过什么方式进行告知，行政机关都必须履行，不存在不需告知的情形。

（点评人：武汉大学法学院　江国华教授）

要案检视

法官的考验：情与法的两全

——从“辱母杀人案”谈起

李　静*

摘　要： 法官严格依法裁断作出的判决有时难免得不到社会公众的认同，甚至被指责枉顾天理人情，山东省聊城市“辱母杀人案”就是典型的例子。法官有其严格依法裁判的逻辑，民意也有其愤慨的理由，司法面临情与法的困局。要经受情与法两全的考验，法官应当在准确把握案件基本事实的前提下，充分考虑案件情理与伦理因素，有效运用自由裁量权作出合理又合法的判决。

关键词： 依法裁判　天理人情　私力救济　情理最大化

2017 年 3 月 26 日，山东省聊城市中级人民法院的一个判决引爆了 3 月底到 4 月初的舆论场。因为不堪忍受催债者的纠缠和对母亲的侮辱，22 岁的青年于欢将水果刀刺向了催债者，造成了一死两重伤的后果，于 2017 年 2 月 17 日被判处无期徒刑。该案件经过《南方周末》等新闻媒体报道后，引起公众的强烈反应，认为一审判决枉顾人情人性，超越了人们可以接受的心理预期。该案不论是一审判决的法官还是接到上诉的二审法院均面临着巨大的压力，巨大的考验——如何做到情与法的两全？

接下来，我们先对案件及判决做一分析。

* 李静，武汉大学法学院 2016 级宪法与行政法硕士研究生。

一、法官的逻辑——严格依法裁判

（一）故意伤害，定罪正确

在出于义愤的致死案件中，一般来说会遭遇定性为故意杀人还是故意伤害的困境，本案亦是如此。附带民事诉讼原告人、被害人各诉讼代理人提出被告人于欢构成故意杀人罪并要求判处死刑立即执行，而公诉机关指控被告人于欢犯故意伤害罪。对于案件定性最重要的不是看有无死亡结果的发生，而在于对个案发生背景的全面分析与综合判断，因此，被告人在犯罪前、犯罪中与犯罪后的所作所为成为案件定性的关键。

对于于欢行为的定性，法官审理认为，被告人于欢被围困后，在接待室的较小范围内持尖刀对四被害人腹、背部各捅刺一刀，并没有对某一被害人连续捅刺致其死亡的行为，也没有对距其较远的其他人进行捅刺。从其当时所处环境以及对被害人捅刺的部位、刀数，结合于欢自案发当日下午起一直受到被害人方要账纠缠的状况，当公安人员到达现场后急于离开接待室的心态综合分析，于欢具有伤害对方的故意，公诉机关认定被告人于欢构成故意伤害罪符合主客观相统一的定罪要求，不能因出现了被害人死亡结果而客观归罪，定性为故意杀人。尽管有证人证明听到被告人“弄死你”之类的话，即使如此，也属在冲突过程中的斗狠之语，不能以此断定行为人有主观故意。

法官进一步认为，被告人于欢面对众多讨债人的长时间纠缠，不能正确处理冲突，持尖刀捅刺多人，致一名被害人死亡、二名被害人重伤、一名被害人轻伤，其行为构成故意伤害罪，公诉机关指控被告人于欢犯故意伤害罪成立。被告人于欢所犯故意伤害罪后果严重，应当承担与其犯罪危害后果相当的法律责任。

正如一审法官所指出的那样，在本案中，被告人在犯罪前没有任何施暴的心理与行动准备，加害行为实属事发突然；在行为过程中，所持工具虽系足以致死的水果刀，但系情急之中就地取材，并非可以选择，再加上实施加害行为后被告人的表现，因此，一审将本案定性为故意伤害而非故意杀人，于法于理均无可挑剔。

（二）无期徒刑，于法有据

关于于欢所犯故意伤害罪所应承担的法律责任，法官适用了《刑法》第234条第2款、第61条、第67条第2款、第57条第1款、第36条第1款的规定。量刑上最重要的是第234条第2款、第67条第2款。根据《刑法》第234条第2款之规定，故意伤害他人身体致人重伤的，处3年以上10年以下有期徒刑；致人死亡或者以特别残忍手段致人重伤造成严重残疾的，处10年以上有期徒刑、无期徒刑或者死刑。

关于减轻处罚还是从轻处罚，也就是《刑法》第63条和第67条的适用上，法官选择了后者，其依据首先在于对被告人于欢是否构成防卫过当的认定。根据一审判决书，法官认为于欢持尖刀捅刺多名被害人腹背部，虽然当时其人身自由权利受到限制，也遭到对方辱骂和侮辱，但对方均未有人使用工具。在派出所已经出警的情况下，被告人于欢和其母亲的生命健康权利被侵犯的现实危险性较小，不存在防卫的紧迫性，所以于欢持尖刀捅刺被害人不存在正当防卫的不法侵害前提，因此对于辩护人提出的于欢系防卫过当要求减轻处罚的意见不予采纳。

但是考虑到该案系在被害人一方纠集多人，采取影响企业正常经营秩序、限制他人人身自由、侮辱谩骂他人的不当方式讨债引发，被害人具有过错，且被告人于欢归案后能如实供述自己的罪行，根据《刑法》第67条第3款之规定，可从轻处罚。

根据刑法规定及司法量刑惯常做法，在不具备法定与酌定从轻情节的情况下，对于造成一死二重伤的故意伤害案，判处死刑是常例，判处死缓是例外。一审基于被告人坦白认罪与被害人具有重大过错，从而对其从轻判处无期徒刑。

从法律技术角度而言，本案争议的焦点在于于欢能否认定为正当防卫，或者防卫过当，但能否构成防卫过当显然是由法官根据案件事实以及正当防卫的构成要件进而作出判断，众多刑法教授、律师以及其他法学大家都进行了发声，就此角度本文不再过多阐述。

二、公众的评判——判决枉顾人情

显然，一审法院对刺杀辱母者的判决明显超出了民众的心理预期和承受能力，一时之间“辱母杀人案”成了整个社会注意力的聚集点。互联网时代，一件刑事案件引发舆论热议已不是一件新鲜事，但很少像该案件一样引起如此强烈的民意反弹。人们几乎一边倒地站在了判决的对立面，对被告人于欢给予极大的同情、理解和支持，对于一死三伤的被害人以及背后的高利贷集团一致地进行鞭挞。普通民众、专家学者通过各种渠道表达了自己的意见，不懂法的从情理、人伦道德角度表达个人诉求，懂法的从事实证据、法律条文、犯罪构成、防卫限度等进行法理解析，但基本立场大致一致——法官判决罔顾犯罪行为是在绝望情况下的人性自然反应，忽视了人情常理，生硬地适用法律，显然不是一个正当的判决。之所以会出现法院判决与民众预期背离如此之远，主要在于以下几点：

（一）被害人行为刺痛了中国伦理根本，具有重大过错

公众之所以会有如此大的反应，最重要的原因恐怕还是来自于媒体报道中所使用的一些语言，如《南方周末》中最引人关注的一句话“杜某浩脱下裤子，一只脚踩在沙发上，用极端手段污辱苏某霞。刘某兰看到，被按在旁边的于欢咬牙切齿，几近崩溃”。有人指出这是新闻媒体，采用春秋笔法对事实进行了一种加工，“极端侮辱手段”不能避免地会让人产生很多想象，这恐怕也是媒体想要达到的效果。

虽然从判决书来看，报道中提到的有些侮辱细节并未予以认定，也就是说公众最为愤怒的细节可能是带有加工色彩的。不可否认的是被害人杜某浩所实施的“将裤子脱到大腿，在苏某霞面前露出下体，将于欢鞋子脱下并往其母亲脸上捂以及说难听话糟蹋于欢母子”等行为也是违背了情理，违背了中国最根本的伦理道德的。

情理，在我国具有丰富的内涵和宽广意蕴，如人情、道理、伦理、风俗等都可以容纳在内，简单地说就是伦理人情。中国人对于伦理人情的重视具有极其深远的历史传统。一方面，中国自古以农业立国，发展出一种大陆型农业文化，是一种重视血缘伦理的宗法文化。另一方面，从中国特有的精神生活形态而言，受儒家学说的影响，敬天法祖重人伦的理念很早就支配了整个民族，同时也对中国传统法观念影响至深至巨。人们通常不是依据朝廷的法律去评判一个人言行是否非法和罪恶的轻重，而是习惯于依据自幼耳濡目染的儒教教义来评断这些。违反教义就是最无可争议的“非法”，“礼所不容，国法不容”。“礼之所去，刑之所取”，“法不外乎人情”，是人们共同的观念。〔1〕

东汉时期的烈女赵二小姐（赵娥）之所以被传统剧目赞颂不绝，正是因为她完成了一件轰动全国的壮举，亲手掐死了一位须眉大汉，为父亲报了仇。

〔1〕 参见范忠信等：《情理法与中国人》，北京大学出版社2011年版。

当时的法律禁止复仇，凡复仇杀人者要处死刑。赵娥投案自首，如依法律不难处置，但却引起了一场不小的司法风波。因为受理此案的官员十分佩服赵娥的勇气和“孝行”，竟然在法庭上频频示意赵娥逃走了事；在赵娥拒绝之后，法官无奈地命人强行将其车载回家，自己却摘下乌纱帽、交出印信，准备逃走，因为他知道自己枉法放纵杀人法罪责难逃。此二人均为一个共同的东西所驱使，这就是道德，特别是“孝亲”的道德。[1] 之后当时的皇帝听说这件事情，并没有处罚赵二小姐，也没有处罚该官员，而是对其升迁重用。尽管这个故事真假现已不能考证，当时官员做法也已与现代法治要求不符，但我们仍可以从中窥视出我国传统对于孝道的重视，因为在中国礼教体制下，孝乃是最大的伦理规则。为了彰显孝道，东汉章帝甚至规定儿子杀死以言语侮辱自己父母的人也可以豁免死刑，此即所谓“轻侮法”。

从古代的为母杀邻的孝子董黯，到近代为父报仇的施剑翘均是悖法行孝，也都是我国传统伦理中“孝子不可刑，君子不可辱”“畏法不复仇，君子所不齿”的体现。此外中国人自古就认为精神侮辱带来的“防卫的紧迫性”，丝毫不亚于生命健康权。要明白，杜某浩的行径是突破人伦底线的侮辱，手段之卑劣，性质之恶劣，超出绝大多数人的想象，严重挑战了公众的道德认知。毕竟，我们每一个人都有母亲。

而在本案中法官对于于欢从轻的两个理由中恰恰缺少了中国人最为看重的“情”——母子亲情，天理人伦。正因为中华文化是亲伦文化，在中国，父母与子女之间的关系更具有特殊的内涵，当母亲受到侮辱，尤其是受到与性有关的侮辱，无论是保护母亲还是复仇都是正常的反应，包含了人类朴素的情感，具有“情有可原”的成分。

因此本案中于欢的举动更容易受到民众的理解和同情，更容易被认定为出于对母亲的孝道，“基于义愤而杀人”；杜某浩的行为则更容易被理解成咎由自取，因为他挑战了中国人伦和情理的底线。

（二）公权力救济不到位，私力救济不能得到肯定

据《南方周末》文章描述：“判决书显示，多名现场人员证实，民警进入接待室后，说了一句‘要账可以，但是不能动手打人’随即离开。”警察出警旋即离开，是引发第二波民愤的重点。

---

[1] （晋）皇甫谧：《列女传》，又见《后汉书·列女传》。

警察的到来成为法官不认定正当防卫的一个理由，如判决书所言“在派出所已经出警的情况下，被告人于欢和其母亲的生命健康权利被侵犯的现实危险性较小，不存在防卫的紧迫性”。

但对于于欢而言，警察的出警是否真正减轻了自己和母亲被侵犯的现实危险性呢？显然是没有。据其中一位要账人证言，派出所的民警说“恁要账归要账，不能打架”，然后派出所的民警出去接待室了。于欢和苏某霞也要跟着出去，他们这边的人说“不能走，恁欠俺的钱不能走”，将于欢按在一个长沙发上……

当于欢把求援的希望放到警方身上时，他内心是期待警方帮助他们脱困的，哪怕是暂时的。但是，警察既没有带走杜某浩们进行调查，又没有将于欢母子解困，有位律师发出疑问：（警察）在遇到这种双方矛盾冲突较为激烈的情况时，是否应当第一时间先结束这种一方限制另一方人身自由的状态，迅速将双方隔离开，以防矛盾进一步激化演变成恶性事件呢？不论警察是出去了解情况还是怎样，可以说在于欢举起刀之前，警察是毫无作为的，甚至可以说正是警察的离去与毫无作为令于欢陷入了绝望，也是于欢将刀刺向讨债者的导火索之一。

但警察的不作为与于欢杀人之间是否构成因果关系，一审法院对此不仅是选择性的忽略，反而是作对于欢的不利解释。人们对于警察的失望与不满再次转移至法院——公权力救济不到位的情况下，私力救济为何得不到肯定？

首先，我们来讨论一下警察为什么会没有及时作出反应。有消息认为警察和当地黑社会势力有着千丝万缕的联系，这个不在我们已知事实范围内，同时警察也已经被调查，该因素暂不予考虑。其次，另一个公众关注点所在——高利贷的问题。目前国家对待高利贷的态度其实是较为暧昧的，国家有关民间收债的表达与实践存在差异，实质上只是禁止非法民间收债，且禁止更多为表现为语言上的禁止。一般来说只要以非暴力的方式迅速化解纠纷而不导致秩序不稳，国家事实上不可能了解相关信息，即便知道有关信息，纵然稍稍涉及暴力威胁或者轻微暴力，在可容忍的范围内——不存在严重违法或者导致社会秩序不稳——国家也会不究。不得采用暴力手段、不损害社会秩序也是国家实质上为民间收债确定的边界，因为对于双方当事人中债权人只不过希望收债获取权益，债务人合作主要是因为不愿太过冒险，这个国家一般尽在掌握之中。[1]深层次的原因还在于一方面商业银行贷款对于民营企业来说标准过高，难度过大，一些企业只能诉诸民间借贷；另一方面法院没有巨大的精力来解决此类借贷纠纷，就算所有此类纠纷诉诸法院，执行的结果也不能保障。因此该案中警察在面临讨债纠纷时的态度可以说是国家面对民间收债的态度——一般来说都是“底线执法”。只是本案中讨债一方越过了界标、触及了雷区，债务人一方也没有能力“合作”还上债务，而作为公权力一方的警察没能够认清形势，适时作出反应，进而导致悲剧的发生。

接着，我们再探讨一下警察没有起到应有作用时公民的反应。个人力量不足以自保时，公权力因而产生，同时现代国家由于国家机器的发达也在很大程度上禁止私力救济，也就是国家垄断暴力，但公权力一旦产生便独立于私权力，且往往凌驾于私权力之上，有时反而成为私权无法保障之缘由。但私力救济除了基于经济利益、当事人期望讨回公道等原因外，还有很大的可能是人面对纠纷所产生的条件反射式的即时反应，纯粹缘于生物本能和人性冲动，而公力救济则抑制了人性的冲动。

因此在公权力无法切实保障私权或者用尽公权仍无法保障私权的场合下，人们要么放弃，要么为权利而斗争，寻求私力救济，自行主持个人的正义，这种非到不得已而为之的最后救济，也就是底线救济。[2]在公权力无法保障权利、拒绝保障私权的情况下，私力救济作为底线救济是源于人性、贴近自然的基本权利，显而易见具有正当性。因而也能够获得普通民众的认可和同情。

因此当警察没有让于欢与其母亲脱离困境时，于欢寻求公力救济的努力落空，也就是说公权力没有保障到私权。那么出于本性公民自然就会使用底线救济，但是若私力救济行为被国家发现，国家仍适用原则上禁止刑事案件私力救济之原则，重新启动公力救济行为。但从根本上说，国家在作出处理时应考虑具体情况。“正当防卫”制度作为私力救济的一种，从其的立法精神来看，目的是要鼓励公民采取必要措施与不法侵害作斗争，保护自身的合法权益，从而弥补公力救济之不足。但是，如果司法实践中，将“防卫的紧迫性”标准定义过高的话，很容易消解公民对抗违法行为的勇气，这与正当防卫的立法初衷背道而驰。就本案来说，即使于欢的行为构不成正当防卫，但

---

〔1〕 徐昕：《论私力救济》，中国政法大学出版社2005年版，第240页。

〔2〕 徐昕：《论私力救济》，中国政法大学出版社2005年版，第334页。

也是出于本能的私力救济，量刑上应当予以考虑。很明显本案审判法官没有将公权力救济不到位的现实情况考虑在内，也没有对公民的私利救济行为予以适当的容忍——量刑上给予其适当的减免。

由此看来本案引起民愤也是人性使然。正是源于人性、源于人情伦理，公众对于于欢的遭遇有很强的“代入感”，也就是我们所说的同理心。一方面公众质问法官“如果是你的母亲遭受那样的侮辱，你是否也会变成杀人犯”，另一方面也在自我询问“在警察不能保护民众，没有安全感的当下，我们该如何保卫自己”。正如一位网民所言，该案件之所以群情激奋，在于我们同情于欢的遭遇，而这种同情源自于我们自身对于安全感的渴望。

在民众看来法官恰恰是规避了“事出有因”、规避了“人之常情”，作出的判决也自然难为情理所接受。

三、司法的局限——情与法的困局

从理论上说，司法是社会公正的最后一道防线，同时也是涉案各方的利益格局的最后一次矫正，理想的状态当然是出现赫拉克勒斯似的神性法官，考虑到法规范的方方面面，作出整全性的诠释，或者对立法、执法中塑造的利益格局进行综合考虑，给出恰如其分的权衡。但是法官是人不是神，尤其是作为一审法官，在整个刑事审判实践背景下要给出一个各方满意的裁决实在有些力不能及。

（一）目前刑事司法实践背景下正当防卫认定困难

如果综合案件的疑难程度和公众的关注度，那么涉及正当防卫的案件无疑会名列前茅。2005年的黄中权案、张德军案、2009年的邓玉娇案等，无不引起了媒体的广泛聚焦，也掀起了民众与法律界的激辩。无论是理论界还是实务界都承认，自1979年《刑法》颁布以来，我国的审判实践在正当防卫的认定上盛行唯结果论的倾向。其具体表现是：只要出现了受侵害人死亡的结果，法官便倾向于认定防卫人成立犯罪。尽管1997年《刑法》试图通过修改防卫限度条款，特别是引入特殊防卫权条款，对此加以纠正；尽管学者时常呼吁不应对防卫行为施加过于严苛的限制，但司法机关的上述倾向依然较为普遍。[1]有研究者从全国各级法院公示的正当防卫案件中调取了224份判决

---

〔1〕张明楷：“故意伤害罪司法现状的刑法学分析”，载《清华法学》2013年第1期。

书，并从中筛选出能够反映整个案情全貌以及权威书目收录的判决样本100份。其中，不构成正当防卫的判决书最多，为58件；认定防卫人防卫过当的判决书数量居次，为36件；判决构成正当防卫的最少，仅为6件。换言之，以正当防卫作为出罪事由的判决比率仅为6%。这一出罪率和它作为我国实定法之中仅承认的两个违法阻却性事由之一的地位颇为不符。〔1〕

这主要是由于长期以来，刑法学界和司法人员习惯于将目光集中在防卫行为及其结果，习惯于将不法侵害所损害的法益与防卫行为所损害的法益进行简单的对比，却忽视了双方法益在值得保护的程度上存在差别。这是从宏观的刑事审判背景而言。

具体到个案的法官，当造成了死伤的结果时，面对被害人家属的压力，稍有不慎，便会引火上身。本案中一般人们关注的重点在于一审法官判处于欢无期徒刑，但是注意到后面就会发现一个不太相符的附带民事赔偿：判决赔偿被害人杜某浩家属3万余元，两个重伤的被害人分别为5万余元和2千余元，这和附带民事赔偿的诉讼请求相差巨大。就目前死伤赔偿情况而言，3万元或者5万元毫无疑问是偏低的。那么法官为什么会这样判，一个很重要的原因就是于欢家已经没有赔偿能力了，这也是该案之所以发生的一个重要前提：17万元的高利贷利息还不起。既然于欢没有能力给出被害人及家属心理预期的赔偿，那么只能判处于欢“足够重”的刑罚，才能取得被害人家属心理的平衡。

就目前我国司法现状而言，取得被害人家属心理的平衡对于法官而言是非常重要的，因为除了二审改判、被害人家属上访等，最重要的是法官还要考虑到自身及亲人的安全问题，当然这是不能在判决书中体现出来的。

（二）法官职业局限性可能导致对情理的忽视

法官最重要的素质就是依法司法，根据权威性的法律规范不受个人情感影响的、平等的、确定的司法。〔2〕法官在审理案件时最基本的要求是以事实为依据，以法律为准绳，冷静、理智、不掺杂个人感情，不为外界所干扰，从书证、物证、证人证言、视听资料等证据入手，审查所有证据的客观性、

〔1〕储陈城：“正当防卫回归公众认同的路径——‘混合主观的肯认’和‘独立双重过当的提倡’”，载《政治与法律》2015年第9期。

〔2〕［美］罗斯科·庞德：《法理学》（第2卷），封丽霞译，法律出版社2007年版，第298页。

合法性、关联性，以及现有证据是否能相互印证，形成完整的证据链，从而认定案件事实。

每种职业人都会有其局限性，法官也不例外。上述法官职业所需的冷静、理智、客观、不掺杂个人感情的这些要求恰恰也是法官这个职业群体有可能的局限所在。法官的这种独立客观的素质，也就是玛莎·努斯鲍姆在其著作《诗性正义》中指出的所谓的“理性心智”，这种“理性心智”使人完全忽视了人这一动物的显而易见的一面——我们的情感。〔1〕

试想，一个刑事审判法官，每天面对太多激烈的社会矛盾，见惯了生死、离合、悲欢，如果法官对案情的代入感太过强烈，其所承受的心理压力之大，可想而知。因此，从情感上抽离，是法官对于自我心理健康的一种保护，也是独立客观审判的职业素质。正如医生如果对病人的痛苦太过于感同身受，抱有太多的主观同情，就会影响其对病情的诊断和治疗。

久而久之，这种长期的抽离，有可能会造成法官对于他人情绪感知的麻木，而局限于具体的法律技术问题，忽视了最基本的人性和一般价值，也就是平时所说的机械适用法律，易忽视人情天理。

法官这种职业上的局限是很多类似引起民意愤慨的案件的一个重要原因。我们不能断言本案中法官是由于该局限而作出的判决，但是这是一个不能忽视的原因。

当然法官也不一定就没有考虑到本案所涉及的情理问题，但对法官来说，最安全的做法还是严格司法，尽管结果可能招致千般批评。但只要初审法官守住形式法治的底线，就不会有大错，至多是业务水平高低的问题。就这一点非常像许霆案，成功将“锅”丢给上级法院，难题到了高院，或者带着高层意见发回重审。这时候，舆论纷然，“让子弹再飞一会儿”，案件已成“公案”。上级法院就更有能力把握公共政策的方向、综合各方意见，通盘考虑，凝聚共识，尽力给出一个“好”的判决。

四、法官的裁量——合法范围内的情理最大化

以上我们分析了法官作出该判决在法律上的逻辑、民意愤慨的原因，以及法官作出该判决背后可能的原因，当然有可能分析得不够全面。现在案件

---

〔1〕 参见［美］玛莎·努斯鲍姆：《诗性正义——文学想象与公共生活》，丁晓东译，北京大学出版社 2010 年版。

已经进入了上诉阶段，既然一审法官会有这样或那样的压力，那么二审法院应当如何克服一审法官所面临的情与法的困境呢？情与法的困境，有人理解为法官断案究竟是依据法律还是依据常理，这其实是个伪命题，法律不可能背离常识、常情、常理太远，因为道德伦理是作为自然法存在的，法律的正当性依据很大程度也来源于此。但是正如最高人民法院沈德咏法官提到，社会上出现的不少争议性案件，司法判决和民意之间出现了较大的分歧，有的就是因为触及伦理道德，引发道德审判。而造成这种现象很大程度上是因为有些法官机械执法，人为制造与扩大了法律与伦理、情理的困局。如何来避免或者解决这种本不应该存在的困境呢，笔者认为应当在法律允许的范围内充分考虑情理与伦理因素，有效地运用裁量权以作出一个合理又合法的判决，进而避免与解决法律的情理与伦理困局。

面对官方审判与民间审判背离如此严重的局面，司法机关首先要对自己的判决结果进行检查，在排除枉法裁判之后，就要对民众朴素的正义情感与法律的正义进行协调与调和，要做到回应民情，高度关注社情民意，将个案的审判置于天理、国法、人情之中综合考量。

同时尤其应当注意法律并不是对道德伦理、社情民意的简单认同。法律有其相对独立性和能动性，也有着不同于常识常情常理的价值取向。尤其是在刑事案件中存在罪刑法定原则，突破犯罪构成而直接以情判案是不可思议的，也是十分危险的。因此在基于情理得出初步判断之后，还要得到法理的进一步验证才有可能得出最终的法律效果和社会效果相统一的判决。

具体到本案来说，法官应当如何对情与法进行协调？

一般来说，在公众关注的公共法律事件中，实体意义上的罪名关注者较少，量刑的轻重才是公众关注点所在——本案中 22 岁的于欢被判处无期徒刑，也是公众最难以接受的地方。因此笔者认为于欢案关键问题就是法官如何运用裁量权来对于欢适当的量刑。

首先，正如上文提到的，一审判决认为针对侮辱与殴打行为的防卫前提在警察到来之后就不复存在，但实际上就算认可一审判决，否认了针对侮辱与殴打行为的防卫前提，但是否应当考虑到被害人扰乱公司经营秩序的寻衅滋事行为以及对于欢及其母亲的非法拘禁行为是否停止？就判决书所提供的信息而言，被害方并未因为警察的介入而离开现场结束寻衅滋事行为，甚至在被告人方面试图跟随警察离开现场，摆脱非法拘禁状态时公然将其拉回。

因此被害方寻衅滋事和非法拘禁的不法行为尚未结束，当然属于于欢的防卫前提，也就是于欢的防卫行为具有法律上的正当性。但由于防卫行为超出了法定的必要限制，因而属于防卫过当。这也许并不是法官自由裁量权的范畴，但也是法官在整个案件中择取重要法律事实的过程，一审法院显然是没有将上述两个事实作为认定防卫过当的考量因素。一旦认定为防卫过当就可以适用《刑法》第20条之规定，正当防卫明显超过必要限度造成重大损害的，应当负刑事责任，但是应当减轻或者免除处罚。进而根据《刑法》第63条应当在法定刑以下判处刑罚，有数个量刑幅度的，应当在法定量刑幅度的下一个量刑幅度内判处刑罚。

其次，判决时充分考虑到自己母亲被当众凌辱导致的精神痛苦，给正常的人伦情理留下必要空间。[1]案件事实已经不能还原，于欢进行防卫到底是基于殴打行为还是辱母行为，其实这已经不再重要，况且不可能将两个行为完全分开，作为一个人来说也不可能在一个行为结束以后其心理感受也就随之结束。被害方当着儿子面侮辱母亲，直接威胁到了人的基本尊严感受，践踏了人格底线，很少有人能够无动于衷、默默忍受，不具有任何期待可能性。广州的“许霆案”基于人性的弱点，再审适用了《刑法》第63条第2款之规定，犯罪分子虽然不具有本法规定的减轻处罚情节，但是根据案件的特殊情况，经最高人民法院核准，也可以在法定刑以下判处刑罚。更何况本案中于欢的行为不是出于人性的弱点，而是出于天理人情呢？一审法院将被害人这一过错情节仅仅作为了从轻处罚的考虑，二审应当重新作出考量，尊重人民群众的朴素情感和基本的道德诉求，不能违背人之常情，实现法理情的有机结合。

再次，面对全民关注、民意沸腾的案件，法官还是要回到理性的轨道上，以人同此心，心同此理为判决把脉完全正确，但是也必须把“人伦”“情理”放在法理之中进行讨论。针对许多“无罪”“免刑”的声音还是要保持理性、独立。从犯罪构成上讲，于欢主观上具有一定的合情合理正当性，但其行为客观上还是造成了一死两重伤的结果，因此是否就应当判处有些学者所说的“虚刑”也就是宣告缓刑还是应当由二审法院作出全面而慎重的考虑。

最后，正如沈德咏法官强调的，要注意把握刑事案件边际事实的独特价

〔1〕艾峥：“‘刀刺辱母者案’：司法要给人伦留空间”，载《新京报》2017年3月26日。

值。办理刑事案件首先要准确把握案件的基本事实，同时要认识到，任何刑事案件都并非孤立的事件，而是社会生活发生激烈冲突的结果。受诉法院不仅要关注案件本身的事实，还要注意分析案件发生的深层原因，深入了解和把握与案件有关的社会背景、前因后果、传统文化、民情风俗等边际事实。本案中的边际事实除了上述两点提到的被害人过错、人伦天理等，被告人于欢的人身危险性、初犯以及认罪态度等也应该考虑到量刑因素中。另外也应当考虑人民群众所关心的关于涉黑高利贷问题、警察救济不到位问题。目前涉案警察已经被立案调查是否涉嫌渎职，涉黑团伙也被追捕，尽管这是另案处理的问题，但对于这些问题的正确处理，也有助于使人民群众更为客观理性地看待二审判决。

综上，二审法官如果能在合法范围内充分考虑本案涉及的情理问题，对于欢作出合理的量刑，并予以充分的阐释，笔者认为就能够达到法律效果和社会效果的统一。

点　评

首先，情理法难三全是法官的现实困境之一，事实上，这也是承担任何角色都必须面对的挑战。其次，司法应当讲伦理，要义有三：其一，现代法治以司法为主导，其价值导向应当是引导人向善，并依法律行为、依法律生活；其二，法律的伦理就是要惩恶扬善；其三，司法应发挥其在化解社会恩怨、促进社会和谐方面的作用。本案引发了众多争议，以上述三点的视角来看，一方面是因为判决未惩恶，另一方面则是其激化了社会矛盾，引发了对立情绪。再次，就本案来看，关于法官判决是否恰当，我们需要从两个角度进行解读。其一，除了法律事实之外，在事实认定和量刑上是否应考虑边际事实？在个案中，法官原则上应当考虑。法官生活在社会之中，对基本伦理法则有自己的认识。在对案件基本犯罪构成的认定中，法官不仅在认定主观方面时会考虑伦理等边际事实，在客观方面的认定上也会有自己对现场情况的主观判断。此外，本案还有一些“边际的边际”，如高利贷、警察涉黑问题，这在个案中不宜过多考虑。其二，被告人于欢的权利受到侵犯，法律应当为此提供救济，而当公权力救济缺位时，法律赋予其自卫权，但这种自卫权应当限于正在发生的不法侵害。本案“一死三伤”的结果超出了必要限度，因而被告人应当负刑责。复次，本案中的媒体舆论值得关注。当年聂树斌案初审时的舆论是影响法官作出有罪判决的“帮凶”，而今的于欢“辱母杀人案”中舆论又再一次试图左右司法。案件审判当然可以有批评之声，但本案还未终审，对案件事实的认定还未落定，媒体与专家们的批评是立足在媒体所提供的“事实”之上的，这不合理。此外，专家的身份特殊，其对案件审理的口诛笔伐会较大影响舆论导向，因此其不宜诉诸媒体来表达意见。最后，法官等法律人应有人文关怀，但不能因此而违背罪刑法定原则。在案件审理中，法官不能基于对被告人或被害人的同情、愤怒来予以裁量，也不能因民事赔偿的多寡而影响量刑，尤其是对于重刑犯。即便是法律上有出于修复性司法考量所规定的刑事和解，也有犯罪情节轻微等严格适用要求。同时，我们需要在刑事司法制度中建立被害人的救助机制，体现国家对被害人的人文关怀。

（点评人：武汉大学法学院　江国华教授）

于艳茹诉北大案检视

——法治原则在大学治理中的适用*

彭 珮**

摘　要： 轰动一时的于艳茹诉北京大学案于2017年1月17日一审宣判，作为我国首个因论文抄袭导致博士学位被撤销的行政诉讼案件，其处理结果在我国教育行政法上具有重要意义。于艳茹案涉及的主要法律问题有：学位撤销行为的法律性质；北京大学撤销学位行为的法律依据；于艳茹案是否符合撤销情形；处理结果是否符合比例原则；撤销程序是否合法等。高校作为独立法人享有的自主办学权与其作为行政主体应受行政法约束乃至司法审查的义务之间存在着一种紧张关系，具体反映在校规的制定权和司法审查介入的限度问题上。于艳茹案一审的处理结果给司法审查介入学术领域的限度提供了很好的范例：对于高校作出的行政行为，应基于一种有层次的区分原则进行判断，协调高校的行政主体地位与办学自主权，并通过公法的制约和司法审查的有限介入，规范高校行政权力的行使，完善相关领域的权利救济，推动高等教育领域的法治化。

关键词： 于艳茹案　学位撤销　教育行政

因已发论文涉嫌抄袭、博士学位被学校撤销，申诉无果的于艳茹将北京大学诉至北京市海淀区人民法院，要求法院判令撤销《关于撤销于艳茹博士学位的决定》（下称《撤销决定》），并恢复其博士学位。2017年1月17日，

---

* 该文核心观点曾发表在《江汉大学学报》2018年第2期。

** 彭珮，武汉大学法学院2016级宪法与行政法硕士研究生。

海淀法院一审审结了此案，法院以“北京大学作出的《撤销决定》违反法定程序、适用法律存在不当之处”为由判决撤销被告北京大学作出的《撤销决定》，驳回原告于艳茹的其他诉讼请求。[1]

“于艳茹案”是我国首例因论文抄袭导致博士学位撤销的行政诉讼案件，且“北京大学”“女博士”“抄袭”等敏感词将该案推向舆论的风口浪尖，引起了公众的极大关注。作为教育行政诉讼案件的典型，本案的处理结果对教育行政法治建设具有重要意义。北京大学作出的撤销决定是何性质、实体及程序是否合法、结果是否存在明显不当等都需要撇开舆论从教育行政法视角进行深层次的专业分析。

一、撤销学位行为的法律性质

探讨学位撤销的法律性质之前，必须先明确学位授予的法律性质。目前关于学位授予的性质，学术界有两种看法：一种认为学位授予是一种行政许可行为，另一种则认为是行政确认行为。根据《行政许可法》的规定，行政许可是指行政机关根据公民、法人或者其他组织的申请，经依法审查，准予其从事特定活动的行为。行政确认是指行政机关和法定授权的组织依照法定权限和程序对有关法律事实进行甄别，通过确定、证明等方式决定管理相对人某种法律地位的行政行为。

从性质上分析，学位授予应当被认为是一种行政确认行为。详言之，学位授予指享有学位授予权限的主体对符合授予资格、具备学位授予条件的毕业生授予学位的行为。由于学位一经确定，就具有证明力、公定力和确定力，是学生具有某种学术能力和地位、身份的认定，本质上是对申请者学术水平的评判和确认，因而具备行政确认性质。

《学位条例》第17条规定了对已授予学位的撤销：学位授予单位对于已经授予的学位，如发现有舞弊作伪等严重违反本条例规定的情况，经学位评定委员会复议，可以撤销。《学位条例暂行实施办法》第18条第（八）项也规定，学位授予单位的学位评定委员会根据国务院批准的授予学位的权限有“作出撤销违反规定而授予学位的决定”的职责。由此可以看出，学位撤销是“鉴于事后发现相对人不具备申请条件（大多因相对人隐瞒事实所致）”的一

[1] 参见北京市海淀区人民法院行政判决书［2015］海行初字第1064号。

种自我纠错行为，其性质应界定为行政确认行为的撤销，而不是行政处罚。北京大学撤销于艳茹博士学位行为的性质也归于此。虽然《北京大学研究生基本学术规范》第5条[1]的规定很容易让人误解为是行政处罚，但首先行政处罚措施里面没有撤销学位的规定，而且行政处罚只能由法律或行政法规设定，在没有上位法依据的情况下，北京大学无权通过制定校规设定撤销学位作为违反学术规范的处罚措施。

二、撤销行为实体法上是否合法

（一）撤销博士学位的法律依据

《撤销决定》中载明的北京大学作出撤销于艳茹博士学位决定的依据有《学位条例》《国务院学位委员会关于在学位授予工作中加强学术道德和学术规范建设的意见》和《北京大学研究生基本学术规范》等。[2]

《学位条例》第17条规定：学位授予单位对于已经授予的学位，如发现有舞弊作伪等严重违反本条例规定的情况，经学位评定委员会复议，可以撤销；《国务院学位委员会关于在学位授予工作中加强学术道德和学术规范建设的意见》（学位［2010］9号，下称《学术道德和学术规范意见》）的第5条第2款特别指出："在学位授予工作中，学位授予单位对以下的舞弊作伪行为，必须严肃处理……（二）在学位论文或在学期间发表学术论文中存在学术不端行为……"《北京大学研究生基本学术规范》第5条第3项则规定，对于已结束学业并离校后的研究生，如果在校期间存在严重违反学术规范的行为，一经查实，撤销其当时所获得的相关奖励、毕业证书和学位证书。

由上述条款可见，《学位条例》第17条虽然提到了可以撤销学位的"舞弊作伪"情况，但未作具体展开，只是限定了一个"等严重违反本条例规定的情况"。结合《学位条例》第6条规定的博士学位授予的具体条件，笔者有理由认为，所谓的"严重违反本条例规定的情况"除了舞弊作伪外，是对条例所涵盖的学术水平标准、政治标准和道德纪律标准的严重违反；在学术水

[1]《北京大学研究生基本学术规范》第5条第3项规定：已结束学业并离校后的研究生，如果在校期间存在严重违反学术规范的行为，一经查实，撤销其当时所获得的相关奖励、毕业证书和学位证书。

[2] 参见北京大学学位评定委员会《关于撤销于艳茹博士学位的决定》（校学位［2015］1号）。

平方面，主要涉及课程考试和论文答辩环节。[1]

相比《学位条例》，《学术道德和学术规范意见》规定得更为具体，以后者为标准，除博士论文以外，其他在学期间发表的学术论文存在的学术不端行为也属于《学位条例》中规定的“舞弊作伪”，必须严肃处理。但这个严肃处理，显然应当结合行为性质的严重程度进行，如果是学位论文存在学术不端行为，则应根据具体情况取消其答辩资格或答辩成绩，不予授予或者撤销已经授予的学位；但若是其他在学期间发表的学术论文存在学术不端行为，则应取消该篇论文作为申请学位论文答辩的资格，并根据情节轻重给予警告、记过等处分，如前所述，这里的处分是不应包括撤销学位的。

根据以上的分析，若将《北京大学研究生基本学术规范》第5条第3项的规定理解为行政处罚，则存在在没有上位法依据的情况下，北京大学通过制定校规擅自设定行政处罚的嫌疑；若理解为对行政确认的撤销，则此规定应符合《学位条例》的规定和立法精神，那么此处的“在校期间存在严重违反学术规范的行为”应当限缩解释为“学位论文或者构成学位论文答辩前提的学术论文存在严重违反学术规范的行为”。因此，构成于艳茹博士学位撤销要件的舞弊作伪行为，应当限定在博士学位论文及作为申请答辩前提的“发表或被接受发表两篇论文”[2]范畴内，不能任意扩大。[3]

（二）是否符合撤销要件

判断于艳茹案的情形是否符合撤销学位要件，关键不在于艳茹的涉案论文何时发表，是否在校期间发表，而是在于该论文的发表是否构成于艳茹申请答辩的前提、取得博士学位的必要条件，若涉案论文与于艳茹取得博士学位无关，北大不能因为于艳茹毕业后发现的“道德品质”问题撤销其博士学位。结合案情可知：

涉案论文与于艳茹申请博士论文答辩不存在实质关联。根据《学位条例》

---

〔1〕《学位条例》第6条：高等学校和科学研究机构的研究生，或具有研究生毕业同等学力的人员，通过博士学位的课程考试和论文答辩，成绩合格，达到下述学术水平者，授予博士学位：（一）在本门学科上掌握坚实宽广的基础理论和系统深入的专门知识；（二）具有独立从事科学研究工作的能力；（三）在科学或专门技术上做出创造性的成果。

〔2〕《北京大学关于博士研究生培养工作的若干规定》中规定，北京大学关于博士研究生培养工作的若干规定、在核心刊物上至少发表或被接受发表两篇论文。

〔3〕参见湛中乐、王春蕾：“于艳茹诉北京大学案的法律评析”，载《行政法学研究》2016年第3期。

第 6 条的规定，于艳茹获得博士学位的条件是通过博士学位的课程考试和论文答辩，结合《北京大学关于博士研究生培养工作的若干规定》的规定，博士生应当在申请学位之前，以第一作者身份、在核心刊物上至少发表或被接受发表两篇论文。实际上仅在 2012 年，于艳茹就公开发表了 3 篇符合北京大学学位授予条件的历史学学术论文，满足了申请答辩的必要条件。而涉案论文虽然在其申请答辩时列入了申请材料，但由于在当时尚未公开发表，并不构成于艳茹申请博士答辩的前提。由此可知，无论这篇论文是否属于“舞弊作伪”或“剽窃抄袭”，以“非博士论文过错”而撤销其博士学位都是不合理的。

（三）是否符合比例原则

北京大学撤销于艳茹学位所依据的《学位条例》突出“可以”二字，并非强制性规范。根据现代行政法的精神，但凡涉及公权力作出对私主体不利益之行为，均必须遵循比例原则。比例原则系由 20 世纪 80 年代奥托·迈耶提出的行政法内容的合目的性要求〔1〕发展而来，奥托·迈耶在《德国行政法》中也明确指出，逾越必要限度即是违法。因此高校在作出关乎学生身份等重要权益的决定时，应根据情节严重程度进行合理的裁量。比例原则之底线是伤害最小，而撤销学位对于任何学生、学人、学者而言，都是致命伤害。本案中于艳茹的博士论文及在学期间其他各项科研成果并无舞弊作伪现象，且其已完成论文答辩，达到获取博士学位的要求，仅凭一篇“非博士毕业相关论文”涉嫌抄袭就断定其不符合博士学位授予条件而直接撤销其博士学位，是对相对人利益的严重伤害，不尽然符合比例原则。

三、撤销行为程序上是否合法

相关法律法规虽然未对撤销博士学位的程序作出明确规定，但撤销博士学位涉及相关人重大切身利益，必须按照行政法的基本原则做妥善处理。因此，北京大学在作出被诉《撤销决定》之前，应当遵循正当程序原则，在查清事实的基础上，充分听取于艳茹的陈述和申辩，保障于艳茹享有相应的权利。从本案双方当事人在一审中提交的证据来看，北京大学的撤销学位行为存在诸多程序问题：

（一）决定作出的理由不充分

根据《学位条例》第 17 条规定和《学位条例暂行实施办法》第 18 条第

〔1〕参见吕新建：“行政法视域下的正当程序原则探析”，载《河北法学》2011 年第 11 期。

8 款的规定，学位评定委员会是学位撤销的决定机构。在本案中，在北京大学学术评定委员会作出最终决定前，更为专业的北大历史学系受北京大学研究生院的委托组成了一个调查小组，此调查小组对这篇文章是否属于抄袭展开了调查，邀请了校外专家参与，且涉案研究生的指导教师根据规定进行了回避。调查完成后，历史学系学位评定分委员会提出了初步处理意见——5 人赞同撤销其博士学位、7 人反对撤销学位而认为应当撤销相关学术奖励，有 1 人弃权，但随后校学位评定委员会的投票结果却是 20∶0，一致认为应撤销于艳茹的博士学位。[1]从“5∶7∶1”到“20∶0”，校与院（系）的处理意见如此迥异，令人质疑。诚然作出是否撤销学位的决定主体应当是学位评定委员会，但该决定作出的前提应是对是否构成抄袭事实的认定。很明显，判断涉嫌抄袭文章是否构成抄袭应当是个学术问题，相较于校学位评定委员会的委员而言，历史学系学位评定分委员会的委员对这篇论文具有更为专业的审查能力。校学位评定委员会诚然拥有改变院系处理意见的最终决定权，但应当公开其作出决定的具体依据，并进行充分的理由说明，否则其作出撤销决定的合理性必然遭受质疑。[2]

（二）撤销过程不符合法律规定

根据国务院《全面推进依法行政实施纲要》，行政机关实施行政管理，应当注意听取公民、法人其他组织的意见，要严格遵循法定程序，依法保障行政管理相对人、利害关系人的知情权、参与权和救济权。就此，行政机关在作出决定时应当充分保障行政相对人的合法权利，允许其对有利害关系的问题进行陈述和申辩。结合我国法律法规和文件的相关规定以及《北京大学研究生基本学术规范》第四章对撤销学位程序的具体规定，北京大学在对相对人作出撤销学位的行政行为时，一般要经过受理、调查、告知、听取陈述和申辩、决定、告知救济权利与送达等程序。

就本案来看，2014 年 8 月 17 日《国际新闻界》编辑部将于艳茹涉嫌抄袭的情况通报其所在单位北京大学后，北京大学研究生培养办公室受理了该举报，经研究生院院务会讨论决定正式开展调查。北京大学历史学系受研究生

---

〔1〕 参见“北大女博士‘抄袭门’争议”，载《南方都市报》2015 年 4 月 9 日。

〔2〕 参见湛中乐、王春蕾：“于艳茹诉北京大学案的法律评析”，载《行政法学研究》2016 年第 3 期。

院委托组成了调查小组对这篇文章是否属于抄袭展开了调查，并提出了初步处理意见。这一处理建议被送交研究生院培养办公室，研究生院审核后提出了处理报告，并交给北京大学校学位评定委员会。北京大学校学位评定委员会于 2015 年 1 月 9 日决定撤销于艳茹博士学位，并于 1 月 14 日向于艳茹送达了撤销决定。于艳茹根据《北京大学研究生基本学术规范》的规定，于 1 月 20 日正式向北京大学学生申诉处理委员会提出申诉。2015 年 3 月 16 日北大学生申诉处理委员会作出了维持原处理的决定。

其中，北京大学虽然在调查初期与于艳茹进行过一次约谈，向其本人了解过情况，但此次约谈系北京大学专家调查小组进行的调查程序，此后未通知其向北京大学校学位评定委员会申辩，北京大学校学位评定委员会在作出《撤销决定》前未充分听取于艳茹的陈述和申辩，亦未经举证质证过程就作出了《撤销决定》。虽然北京大学称在之后的申诉过程中申诉处理委员会听取了于艳茹的申诉理由并以此作出维持原处理的决定，但学位撤销是学位评定委员会的职责，向申诉委员会申辩与向学位评定委员会申辩有本质不同。于艳茹向学位评定委员会申辩的权利始终未得到补救。因此，不能排除于艳茹通过行使其申辩权使北京大学学位评定委会作出相反决定的可能。因此，其作出的对于艳茹不利的《撤销决定》，有违正当程序原则。

因此，在调查和处理过程中，北京大学没有及时向相对人公开相关事实和理由，也没有在作出学位撤销决定之前给予其申辩的机会，严重违反了正当法律程序，且已然达到侵害行政相对人合法权益的程度。

四、法院处理结果及其启示

2017 年 2 月 17 日，海淀区人民法院对于艳茹案作出了一审判决，判决以北京大学作出的《撤销决定》违反法定程序、适用法律存有不当之处为由，撤销了《撤销决定》，并要求北京大学依照相关规定重新进行处理。[1]此外，法院依法驳回了于艳茹要求恢复其博士学位证书法律效力的诉讼请求。

从田永案到刘燕文案，再到于艳茹案，对于部分学者质疑的司法审查介入正当性问题，司法实务已经给出了较好的进一步回答。历史上，我国高校凭借《教育法》第 28 条和《高等教育法》第 11 条的依法授权取得自主办学

〔1〕 参见北京市海淀区人民法院行政判决书［2015］海行初字第 1064 号。

权，其内部的管理关系一直是自主决定的事务，免于国家机关尤其是司法机关的干预。随着学生权利意识的觉醒，越来越多的学生因不服学校的管理而将学校诉诸法院并获得法院支持，高校与学生的关系也从命令-服从模式向管理-参与模式转变。传统的高校自治理论受到挑战，被迫从秩序目的取向的特别权力关系理论，慢慢演化成一种类似于“二分理论”的“有限行政关系”，朝着更注重个人权利保障的方向发展。且值得一提的是，在涉及高等教育内部决定事宜的案件中，法院并没有替代高校作出决定，而是审慎地把握了司法介入的空间，既保障了行政相对人的司法救济权利，也尊重了高校对其内部事务的决定权。以于艳茹案为例，法院是基于高校决定之法律依据的严重缺陷和程序问题判令其重新作出决定，从而避免了受到干预学术判断的指责，对解决长期以来高校的自主办学权与其作为行政主体应受司法审查之间的矛盾做了很好的示范。

（一）特别权力关系理论及域外流变

传统高校自治理论认为，高校与其管理的学生之间形成的是一种“紧密型持续关系”，即存在着一种特别权力关系。该特别权力关系是一种特殊公权力，排除依法行政、法律保留原则的适用，可以在没有具体法律依据的情况下限制相对人的自由，干涉其权利，且对于权力之内容不得作为争讼的对象。但这种霸权理论与自由、民主、人权等现代法治精神相悖，在乌勒（C. H. Ule）提出基础关系与管理关系二分理论后，国外大多数法院在处理高校与学生纠纷诉讼上，不再实行“一刀切”，而是视高校所作行为对学生基本权利所产生的影响而定。〔1〕“基础关系与管理关系”二分法认为，特别权力关系可以分为基础关系与管理关系，前者如相对人身份的设定、变更或终止公务员任命、免职、命令退休，学生入学许可、退学、开除以及财产上的关系如薪俸、退休、抚恤。后者则指“单纯之管理措施诸如公务员之任务分派，中小学或大专学生之授课或学习安排有关事项”，这类措施不涉及相对人的个人身份，其法律地位亦不受影响。〔2〕

在基础关系下，由于涉及公民基本权利，有关基础关系的法规皆属于法律保留的范围，基础关系的行政处理都可以向行政法院提请司法审查；在管

〔1〕 参见张彬：“论我国高校自治权运行的宪法规制”，载《当代教育理论与实践》2013年第11期。

〔2〕 湛中乐：“再论我国公立高等学校之法律地位”，载《中国教育法制评论》2009年第00期。

理关系下，允许行政权享有自由空间，所定规范不必经法律授权，管理关系下的处置只能通过内部申诉途径解决，不受法院的审查。由于基础关系与管理关系不易厘清，1972年德国联邦宪法法院通过司法判例提出了“重要性理论”，即只要特别权力关系中的行为涉及基本权利的重要事项，不论其是基础关系还是管理关系，都应受法治国原则支配，以法律规定，并接受司法审查。〔1〕

域外特别权利关系理论发展的背后，是价值天平上秩序甚至是效率对基本权利保障的重大让步，也是人以及人的权利作为目的而非维持秩序的手段的一大胜利。就我国现今所发生的一系列学生诉高校侵权的案件来看，被诉的高校行政行为俱对学生的受教育权之实现产生了根本影响，如决定不予授予学位或撤销已授予的学位。在此类基础关系或曰涉及基本权利的案件中，高校自治权与学生受教育权之间关系紧张，且此时高校大多依据自主办学的规定抵制司法审查的介入。自治权本身就是一把双刃剑，其在制衡国家公权力的同时必定也会对公民的权利形成一种威胁，特别是学生的受教育权。就学位撤销而言，其处理结果关系学生受教育权的实现，对学生利益影响深远，高校在依授权行使该权力时，必须遵循行政法的基本原则，尤其要遵循依法行政原则、比例原则和正当程序原则。而弱小的权利无法独立监督权力的行使，必须依靠国家公权力机关对其进行审查监督。因此，在发生纠纷时，法院应当对高校作出的行政行为进行审查，一方面审查该行为作出的程序的合法性，另一方面，还应当对其所依据的校规进行审查。高校依据其制定的校规对行政事务作出处理时，可能直接关涉宪法所保障的公民基本权利实现与否。对校规中的权利限制规则——其内容可能影响或已经影响到作为受教育者的公民的受教育权、财产权、人身权、自由权、隐私权、申诉权等基本权利——应当实行法律保留，限制高校进行“再立法”的空间维度，防止高校自治权膨胀侵害公民的基本权利。

诚然高校自治是高校进行自我管理所必不可少的，但高校自治也需要法律规制，即实现高校法治。〔2〕高校法治并不完全排斥特别权力关系理论，但需要吸收其合理内核，并做出一定的改良。通过引入法律保留、司法救济以

〔1〕 参见刘素楠、吴铭：“北大女博士‘抄袭门’争议”，载《南方都市报》2015年4月9日。

〔2〕 参见刘庆、王立勇：“高校法治与特别权力关系”，载《政法论坛》2004年第6期。

及正当程序原则和禁止权力滥用原则等，完善我国的高校法治理论，通过教育行政法的规制，完善对学生管理权的法治化，力求达到高校有效自治与公民基本权利保障的有利对接。

（二）司法审查介入的有限空间

尽管认同司法审查介入高校行政纠纷领域的正当性，我们也不得不承认，大部分涉及高校管理领域内的事务，高校确实比法院拥有更多的专业素质和便利条件来判明是非。司法是最后一道防线，也意味着司法是最弱的防线，特别是在涉及高校自治的领域，司法着实难以、也不应干预。以于艳茹案为例，法院依法驳回于艳茹要求恢复其博士学位证书法律效力的诉讼请求是正当的，因为法院虽有义务救济行政相对人的基本权利，但确定能不能给于艳茹恢复博士学位仍属于高校自主决定的事项。法院一则不具备相应的专业知识，二来超越法律明确规定的学位授予主体决定学位相关事宜，实属越权，有干预学术判断之虞。

如此，对于司法审查可以介入高校“办学自主权”的范围则可以这样划分：按高校的管理行为对被管理者的权利影响程度来分，凡可以认为未对被管理者的权利义务产生一定程度实际影响的，而又能在授权上获得至少是概括性的模糊授权的，均可纳入“办学自主”的范围内，排除司法审查。如高校基于行政管理的需要，通过在学生取得优异成绩时予以奖励，在其未通过相关课程考试时不予其毕业等措施督促其专心完成学业，又或是设置相应的课程改革以更好地实现教学目的等。而在公立高等学校作出行政权性质的管理行为时，若这一行为对相对人的某些权利义务产生根本性的影响，即应视为行政行为，在发生纠纷时需要司法的介入，审查行政行为作出的程序是否合法、作出该行为的依据是否合法，但行政行为中的纯粹学术判断部分可以排除外部审查。

因此，对于司法审查是否应当介入高等教育领域应基于一种有层次的区分原则进行判断：针对属于高校自治权范围内的事务，应当排除行政权特别是司法权的干扰，令其就在申诉环节就定纷止争，这要求高校完善自己的内部申诉程序，提高自治能力，实现更好的教学管理；针对影响公民基本权利实现的具体行政行为，则应当和作出该行为的依据一并纳入司法审查范围，以充分保障公民基本权利的实现。

五、结语：反思我国高等教育行政纠纷解决现状

于艳茹案虽为个案，却有力地反映出我国高校内部纠纷处理机制的不完善。就目前来看，高等教育行政纠纷解决有三大途径——教育申诉、教育行政复议和行政诉讼。在本案中，于艳茹在收到北大撤销决定其博士学位的通知时，先向北京大学学生申诉处理委员会提出了申诉，申诉未果随后又向北京市教委提起了行政申诉，不服其处理结果最后选择了向人民法院提起行政诉讼，其过程可谓是一波三折，也折射出我国教育行政纠纷解决特别是教育申诉制度的诸多问题。

根据《教育法》和《普通高等学校学生管理规定》的有关规定，教育申诉可以分为校内申诉和行政申诉，分别由学生申诉处理委员会和学校所在地省级教育行政部门受理。《普通高等学校学生管理规定》第 62 条规定：学生申诉处理委员会对学生提出的申诉进行复查，并在接到书面申诉之日起 15 个工作日内，作出复查结论并告知申诉人；需要改变原处分决定的，由学生申诉处理委员会提交学校重新研究决定。然而，由于缺乏具体的实施细则和程序规定，如申诉过程中回避、听证等规则的缺失，直接导致校内申诉机制在实践操作中很难发挥作用，再加上申诉受理机构属于高校自身的内部机构，其监督的实效性备受质疑，很大程度上影响了申诉的公正性。以本案为例，北京大学学生申诉处理委员会能否改变校学位评定委员会的决定，其是否拥有对学术纠纷进行实质性审查的能力，都值得推敲。

至于行政申诉，也存在很多实际问题。《普通高等学校学生管理规定》所规定的受理部门——学校所在地的省级教育行政部门处境尴尬，若作出改变原处理的决定，一般很难得到有效执行，出于维护其权威的现实考虑，教育行政部门往往以“申诉事项属于高校自主权为由”拒绝行使职权或直接作出维持原处理结果的决定，这必然导致该制度功用大打折扣。事实上，就本案而言，北京市教委能否对“副部级高校”——北京大学的决定予以改变或撤销，本身便是存在疑问的。

由以上看来，行政诉讼似乎是解决教育行政纠纷最有效且唯一的途径。实则不然。法院并非万能，特别是在涉及高校自治的领域，司法不能轻易干预。根据乌勒所提出的基础关系与管理关系二分理论，高校在行为的过程中所表现出来的并不总是基本权利与权力间的博弈，还可能是一种基于其团体

组织性而自然所享有的对其成员或团体本身的管理行为，而这种管理行为损害的只能是公民的社员权，通过内部申诉即可，而无需法院介入。在处理教育行政纠纷时我们应当考虑到高校角色的多重性，司法的干预应当保持克制的态度，对于一些并不涉及学生基本权利的内部处分如警告、记过等应当尊重学校的判断；对于某些极为重要的权利的救济则需要司法的介入，审查行政行为作出的程序是否合法，作出该行为的依据是否合法，但对行为依据的审查应当严格坚持有限审查原则，切不可随意扩大。

点　评

首先，关于撤销学位的性质问题，从行为后果来看，似乎有处罚的意味，但根据处罚法定原则，《行政处罚法》《教育行政处罚暂行实施办法》等都没有列举撤销学位的情形，故不是处罚。那么应当将其称为“撤销”还是“撤回”更为恰当呢？撤回和撤销最大区别在于法律后果，撤回的不利后果由行政机关来承担，若因撤回给相对人带来损失的话，则应当补偿相对人，被动撤销同样如此。若是主动撤销，当相对人采取欺骗、蒙蔽等不良手段骗取许可时，由相对人承担相应不利后果；若是由于行政机关过错导致时，则由行政机关承担。所以，本案撤销学位的性质用撤销更合适一点。其次，既然是撤销行为，行为性质不同，程序要求也不同。若界定为撤回，则无需听取于艳茹意见，其决定不违反程序；若界定为撤销，也存在不同程序。主动撤销时，若行政机关存在过错，由机关承担不利后果。主动撤销与被许可人无关，也不需要听取其意见。但是，涉及相对人通过欺骗、蒙蔽等不良手段来获得许可时，相对人需要承担惩罚性后果。此种撤销需要遵循更为严格的法定程序，可以比照行政处罚的相关依据。抄袭事实是撤销的事实依据，其认定应当由专门学术机构行使，单凭杂志社的抄袭报道认定其为抄袭，证据不足。再次，处罚法定，撤销也应当法定。学位权是受教育权的有机组成部分，甚至处于绝对核心地位，学位撤销权是否有相关法律规定？很显然，《学位条例》等并未明文规定，撤销缺乏法律依据。以北京大学相关学术规范作为支撑撤销于艳茹博士学位行为的法律依据并不够，学位撤销的法律依据至少应当为行政法规。同时，作出影响到被撤销人重大权利的行为，须听取被撤销人的申辩，甚至应当就该行为采取公开辩论程序。复次，法院判决理由为何专注于程序不当？一般来说，当事人起诉目的是要求北京大学撤销不当决定。

只要选择一条能够达成目的即可。法院只要找到一条最直接的理由，来否定行政机关行为的合法正当性即可。其中的实体问题，涉及学术判断等其他因素，可能会浪费司法资源，诉讼时间会延长也可能招致司法干预学术的嫌疑。程序不当实际上是法院解决涉及招生、就业、学位、公务员招考案件中的“大箩筐”。最后，于艳茹有无过错？当然存在过错，但是这个过错没有达到撤销学位程度，撤销决定违反了罚过相当原则。

（点评人：武汉大学法学院　江国华教授）

“无证收购玉米案”检视

——不确定法律概念的法律解释

邵方琦*

摘　要：近期无证收购玉米的农民王力军经过再审后被改判无罪反映了我国司法机关对个案的纠正的积极态度和对司法公平正义的不懈努力，但是此案也折射出另外一些问题，其中争议的焦点之一就是对《刑法》第225条第4项“其他严重扰乱市场秩序的非法经营行为”及其他“口袋条款”中的不确定法律概念的理解和适用问题。本文以“无证收购玉米案”为视角，分析了对不确定法律概念进行法律解释的必要性、可能性，在此基础上又论证了解释的原则、方法和监督机制，最后对是否应当赋予法官个案解释权作了探讨以期待能更好地构建司法的公平正义，为我国的法治建设添砖加瓦。

关键词：非法经营罪　不确定法律概念　解释　个案解释权

一、案件引入

（一）基本案情

2014年11月开始，王力军在没有粮食部门和工商部门行政许可的情况下，从附近农户家里收购玉米达4个月左右，然后卖给巴彦淖尔市的粮油公司，经手数额为21万元，纯盈利6000多元。被巴彦淖尔市临河区法院以非法经营罪判处有期徒刑1年，缓刑2年，并处罚金人民币2万元，追缴非法获利6000元。该案经媒体报道后，引起广泛讨论。最高人民法院依法指令巴

* 邵方琦，武汉大学法学院2016级宪法与行政法硕士研究生。

彦淖尔市中级人民法院再审此案。2017 年 2 月 13 日，巴彦淖尔市中级法院依法公开审理王力军非法经营案并改判无罪。[1]

再审过程中，检察官提出，第一，原审被告人王力军非法收购粮食的行为具有行政法上的违法性。王力军未取得粮食收购资格，未向工商行政管理部门办理登记而收购并销售玉米，违反相关行政法规规定。《粮食收购资格审核管理暂行办法》规定：“凡常年收购粮食并以营利为目的，或年收购量达到 50 吨以上的个体工商户，必须取得粮食收购资格。”王力军向农民收购玉米的数额超过规定数额 50 吨，王力军未依法获得粮食收购许可却收购玉米的行为违反有关规定。第二，原审被告人王力军的行为虽然具有行政法上的违法性，但不具备《刑法》规定的刑罚的必要性，因为此行为的危害性并不与《刑法》第 225 条规定的非法经营罪的危害性相当。因此，法检两方也达成共识，即王力军的行为仅为一般行政违法行为，而不具有刑事处罚的必要性。

（二）案件争议焦点

1. 对非法经营罪第 4 项的理解

非法经营罪是经济转型时期遗留下来的罪名，而当时保护法益处在计划与市场之间，这个法益显然与现在的社会经济状况不相匹配。非法经营罪的前身是投机倒把罪，当时的制定背景是计划经济，这个罪也是一个口袋罪，一方面，这个罪名覆盖范围广；另一方面，除了规定了具体的 11 项投机倒把行为外，还规定了一个兜底条款。与它的前身投机倒把罪相比，非法经营罪缩小了犯罪行为的范围，提升了法的稳定性和可期待性。但是，非法经营罪第 4 项仍保留了兜底性条款，给执法机关和司法机关开了一个口子。

《刑法》第 225 条规定的非法经营罪，是指违反国家规定，故意从事非法经营活动，扰乱市场秩序，情节严重的行为。司法实践中，对非法经营罪的前三项内容的理解基本上达成了共识，但第 4 项的规定给“自由裁量”留出了不限定空间，致使大量与经营有关的案件都被适用该条款定罪，也可能导致同案不同判的隐忧，因此非法经营罪有被扩张滥用的危险。

最高人民法院在谈到指令本案再审的理由时明确指出，《刑法》第 225 条第 4 项是在前 3 项明确列举的基础上所规定的一个“兜底性条款”，在司法实践中适用应特别慎重。“相关行为需有法律、司法解释的明确规定”，并且违

---

〔1〕 刘昌松：“玉米案再审　意义重大”，载《光明日报》2017 年 1 月 4 日。

背第4项的犯罪行为应具备与前三项规定行为相当的社会危害性和刑事处罚必要性才能作为犯罪来处理。换言之，只有在存在法律、司法解释的明确规定和先例的时候，才能适用第4项的规定。

2. 对于此案行为社会危害性的理解

首先，本案是法定犯而不是自然犯。自然犯是指明显违反伦理道德的传统型犯罪，如故意杀人、故意伤害、盗窃等罪行；法定犯是指侵害或者威胁法益但是没有明显违反伦理道德的现代性犯罪，非法经营罪就是典型的法定犯。此类犯罪是伴随着社会发展进步而衍生的犯罪行为，即国家将原本并不违背基本伦理道德标准的行为纳入刑法调整范围，普通民众仅凭常识难以判断其行为性质。其次，该行为是当地普遍现象。无证收购玉米在当地是普遍现象，是很多农民维持生计的手段，这种行为不仅在当地，在全国各地的农村地区都是普遍现象。将分散的农户粮食集中起来，是一件奔波吃苦、靠气力挣钱的事，但这样却促成了粮食流通渠道的多元化，适当缓解了农民“卖粮难”的情形。而在这样的社会背景下，普通的农民自然很难认识到无证收购玉米是违法行为。再次，如最高人民法院批示的那样，收购玉米的行为不但没有社会危害性反而对社会有益。最高人民法院称其“从粮农处收购玉米卖予粮库，在粮农与粮库之间起了桥梁纽带作用，没有破坏粮食流通的主渠道，没有严重扰乱市场秩序”。可见，最高人民法院指令再审本案，在遏制非法经营罪被滥用和无证照收购粮食的一系列案件中，有可能成为一个指导性案件。最后，无证收购玉米案一审当时，《粮食收购资格审核管理暂行办法》已经修订，根据刑法中已达成相当共识的保障人权的原则——有利于被告人原则，应当适用新修订的《办法》。

为了了解非法经营罪第4项这个“口袋条款”的适用情况，笔者做了一个小型样本分析。笔者使用的是北大法宝数据库的“司法案例”高级搜索功能。在案由上，选择的是非法经营罪；在文书类型上，选择的是“判决书”选项；另外在全文搜索上采用精确搜索的方式分别搜索了“第二百二十五条第四项”和“第二百二十五条第（四）项”[1]，由此得到的结果分别是4条

〔1〕 因为精确搜索对文字顺序和使用的标点符号要求比较高，也相对没那么灵活，为了尽可能地保证搜索的完整性，所有列举了可能的情况并一一列举和分析。

和76条。按照北大法宝数据库的"参考级别"〔1〕从高到低的顺序选取了10个案例列举如下。〔2〕

序号	案例编号	主要犯罪行为	涉案金额
1	江苏省南京市中级人民法院(无具体编号)	出版非法互联网出版物，牟取巨额非法利益	1 989 308.6元
2	[2016]甘0503刑初字33号	非法经营机动车驾驶员培训	420 420元
3	[2016]粤1302刑初83号	没有取得药品经营许可证的情况下通过淘宝网销售药品	195 000元
4	[2012]江永法刑初字第139号	非法经营六合彩	55 470元
5	[2007]泉刑终字第1010号	设立公司以定期还利、高额折让为名吸引群众成为业务员的方式，发展大量会员形成销售锁链，从而进行经营牟取巨额利益	1900余万元
6	[2003]宝刑初字第563号	非法经营网站提供赌博服务，并吸纳会员注册收取会员费	4 172 407.25人民币、5100元港币
7	[2016]闽08刑终197号	非法经营六合彩	584 210元
8	[2014]丹刑二终字第00057号	公司所需外汇从"黑市"（个人手中）兑换	395 330.7美元
9	[2011]汝刑初字第76号	非法经营六合彩	132 000元
10	[2017]浙0302刑初47号	非法经营六合彩	82 400元

因为搜索选项的设定存在主观性和客观性，所以笔者列举的样本必然会出现挂一漏万的嫌疑，但这不影响对非法经营罪第4项在实践中适用的大致

〔1〕 北大法宝数据库按照指导性案例、公报案例、典型案例、参阅案例、法宝推荐、普通案例的顺序给案件进行排序，这个顺序的标准应参考了案件的影响程度、法院的审级、涉案金额等各种因素。

〔2〕 截至2017年3月28日的搜索结果。

了解。由上表列举的样本，不难发现，这些案件涉及的犯罪行为具有明显的犯罪性、情节比较恶劣，是人们按照常识都能理解的犯罪行为。从普通人的角度也能看出，法官在适用《刑法》第225条第4项定罪量刑时，案件所涉的行为通常较恶劣，金额较大，具有足够的社会危险性，危害程度基本与法条前三项列举的危害性相当。

酿成“无证收购玉米案”这一错案的原因纷繁复杂，然而其中一个重要原因就是对“非法经营罪”的理解和适用错误，这个错误的缘起于这个罪名的第4项中含有不确定法律概念。杨仁寿先生认为，所谓不确定之法律概念是指需要审判者在具体个案中斟酌情事、予以价值判断才能确定之概念，如重大事由、显失公平，或以其他方法等。还有一些条款，仅做了原则性规定，在司法实践中还须法官发挥自由裁量权加以理解，如诚实信用原则、权利不得滥用等。这些条款被称之为概括条款。〔1〕

二、不确定概念的法律解释

1997年颁布的《刑法》增加了一系列破坏社会主义市场经济秩序的罪名。但实践中，司法机关审理相关案件，许多要依照行政法规或其他规范性文件来处理案件。令人担忧的是，在《刑法》条文中，出现了大量“授权性条款”和“兜底性条款”，司法机关不得不对《刑法》“兜底性条款”作出司法解释并且还需要对规范性文件是否符合法律本意而加以审查，增加了更多人力、物力、财力资源的投入。〔2〕除了《刑法》中有不确定的法律概念外，其他的部门法也会出现这样的情形，因此在适用法律过程中，也会由包括但不限于司法机关的其他有权机关对法条来进行解释，这种方法对明晰法律概念对法律的适用、对司法的公平正义、对公民权利的保障都有极其重要的意义，“法律的解释，可使法律具体化、明确化及体系化……其概念不确定者，宜予具体化，以维护法律的安定；如其规定不明确，易引起疑义或争议时，亦必须加以阐明，使之明确化”。〔3〕本文旨在研究对不确定法律概念进行法律解释的原则、方法、路径及监督机制以期弥补立法者遗留的漏洞以更好地维护司法的公平正义。

---

〔1〕 杨仁寿：《法学方法论》，中国政法大学出版社2013年版，第136页。
〔2〕 乔新生：“司法如何与经济发展并肩而行”，载《人民法院报》2017年1月5日。
〔3〕 杨仁寿：《法学方法论》，中国政法大学出版社2013年版，第134页。

（一）不确定概念解释的必要性和可能性

法律概念是法的最基础要素。法的适用在很大程度上就是法律概念的解释和应用。为什么法条会含有不确定的法律概念存在？是立法技术的缺失吗？还是给想要灵活利用法律的“有心人”留下了一个豁口？这些问题不能简单地一概而论。

其实，不确定法律概念的应用也是有积极功能的，首先，法律文本不能对事实、状态作一个完全贴合的情况假设，其中必定含有不确定法律概念，这与法律的普遍性、一般性相适应。法律的一般性是自由与公平的保障。〔1〕不确定法律概念对现实生活具有较大的包容性，才能涵盖更为广泛的对象范围。法律是对过去行为方式的概括总结，所面向的却是未来，这种矛盾可能导致法律本身的滞后和空白，极为精准的语言只能适用于从过去到现在还没发生变化的事实。其次，不确定的法律概念赋予法官自由裁量权，“实际上，司法裁量权不应该被视为一种洪水猛兽，无视法律的模糊性和不确定性，将会导致一种虚假的依法司法”。〔2〕但是我们必须承认的是，不确定概念的产生显然也与立法者疏忽、未预见或情势变更相关。

1. 解释的必要性

（1）完善法律的适用。模糊的法律概念的可变性导致法律运用时可能有不同的理解与适用，在案件审判过程中就会导致同案不同判的结果，这就损害了“法律面前人人平等”的原则，同时，法律的权威性和妥当性也将受到损害。最高人民法院之所以会对“无证收购玉米案”这样的“小案”发起再审，一个重要的原因是最高人民法院希望形成一个权威的判决来起到示范作用，希望达成“同案同判”的公平局面，同时，最高人民法院希望在审判过程中对相关法条进行阐释从而促成法官不再机械刻板地适用法条，而是根据问题的实质来适用法律的趋势。

（2）防止不确定法律概念导致罪刑擅断和自由裁量权的滥用。从法学基本理论来说，如某个行为对基本权利的影响越深，或所涉及的基本权利越关键，则对有关行为的限制也应越严格，比如《立法法》第8条就对一些行为

---

〔1〕 参见［法］孟德斯鸠：《论法的精神》，张雁深译，商务印书馆1961年版，第155页以下。法律决定各个公民地位，其一般性是合法性体制的条件自身，立法者不能用其个别意志去毁灭每一个公民。

〔2〕 姜廷惠：《立法语言的模糊性研究》，中国政法大学出版社2013年版，第188页。

作了绝对法律保留和相对法律保留的区分，这是学界达成共识的观点，进而对此种行为的司法审查也应该更加严格。在刑事案件中，比如本案中非法经营罪被判处有期徒刑涉及对公民人身自由、财产权利的侵犯，所以对这种行为的处分和裁量应该受到更严格的控制。通过对不确定概念的解释可以消除某些概念的模糊性，“法律使用者必须受这种概念约定的束缚”，〔1〕以此来缩减法官自由裁量的范围，也对法官的司法审判过程起到监督作用。

2. 解释的可能性

我国法律解释相关制度已经自成体系，为不确定法律概念的解释提供了可能性。我国法律解释制度由于受苏联法制的影响，与欧美国家的制度有些不同。在欧美国家，其实法律适用的过程中应该会对法律进行理解和解释，因此司法主体其实也应该是解释的主体。我国的法律解释制度也遵循了苏联的传统，形成了我国中央以全国人大常委会为主导、部门领域内法律解释权集中行使为基本特点的法律解释体制。〔2〕正如《立法法》第45条规定的那样，当法律的规定需要进一步明确具体含义的由全国人民代表大会常务委员会解释，一般有三种情况：一是需要进一步明确法律界限的；二是需要补充法律相关规定的；三是对法律概念的理解产生较大意见分歧的。现实实践中，其实仍然有大量的法律概念亟待解释，但是解释程序却极少被规范、正式、有序地适用。

（二）不确定概念解释的原则

1. 忠实于立法目的和立法意图的原则

大多数情况下，立法目的和意图都是通过法律文本来体现的，但也有时候并无相应的法律文本来体现，这就要求法官在文本之外寻求立法的意图和目的，比如可以通过对法律草案讨论表决的过程或结合政策、方针的流变来理解立法者立法的意图。比如在“王力军玉米案”中应当结合“简政放权”“便宜行政相对人”的理念来理解2016年9月14日制发的《粮食收购资格审核管理办法》中取消办理粮食收购资格的规定。

2. 妥当的进行价值判断的原则

法律解释的过程是一个价值判断的过程，解释法律的过程就在于发现法律

〔1〕［德］伯恩尼·魏德士：《法理学》，丁小春、吴越译，法律出版社2003年版，第93页。

〔2〕张志铭：《法律解释操作分析》，中国政法大学出版社1999年版，第220页。

背后的价值。价值判断往往是法官在审理具体个案过程中，对案件所涉及的不同位阶、往往处于相互冲击的价值之间，根据特定的原则或者规则而作出取舍的价值判断。"法院就不确定的规范性概念予以价值补充时，须使用存于社会上可探知认识之客体伦理秩序、价值、规范及公平正义之原则，不能动用个人主观的法律感情。"具体的价值判断可以从以下几个方面来理解：第一，必须从文本出发，发现立法者所作出的价值判断；第二，要遵循法律的基本原则和精神；第三，法官要尽可能遵循社会上大多数人的价值判断，而不能随意以自己的价值判断作为标准。

3. 兼顾法的稳定性和妥当性的原则

法的稳定性，是指法律规则应当形成稳定的社会秩序，从而使法律主体能够形成稳定预期。这就要求，在具体个案中同案应当同判，因此，法官在解释法律时，应尽可能适用相同的方法和规则，不能随心所欲地解释法律。法律解释也要维护法的妥当性，是指法律必须妥当规范社会生活，实现正义的目标。在解释中不能过分拘泥于文字，而应当注重社会发展需要。法的安定性期待同一事实在同一法律下得到同一法律结果，从而实现正义；法的妥当性追求实质正义，即要关注社会的需要。因此，这就要求在解释中要忠实于立法原意，同时也要关注社会背景发生的变化。

4. 充分说理论证的原则

这是指法官在法律适用和解释的过程中，有义务对其作出的解释进行充分说理和证明的规则。一方面是解释者在进行解释时，是从自己的价值取向出发来作出的，因此有必要对自己的解释进行论证；另一方面，为了实现解释的科学性，也应当公开自己的论证过程。

法官应当从以下几个方面做起，一是在运用多种方法进行解释的情况下，应当对自己选择的解释方法进行论证；二是如果法官选择的解释结论不同于其他多数人的理解，更应当进行充分的说理。在本案中，一审法官对于王力军收购玉米的行为的犯罪性和社会危害性的理解就与大多数人不一致，并且对"非法经营罪"第4项的适用与大多数法官也不一致，这时候法官就应该对自己适用法律的过程和对第4项这个不确定概念的理解作出充分说理论证，论证的过程不但应当能够说服社会大众，并且在这个过程中监督自己解释是否科学，否则就很可能对"其他严重扰乱市场秩序的非法经营行为"作了扩大解释，导致冤假错案的发生。

5. 根据一般人观念解释的原则

法律根植于社会生活，与每个人休戚相关。法律制定的好坏与否，不在于它是否有精美的用词和完美的结构，而在于它能否正确和及时地反映社会生活现实。一部法律如果只是追求逻辑上的完善性，而不是从现实、从一般人的观念出发，它就必定不能为大多数人所遵守。〔1〕易言之，有解释权的机关在作出解释时，应适当考虑一般人的认知和常识，才能帮助人们更好地理解、适用、遵守法律，根据这个解释作出的判决才更具有说服力。

（三）不确定概念解释的方法

1. 不确定概念的具体化

不确定概念的具体化，是指通过法律解释的过程，使不确定概念的内涵得以具体、明确，从而使之能够作为判案依据与裁判依据，适用于具体个案。在实践中，大量的不确定概念仅仅通过定义的方式无法指导法官的判决，因此，要保证法官真正能够做到类似问题类似处理，只有通过类型化才能给予法官具体的引导。王利明教授认为，不确定概念的具体化要遵循以下一些程序：（1）应当进行文义解释，要判断一个概念是否为一个不确定的概念，必须从文义解释入手。如果通过文义无法确定其比较清晰的定义，才能认定其属于不确定概念，才能开展下一步活动。如果能确定比较清晰的定义，则要适用狭义的解释方法。（2）考虑个案所涉及的相关因素，法官应当根据具体个案、社会发展水平等具体因素将不确定概念具体化。第一，法律中的相关规定，即结合法律的具体语境来加以确定，比如此案中适用的《刑法》第225条的前三项规定内容来推定第4项规定的行为应当与前三项具有同等水平的社会危害性；第二，立法目的和立法意图考量，法官在具体过程中不能偏离立法者立法意图的价值指引，应当按照立法者的既定思路来进行解释；第三，社会生活经验的运用，社会生活经验包括交易习惯、日场生活经验，此案中法官在理解经纪人收购农民的玉米并运往粮库的行为时要动员自己的生活经验，要知道这是当地的一种常态；第四，社会发展的需要，“在具体类型化的过程中，也要考虑社会的发展，保持类型化的前瞻性。”此案中，在社会主义市场经济的发展的背景下，农村幅员辽阔、分散生产、交通不便，于是就产生了粮食经纪人的职业将农民与粮库联系起来；（3）类型化并与案件事

〔1〕 刘素祎：“立法中的模糊语言及其解释”，载《科教文汇》2007年10月下旬刊。

实连接，不确定概念的具体化，不仅需要被类型化，从此尽量做到同案同判，同时仍需要结合特定案件的事实进行判断而不能循规蹈矩、固步自封。(4) 说理与论证[1]，正如杨仁寿先生所说的，法官应“按照法律的精神、立法目的，针对社会的情形和需要，予以具体化，以求实质的公平与妥当。因此，法官于具体化时，须将理由述说清楚，而且切莫引用他例，以为判断之基础”。[2]“玉米案”中一审判决结果与人们的常识理解是有比较大的出入的，如果当初一审法官对“非法经营罪”的“口袋条款”的适用及王力军的行为具有违法性进行详细论证和说理，他也许会发现自己的判决难以自圆其说，也许就不会有这个错案的发生；后来最高人民法院在对这个案件的指导中也说明了一个“兜底性条款”，在司法实践中适用应特别慎重，“相关行为需有法律、司法解释的明确规定”。(5) 举例说明。例如《刑法》第 116 条“破坏交通工具罪”就对适用的各种情形作出详细的列举，试图消除“交通工具”概念的开放性和模糊性。此案中的“非法经营罪”第 4 项是一个“口袋条款”，据统计，刑法、司法解释、法律、行政法规、案例等中有 57 种能适用非法经营罪第 4 项的犯罪情形，笔者认为倘若对此条款采“半列举”加“半概括”的方式可能可以更好地解释这个不确定的概念。

2. 价值补充

杨仁寿先生将广义的法律解释分成狭义的法律解释、价值补充、漏洞补充三种情形。狭义的法律解释是当法律规定并不明确时，用文义解释、体系解释、法意解释（历史解释）、比较解释、目的解释及合宪解释这六种解释方法，探究法律之规范意旨表示；漏洞补充是出于立法者无意的疏忽、未预见或情况变更所造成，须法官探求法律目的，加以“创造”；价值补充，是介于狭义的法律解释与漏洞补充之间，对不确定法律概念和概括条款进行解释的一种解释方法。由于条款本身极为抽象，需于具体的个案中加以价值判断，使之具体化，而后其法律功能始能充分发挥，此种透过法官予以价值判断，使其规范意旨具体化之解释方法，谓之价值补充。也就是“玉米案”中对非法经营罪的“口袋条款”应当适用的主要解释方法。[3]

---

[1] 参见王利明：《法律解释学》，中国人民大学出版社 2011 年版，第 184 页以下。

[2] 杨仁寿：《法学方法论》，中国政法大学出版社 2013 年版，第 186 页。

[3] 杨仁寿：《法学方法论》，中国政法大学出版社 2013 年版，第 135 页以下。

在价值补充的情况下，立法机关实际上是委托司法者结合社会实际对一般条款和不确定概念进行具体化。

（四）不确定概念解释的监督机制

至于对不确定概念解释的监督机制，笔者认为不确定概念解释属于广义的法律解释的一个分支，应该参照立法解释的监督机制。根据现行法律规定，全国人大常委会作为立法解释的主体，既可以解释自己所制定的法律，也可以解释全国人民代表大会所制定的基本法律。根据法律位阶原理，全国人大制定的基本法律在效力位阶上高于全国人大常委会制定的非基本法律，但根据《立法法》的规定，“全国人民代表大会常务委员会的法律解释同法律具有同等效力”，即全国人大常委会对全国人民代表大会制定的基本法律的解释在效力上与基本法律等同。因此，我们不难看出全国人大常委会的法律解释的空间大，且解释与立法的边界模糊不清，如果全国人大常委会不能严格地遵守其权力边界，就容易出现越权解释，以解释法律之名来变相地修改法律，因此对这个权力进行监督是十分必要的。任何权力不经监督就容易被滥用。

我国宪法规定，全国人大有权改变或者撤销全国人民代表大会常务委员会不适当的决定。[1]这里不适当的决定应包括不适当的法律解释，如确实解释的程序不能使法条适应社会继续发挥效用，则应按照立法程序修改法律。

三、关于我国赋予法官法律解释权的探讨

江国华教授提出了司法要重新回归常识与理性的命题，指出法官不仅要扮演裁判员，同时还应扮演社会工程师的角色，并最终落脚于规则适用者的角色。[2]这对法官的定位提出了更高的要求，法官应当根据问题的实质来适用法律，而不是刻板地适用法律，法官在适用法律的过程中必然运用了自己的价值判断。我国的法官虽然不可以在适用法律的过程中直接解释法律，司法人员在适用法律过程中对法律的解释权被严格限制，而在制度层面上是由最高人民法院和最高人民检察院集中行使解释权，即通过司法解释来解释法律文本。但是，判决书也是一名法官专业素质和道德情操的充分体现，那么普通法官撰写和公布判决书是否在将来可以被理解为一种法律解释的途径呢？

---

〔1〕《宪法》第62条第11项对全国人民代表大会的职权如是规定。

〔2〕江国华：“常识与理性（二）：法官角色再审思”，载《政法论丛》2011年第3期。

笔者认为在未来赋予法官对个案的法律解释权是可行的。

（一）赋予法官个案解释权的必要性

第一，是解释活动规律的必然要求。“理解法律必须应用法律。解释的原本含义是指把不清楚的说清楚，但是想把法律说清楚，离不开清楚明确的法律，所以解释法律也就不可能不应用法律。而应用本身就是在理解基础上的应用，没有理解就不可能有应用。”因此，法律解释总是要与法律的适用联系起来，而在司法过程中，法律的应用者是法官，法官在司法过程中不应当机械性地适用法律。因此，在一份判决书中，充当法律解释的主体只能是法官，判决书中的法律解释是法官解释。

第二，是使司法活动适应复杂多变的社会的客观需要。法条涵盖的是一类情况中的一般性规则，而社会生活具有流变性，法条不可能预料到具体案件的特殊情况。这样就可能出现法官在严格依法办事而进行价值判断的时候，出现合法不合理的现象。所以对不明确法律用语的判断比如“情节轻微”“后果严重”，显然要跟具体的个案事实相连。〔1〕

第三，是消除我国司法活动中诸多弊端的有效手段。赋予法官个案解释权，实际上就是提升了司法机关的地位和权威，就可以取消司法活动中各种请示、汇报制度。此外，这样还能促进法官积极努力提高审判水平，限制法官的腐败行为。

（二）赋予法官个案解释权时应当注意的问题

第一，赋予法官个案解释权也对法官提出了更高的要求，包括对法官素质的要求和法官生存环境的高要求。一方面，我国现在推行的司法改革（比如对法官的员额制改革）对法官提出了更高的硬性要求，其实这也为赋予法官个案解释权铺垫了条件。提高法官素质一直是改革的重要目标之一，法官的队伍精英化也是赋予其解释权的必然要求。另一方面，为法官提供良好的环境，使其审判活动不再受到各种因素的干扰。

第二，在赋予了法官个案解释权以后，相关的制度构建比如解释的立场、方法、理念、内容以及对解释的限制和监督的配套制度就应该搭建起来。〔2〕

---

〔1〕参见魏胜强：《法律解释权研究》，法律出版社 2009 年版，第 249 页以下。

〔2〕王晓烁：“论中国法官的个案解释权”，载《河北大学学报（哲学社会科学版）》2005 年第 5 期。

总而言之，尽管我国现行的司法解释体制否定了法官对法律的解释权，但笔者认为在未来的制度设计中，可以适当承认法官法律解释权，承认法官除了创制法律以外的解释权，把具体案件中的法律意义的最终阐释权交给法官，对具体个案作出判决。让这一权力合法、有效地行使，必将利于中国的法治建设。

点 评

首先，所有裁判都涉及法官对法律的认识、把握和解释，但法官的解释权是什么权？是法律解释权还是审判权的范畴？如果是法律解释权的范畴，则此项权力不属于审判案件的法官，抽象解释应由全国人大及其常委会作出。就本案来说，法官认为解释法律条款的权力就是其适用法律的权力，将这个解释权归于司法权的范畴，是自由裁量权的组成部分。法官在适用法律的过程中作出的解释属于个案解释、法律适用解释，适用法律的解释不宜认定为法律解释权的范畴，而应当归属于审判权的范畴。其次，法官解释法律时并没有严格的程序，但应遵循解释的方法和原则。从学理上分析，法律解释要与立法的目的及意图结合起来，但是解释的立场不一样，对立法原初的意图有不同的理解。从司法哲学上来说，站在严格主义或者说保守主义的立场，立足于严格控制粮食管控秩序，只要行为人的行为违背了粮食管控基本秩序，就认定为违法或者是犯罪；从自由主义的立场解读，只要有利于被告人，其行为可以找到开脱的法律依据，就不对其定罪，仅将其放在普通违法的层面。另外，在解释法律时应从法治主义的精神以及人权的基本原则等角度来进行考量，裁判的作出都涉及法官判案的立场和思维方式，不能简单地理解为法官素质问题。最后，从原则上说，法无明文规定不为罪；从规则上说，对于兜底条款的解读，最高人民法院有一个不成文规定，即适用这些条款至少应当有最高人民法院或最高人民检察院司法解释的规定，如果司法解释都没有明确，就不能入罪。立法上的兜底条款是给立法进行解释的空间，而不是给司法留下裁量的空间，从法理上来说，法律不应当由最高人民法院和最高人民检察院进行解释，因为抽象的法律解释是立法性质的，而最高人民法院和最高人民检察院都只是司法机关；从规范上来说，全国人大常委会出台了《全国人民代表大会常务委员会关于加强法律解释工作的决议》，这个决定从某种意义上来说可以作为人大授权性质的建议；从现实状况来看，由于全国人大及其常委会立法解释程序繁琐，并且其解释不涉及法律的具体适用，所以在解释法律时存在一定程度上的不便，而现阶段的制度在一定层面上解决了法律适用的困难，甚至立法机关对两高的司法解释还产生了一定的依赖。

（点评人：武汉大学法学院　江国华教授）

香港“七警案”检视

——兼论外籍法官对香港司法的影响和作用

秦　玲*

摘　要：香港“七警案”判决结果甫一公布，便在社会上引起强烈的社会反响，叫好者有之，同情者有之，批评者亦有之。造成这种现象的原因可能有二：一是表面上法官“重判警员、轻判暴徒”；二是外籍法官因素。部分人对香港法院的外籍法官诟病颇多，认为是主审本案的外籍法官造成了本次判决结果的不公正，但这更像是一种没有经过理性思考的说法。实际上，香港能够取得今天的法治成就，外籍法官也功不可没。我们要宽容看待外籍法官现象，才能使香港司法更具有向前发展的柔韧性。

关键词：香港“七警案”　外籍法官　司法公正

“七警案”的判决结果在香港引起强烈的社会反响，叫好者有之，同情者有之，批评者亦有之。在为七警或惋惜或叫好的声音中，还掺杂着这样一种说法：主审“七警案”的外籍法官杜大卫（Dufton）是否因其政治目的形成的“私心”而重判七警？此次判决是否构成“司法不公”？香港司法机构在其官方网站上写道：“司法机构维持司法制度的独立及其至高的专业水平，以维护法治、保障个人权利和自由，及取得香港、内地及其他地方人士对香港司法制度的信任。法庭不单要秉行公义，还要使之有目共睹。”〔1〕一直以来，

* 秦玲，武汉大学法学院2016级宪法与行政法硕士研究生。

〔1〕 香港司法机构欢迎辞，载中国香港特别行政区司法机构官方网站，http://www.judiciary.gov.hk/tc/index/index.htm，2017年3月3日最后访问。

香港的司法机构及法官都秉承着这一理念，其取得的法治成就也使港人引以为豪。但本次“七警案”事涉“占中”，事件本身的高度敏感性和可能产生的深远影响夹杂在一起，使人们对这个案件持续关注。

一、事件简介

2014年10月中旬，香港“占中”运动〔1〕发生期间，示威者占领金钟、旺角、铜锣湾等地的交通要道，部分示威者与警方发生冲突，对警方进行言语辱骂、肢体冲撞、雨伞戳刺、尿液喷洒。10月15日凌晨2点45分许，警方对“占中”运动的示威者进行清场，黄某成（总督察，48岁）带领刘某毅（高级督察，29岁）、白某斌（侦缉警长，42岁）、陈某丹（侦缉警员，33岁）、关某嘉（侦缉警员，32岁）、黄某豪（侦缉警员，36岁）等6人组成快速反应小组和视频团队在龙和道上执勤，随后刘某沛（警员，38岁）被刘某毅调入该组。该小组沿着龙和道向东进行清场，当小组成员抵达龙和道地下通道时，一名名为曾某超的公民党成员，被看到在龙和道上方的花槽上向警员泼洒不明液体。曾某超随后被几个警员从花槽上拽下至人行道并被制服。警员使用塑料拉链带将曾某超双手打上背铐，然后将其移交给黄某成等6人，黄某成等人押送曾某超沿龙和道方向离开。一路上，曾某超脸部朝下被抬着。之前示威者们都被带至龙和道上的大巴车上，以便送至中环警察署。但是黄某成等人没有将曾某超直接押往大巴上，而是将其带至龙汇道政府大楼泵房东变电站的北侧进行殴打。此时黄某豪加入先前六人，帮助他们将曾某超带至变电站北侧。曾某超随即被丢在地上，黄某豪首先踢打曾某超，白某斌也参与殴打，对其进行戳和踩踏，刘某沛、陈某丹、关某嘉等人也参与踢打曾某超。黄某成和刘某毅虽然没有参与殴打，但目睹了这一切且没有阻止其他五人的殴打行为。事后，曾某超被要求双手放在脑后并被带至停在龙和道的一辆小汽车上。陈某丹和关某嘉分坐在曾某超两侧，陪同其前往中环警署。在中环警署，曾某超被带到警署的七号房羁押，直至其被大巴送至黄竹坑的警察学校。在七号房内，陈某丹在关某嘉在场的情况下两次掌掴曾某超面部。

---

〔1〕“占中”运动：全称为“让爱与和平占领中环”，由香港大学法律系副教授戴耀廷、香港中文大学社会学系陈建民、牧师朱耀明等三人发起，目的是追求“真民主”，要求全国人大常委会改变其8月31日关于特首普选和立法委员会委员选举办法的决议，期间参与者占领金钟、旺角、铜锣湾等地的交通要道，后事件逐渐失去控制，发生多起暴力事件。

后经医院检查，曾某超脸部、脖子左侧、肩膀左侧、锁骨、左右腹部、胸部和背部均受伤。香港律政司及警方于2015年10月落案起诉黄某成等7名警员。2017年2月17日，法官裁决七名警察罪名成立，均获刑二年，陈某丹的另一项普通袭击罪罪名成立，获刑一个月，与前述二年刑期并罚，且均不能适用缓刑。〔1〕

判决结果甫一公布，便在香港社交网络及社会上引起极大争议。一方认为法官判决失当、量刑过重，甚至将矛头指向香港司法制度和“洋法官”。一名为“香港政研会”的团体上街游行，甚至模仿打法官的情形；〔2〕另一方则认为判决公正，赞赏香港法治得到彰显。

二、判决结果导致社会反响较大的原因分析

香港一直以来都是法治社会的典范，法治被认为是香港的核心精神，港人更是以法治社会为豪。“公平公正、无惧无私”的理念一直影响并塑造着法官的行为；回归20年来，香港终审法院的判决获得了普通法世界的高度评价和广泛引用。〔3〕香港能取得今天的法治文明发展成就，这些法官们功不可没。一个如此重视法治的地区，出现大量民众在法院门口集结抗议司法不公，甚至频频引发各方或集会或游行来表达对这次判决结果的不满的情形，不得不让我们深思其背后的原因。

（一）法官“重判警员、轻判暴徒”

在本案中，审判法官判决七名警察袭击致造成身体伤害罪名成立，均被判处两年监禁且不得适用缓刑，第五名被告陈某丹普通袭击罪名成立，判处一个月监禁，与前一项指控并罚。〔4〕有观点认为，本案刑期超越同类案件，量刑起点过高，且在“占中”运动及旺角暴乱期间袭警人员被轻判。因此，部分公众认为该判决是变相纵容社会运动，激进分子对社会秩序形成巨大干

〔1〕参见香港七位警察袭击“占中”示威者案判决书，案件编号：DCCC 980/2015，丁龙译，http://legalref.judiciary.gov.hk/lrs/common/ju/ju_frame.jsp?DIS=108134&currpage=T，2017年3月3日最后访问。

〔2〕“团体不满七警案判决发起游行有人模仿打法官”，载文汇网 http://news.wenweipo.com/2017/02/18/IN1702180015.htm，2017年2月25日最后访问。

〔3〕郑戈：“香港司法如何做到无惧无私？”，载《中国法律评论》2014年第1期。

〔4〕参见香港七位警察袭击“占中”示威者案判决书，案件编号：DCCC 980/2015，丁龙译，http://legalref.judiciary.gov.hk/lrs/common/ju/ju_frame.jsp?DIS=108134&currpage=T，2017年3月3日最后访问。

扰却无需承担法律责任，警队也将会对今后处理此类社会运动产生畏惧心理，不利于香港社会治安维护以及长远发展。

对比“占中”期间违法者的处罚结果，易使大众产生法庭采用双重标准的认知。警方在起诉七警的同时，也将曾某超以袭警和抗拒在正当执行职务的警务人员的控罪起诉。主任裁判法官罗德泉经过审理后认为，曾某超案与一般袭警案件不同，被告人以有异味之不明液体泼洒，是对正在执行职务的无辜警务人员的极大侮辱及挑衅，在最高刑罚为两年监禁的情况下，法官视被告情节判其五星期监禁之刑；〔1〕在“占中”期间参与非法集会的黄某锋和煽惑他人参与非法集会的罗某聪以及参与非法集结的周某康被判处社会服务令或 3 周监禁（并且可缓刑一年）。〔2〕

对比同类警察伤人案件，本案有处罚过重之疑。有香港大律师指出，同类案件最高判七个月监禁。在 R v Lam Tin Po［1985］1 HKC 281 一案中，警方在搜查行动中入屋搜查罪犯，行动有一名便衣警员参与。该名便衣警员来到事发单位敲门，但屋主不相信便衣的身份，拒绝开门。屋主拨打 999 叫来警察，后来军装警员到场证实便衣的身份，屋主才开门。便衣警员一入屋，便失常地把屋主上手铐并殴打他。屋主跌倒在地，便衣警员亦继续向他拳打脚踢，导致屋主遍体鳞伤。便衣警员被控袭击造成身体伤害罪，判处七个月监禁。〔3〕

（二）外籍法官因素

引发社会对“七警案”更深层次关注的是公众对本案主审法官是否是出于政治目的重判七警的猜测。本案审判法官名为杜大卫，拥有英国国籍，在 1994 年也即香港回归前获委任为常任裁判官，根据中英协定，回归后又被聘为非常任法官继续为香港法治服务。因此有舆论将“七警案”的判决结果归咎于持有外国国籍的主审法官，认为外籍法官的政治意识形态主导了本次裁决，继而怀疑香港的司法主权是否已落入外国人尤其是英国人手中，甚至直

〔1〕“香港特别行政区九龙城裁判法院香港特别行政区政府诉曾某超判决书”，案件编号：KCCC 443/2016，http://legalref. judiciary. gov. hk/lrs/common/search/search_ result_ detail_ frame. jsp? DIS=104237&QS=%28%7B%E6%9B%BE%E5%81%A5%E8%B6%85%7D+%25parties%29&TP=JU，2017 年 3 月 4 日最后访问。

〔2〕参见“香港特别行政区东区裁判法院特别行政区诉黄某锋、罗某聪、周某康判决书”，案件编号：ESCC 2791/2015，http://legalref. judiciary. gov. hk/lrs/common/search/search_ result_ detail_ frame. jsp? DIS=105334&QS=%2B&TP=JU，2017 年 3 月 4 日最后访问。

〔3〕马恩国：“七警案判刑明显过重”，载《明报》2017 年 3 月 1 日。

接对外籍法官拥有的审判权发出质疑，“香港的法治到底出了什么问题，主要由外籍法官垄断香港审判权是否应该继续下去?”[1]尤因香港曾长期处于英国的殖民统治之下，司法体制受英国影响颇深，主审法官的英国国籍身份更让人心生警惕，引发公众“法官是为偏袒‘占中’罪犯而对维护社会治安的警员刻意严苛对待”[2]的猜测。若考虑到之前种种表明“占中”运动有境外势力推波助澜的证据，则更为此种说法增添了几分可信度。“七警案”逐渐在社会话语的拉扯下使人们深深陷入司法不公的忧虑之中，渲染出一种香港司法体制亟需变革的紧迫感。

三、外籍法官是否造成“司法不公”?

（一）香港外籍法官形成历史简介

鸦片战争之后，香港岛被英国占领。1841 年钦差大臣琦善与英国在华商务总监督义律擅自签订《穿鼻草约》，义律据此发布公告（史称《义律公告》），成立港英政府。1841 年 4 月政府任命了首席裁判官，并设立裁判法庭，开始行使司法管辖权。这一时期主要是根据中国的法律、习惯和惯例进行治理，“凡有长老治理乡里者，仍听如旧”，[3]但为了显示英国的统治权威，这些长老在决断前要向一名专门设置的英国官员请示。1844 年是香港被英国占领后正规司法机构建立的起点。该年 8 月，香港政府在港设置最高法院（回归后称高等法院），由英国法学家哈尔姆（John Walter Hulme）担任首席法官，同时他也是立法会和行政会议的成员。哈尔姆开始将英国的普通法及相应的司法制度全面地引人香港。“外籍法官”从此开始在殖民地发挥实质作用，香港法院聘用“外籍法官”的传统也就从那时正式开始。从 1844 年起至 1997 年这 150 多年间建立起来的香港司法机构是小型而又复杂的司法机构体系，[4]服务于司法机构的人员极为繁杂，“外籍法官”一直都是其司法体系的重要组成部分，他们为普通法及相应的司法制度成功移植到香港作出了杰出贡献。因为外籍法官来自英国，与香港当地社会人情网络牵涉不深，因

[1] 刘斯路：“从‘七警案’思考香港审判权被垄断的现象”，载文汇网 http://paper.wenweipo.com/2017/02/22/PL1702220004.htm，2017 年 2 月 26 日最后访问。

[2] “七警遭重判凸显司法信任危机”，载大公网 http://www.takungpao.com.hk/opinion/text/2017/0221/61472.html，2017 年 3 月 4 日最后访问。

[3] 尤韶华：《香港司法体制沿革》，知识产权出版社 2012 年版，第 43 页。

[4] 尤韶华：《香港司法体制沿革》，知识产权出版社 2012 年版，第 180 页。

此在客观上更有利于保持司法公正，这一现象被曾在香港大学法学院任教十年的郑戈教授形容为“‘外来的和尚’高高在上地俯视香港的芸芸众生”。[1]“外籍法官”与来自英国的司法体制发生良性的协同作用从而促使香港社会向秩序与公正的方向发展，法治精神也慢慢渗透入香港的文化体系之中，有效地令当时充满动乱、没有法律可言、司法机构人员公然贪污的香港，改变为一个基本上公正有序、有法可依的社会。[2]由于几次香港司法机构本地化改革的失败以及司法机构内部实际存在的对本地法官的歧视，实际上在法院任职的本地法官并不多，且集中在地方法院（回归后改称为区域法院）。可以说，在英国殖民统治香港这一时期，外籍法官为香港发展作出了不可磨灭的实质贡献。

1997 年香港回归祖国，司法机构平稳过渡，司法人员全部留用，相关法律继续生效。《香港特别行政区基本法》（以下简称《基本法》）第 81 条第 2 款明确规定：原在香港实行的司法体制，除因设立香港特别行政区终审法院而产生变化外，予以保留，第 82 条规定：终审法院可根据需要邀请其他普通法适用地区的法官参加审判；第 90 条也中仅仅对香港的终审法院及高等法院的首席法官作了国籍要求[3]，其他法官则不作此限制。因此，回归后外籍法官在香港法院任职是符合基本法规定的，在各级法院仍旧存在一定数量的外籍法官。以终审法院为例，在常任法官方面，回归后的前 15 年，缺乏“本地法官”仍是香港法律界面对的一大难题，香港司法机构内，特别是较高级别的法院，“外籍法官”的比例仍比“本地法官”高[4]。但 2012 年以来，香港法院已经有相当数量的本地常任法官。除常任法官外，根据《香港终审法院条例》，终审法院还可根据需要邀请香港及其他普通法国家的法官参加终审法院的审判，这类法官被称为非常任法官。回归前在任的来自英国的常任法官就在回归后改为担任终审法院的非常任法官。与常任法官的情况不同，非常任法官的外籍法官比例近年来远高于本地法官。而在高等法院及区域法院，由于对其普通法官并没有国籍限制，所以也存在一定数量的外籍常任法官，本案涉及的区域法院法官杜大卫就属英国籍。

---

〔1〕 郑戈：“香港司法如何做到无惧无私?”，载《中国法律评论》2014 年第 1 期。

〔2〕 转引自林峰：“‘一国两制’下香港‘外籍法官’的角色演变”，载《中外法学》2016 年第 5 期。

〔3〕《基本法》第 90 条规定：香港特别行政区终审法院和高等法院的首席法官，应由在外国无居留权的香港特别行政区永久性居民中的中国公民担任。

〔4〕 转引自林峰：“‘一国两制’下香港‘外籍法官’的角色演变”，载《中外法学》2016 年第 5 期。

（二）此次判决有无造成司法不公?

司法公正是法的公平与正义的一般概念在司法活动中的体现，表现为一整套被社会伦理所普遍认同的司法制度和被司法活动参与者个别认同的司法程序。〔1〕各种意义上使用的司法公正概念大体上可以归属于“实体公正”和“程序公正”两大类。本案对程序是否违反公正显然没有争论，那么暂时撇开审判法官的国籍不论，从实体公正的角度来看一下“七警案”的判决结果。

实体公正一般是指判决结果对案件真实情况的准确再现以及法律适用得正确无误。〔2〕从判决来看，该判决做到了对案件事实情况的准确再现，被告对认定事实并无异议，案件事实清楚；在法律适用方面，法官判决七位被告构成袭击致造成身体伤害的依据是《侵害人身罪条例》第39条：任何人因袭击他人致造成身体伤害而被定罪，即属犯可循公诉程序审讯的罪行，可处监禁3年；〔3〕第五被告陈某丹构成普通袭击罪的依据是《侵害人身罪条例》第40条：任何人因普通袭击而被定罪，即属犯可循简易或公诉程序审讯的罪行，可处监禁1年。〔4〕(这里所指的可处3年监禁或1年监禁都是指最高刑期)。

赵秉志教授对大量香港刑法资料研究后认为，香港刑法中的犯罪构成要件包括犯罪意图、犯罪行为和因果关系。〔5〕已查明的事实表明，七位被告在将被害人带离其犯罪现场的途中，故意将被害人带到僻静角落，具有犯罪意图。五位被告先后参与踢打被害人，致使被害人身体多处受伤，另外两位被告虽没有进行具体的殴打行为，但其在一旁观看放风的行为构成共同犯罪，因此七位被告均具有犯罪行为；被害人受伤住院接受治疗与七位被告的犯罪行为具有联系，因此因果关系成立；七位被告的袭击他人致造成身体伤害罪行成立，陈某丹的普通袭击罪也是如此。在量刑方面，香港判决时一般都考虑三个因素：被告应承担的责任、被告的危险性以及各种实际情况的限制。香港中文大学副教授钟华认为，法官没有清楚地区分七名被告在共同犯罪时所担任的角色，也没有重视被告在犯罪之前所受到的严重侮辱以及被告的态

---

〔1〕姚莉：“司法公正要素分析”，载《法学研究》2003年第5期。

〔2〕谢佑平、万毅：“论司法改革与司法公正”，载《中国法学》2002年第5期。

〔3〕香港《侵害人身罪条例》，载 https://www.elegislation.gov.hk/hk/cap212! sc@ 2017-02-15T00:00:00/s39? clpid=255239，2017年3月6日最后访问。

〔4〕香港《侵害人身罪条例》，载 https://www.elegislation.gov.hk/hk/cap212! sc@ 2017-02-15T00:00:00/s40? clpid=255240，2017年3月6日最后访问。

〔5〕赵秉志、杨正根：“香港刑法述论（上篇）”，载《南京大学法律评论》1996年春季号。

度，且从案件本身的性质来说，本案被告是在处理社会运动的过程中看见同僚受辱而出手伤人，与出于私心泄愤伤人的案件性质显然有明显不同。因此，在量刑方面，法官可能存在量刑过重的问题。

本案虽然可能存在量刑过重的问题，但指其形成了司法不公显然是没有经过理性思考得出的结论。虽然在“占中”运动中多名示威者所判刑罚程度较轻，但每宗案件都有其独特的成分，不宜进行粗略简单比较，例如有示威者以年少无知作为求情理由，或者深切表示悔意，这些都可以构成减刑因素，判刑轻重还会与警员受伤轻重挂钩。在本次案件中，法官引用香港特别行政区诉惠曼泰一案中的观点来表明自己对七警伤人这一事件的态度：“公众信任警察维护法纪，但警察自己却违反本应由其维护的法纪。应判处阻吓性刑罚树立典型，唯有如此，他人才不敢以身试法，民众的信心也才能得以维护。”〔1〕

（三）外籍法官引发“司法公正”争议的原因分析

正如上文所言，香港社会为“七警案”论争不已，持不同观点的双方甚至在社交媒体上隔空骂战频频。可供法官自由裁量的弹性量刑期限，也成为众人争论司法是否公正的最佳角力场。或许将本案放至一个更为宏观的背景中，可以对外籍法官引发“司法公正”争论的原因一探究竟。

正如上文所言，本案发生在“占中运动”的政治背景下。一方面，“占中”是为追求“真民主”而引发的社会运动，目的是要求全国人大常委会改变其2014年8月31日关于特首普选和立法委员会委员选举办法的决议。另一方面，“占中”期间参与者占领金钟、旺角、铜锣湾等地的交通要道，对香港的社会治安带来极大威胁。本次案件发生时已进入“占中”的第18天，警察们日夜奋战在维护治安的第一线，承受着超负荷的工作量。因此，可以说“七警案”是“占中”事件以来，社会运动过程中，警察权与公民抗争权的一次博弈。法官倾向于限制警察权的滥用，且保护公民抗争的权利，反映出的是，对社会运动参与者判决过轻，对警务人员判刑过重的情况。〔2〕基于香

〔1〕 参见香港七位警察袭击“占中”示威者案判决书，案件编号：DCCC 980/2015，丁龙译，http://legalref. judiciary. gov. hk/lrs/common/ju/ju_ frame. jsp? DIS = 108134&currpage = T，2017年3月3日最后访问。

〔2〕 田飞龙：“七警判罚是变相纵容社会运动”，载 http://www. crntt. com/doc/1045/8/3/0/104583063_ 2. html? coluid = 93&kindid = 16773&docid = 104583063&mdate = 0221103745，2017年3月6日最后访问。

港的普通法传统，判案结果对社会具有引导性，因此本次判决结果可能会导致社会上形成“运动无罪、防暴有罪”的认知，客观上可能不仅不能达到法官重判七警想要达到的阻吓作用，甚至会促成暴力违法行为加剧和泛滥。本次案件发生在加剧社会对立的情况下，尤其是判决严重打击警方士气，对政府管治及社会治安将带来深远影响。

当今世界，几乎所有的国家都规定法官是本国公民，外国公民担任法官可能会造成审判权外落的情形。但是，香港回归的特定历史背景造成了香港法官多是外籍的现象。纵观香港回归的20多年来，外籍法官对香港法治作出了杰出贡献。终审法院加人“外籍法官”，不单证明了回归后香港的司法制度仍能与国际社会保持接轨和互动，而且亦象征着香港的法治和司法独立并未因回归而被削弱。〔1〕外籍法官的存在为香港争取国际投资者的信心、奠定香港如今的金融地位发挥了巨大作用。因此不能仅仅因为国籍不同就草率高喊“非我族类，其心必异”，这是对他们历史功绩的一种简单否定。但是，一个必须承认的实际情况是，香港的普通法是《基本法》内的普通法，不是独立国家的普通法，香港法官的裁定和判决，如何在普通法传统以及国际人权公约之外，平衡考虑《基本法》秩序当中的主权安全发展利益，这对于外籍法官是一个非常大的挑战。〔2〕

四、结语

香港的司法机构对维护香港社会秩序，保护香港公共利益，促进香港经济健康发展，有着不可或缺的作用。香港是一个典型的城市经济体，作为世界上最自由开放的经济体和全球第九大贸易体，香港在国际贸易体系中一直占有独特的地位。香港良好的法治环境，使得香港一直深受内地和国际投资者的青睐。在美国传统基金会的调查中，香港在2016年“全球最自由经济指数”排名中位列第一；在世界银行进行的2015年“方便营商指数”排名中位列第五〔3〕。这是香港司法精英的共同努力，也有那些参加法院审判的其他普

〔1〕 转引自林峰：“‘一国两制’下香港‘外籍法官’的角色演变”，载《中外法学》2016年第5期。

〔2〕 田飞龙：“七警判罚是变相纵容社会运动”，载 http://www.crntt.com/doc/1045/8/3/0/104583063_2.html? coluid=93&kindid=16773&docid=104583063&mdate=0221103745，2017年3月6日最后访问。

〔3〕 资料来自香港特区立法会秘书处资料研究组，《数据透视》（ISSH02/16-17）。

通法适用地区的外籍法官的一份贡献。当下，属于中国主权范围内的香港，一方面具有香港本身的特色，另一方面由于历史原因沿用了英国司法机构的结构体制。如何能使香港法制在中国腾飞的背景下，继续闪耀璀璨星光，是我们必须加以考虑的问题。

点　评

首先，本案的特殊之处在于：第一，以“占中”运动作为背景；第二，警察与“占中”人士之间发生了冲突，警察被判处较重刑罚，而“占中”人士则被判处了较轻的刑罚或逍遥法外；第三，本案的主审法官为外籍法官。以上三点特殊性使得本案受到了来自于全世界的关注。其次，“占中”运动为反中国的运动而非一般的政治意愿自由表达的问题，是受到外国势力所支配的、蓄谋已久的政治性运动。本案是具有浓厚政治色彩的案件。法治应当促进社会团结，而非造成社会矛盾、激化社会对立。在本案特定的情形下，“占中”人士反对中央政府与港人治港，这一错误的做法应当在本案中予以考量，不可将本案简单抽象成法律问题。在本案中，受到严厉处罚的是警察，这一判决造成的社会影响较为恶劣，客观上造成了消极的政治后果。再次，警察不容侵犯与侮辱。在法治社会中，无论出于何种目的，对警察进行侵犯的行为均应当受到法律的严惩。复次，外籍法官问题。司法主权是国家主权的重要组成部分，香港的外籍法官制度是世界上绝无仅有的，其现实情况是由部分外国人来掌握香港的司法主权。香港司法本土化的进程已经取得了一定成就，应当考虑在涉及政治敏感性案件时，外籍法官予以回避，以避免外国势力对于我国内政的干涉与影响。最后，我们可以将本案与雷洋案进行比较。雷洋案的三位警察在受到追诉时引起了大量警察的不满，检察院最终以不起诉形式来缓解危机。本案中同样有大量警察表达了抵触情绪，其背后的原因与社会影响应当被思考。

（点评人：武汉大学法学院　江国华教授）

专题评论

冤假错案的成因分析

——以“缪某华案”为例

姬　煜*

摘　要：缪某华等五人的冤案于 2017 年 9 月 12 日在福建省南平市建阳区人民法院开庭宣判，再审改判缪某华等五人无罪。这起案件导致缪某华一家五口蒙冤 14 载。每一起冤案都是对当事人的摧残，也是对法治的破坏。每一起冤假错案都兼有偶然性与必然性，偶然性是一连串偶然导致被告人无辜蒙冤；必然性则是冤假错案背后的制度尚不完善，造成了冤假错案的易发生和难纠正。本文将以缪某华案为例，将该案中的偶然性与其背后的必然性结合，分析冤假错案产生的原因。

关键词：冤假错案　缪某华　司法公正

一、引言

2003 年 4 月 6 日这天晚上，福建省宁德市柘荣县 26 岁的少妇杨某辉，穿上高领羊毛衫和一件黑色外套走出了家门，从此便和家里失去了联系。再有人发现她，已经是 13 天后，在柘荣县县郊 4 公里左右山路外的福基岗村一处废弃民房里，她的尸体已经被分成了 7 块。警方尸检发现，当时她已经怀有 8 周左右的身孕。警方排查了受害者社会关系。很快，她的前男友，在双城镇居住的缪某华进入警方视野。2003 年 4 月 21 日，缪某华被柘荣县公安局刑事拘留，同年 5 月 24 日被批准逮捕。随之，其父缪某树、二弟缪某容、三弟缪

* 姬煜，武汉大学法学院 2017 级硕士研究生。

某光和叔叔缪某加，分别于4月23日、24日两天内被刑事拘留，同年5月23日、24日被批准逮捕；继母吴某英5月7日被刑事拘留，同年6月9日被批准逮捕；继母之女也于6月27日被刑事拘留。

福建省宁德市中级人民法院审理宁德市人民检察院指控被告人缪某华犯故意杀人罪，被告人缪某树、缪某容、缪某光、缪某加犯帮助毁灭证据罪，附带民事诉讼原告人杨某、王某、许某提起附带民事诉讼一案，于2004年10月18日作出［2004］宁刑初字第27号刑事附带民事判决，上述五被告人均不服，提出上诉。

福建省高级人民法院认为原判事实不清，证据不足，遂于2005年3月30日作出［2004］闽刑终字第726号刑事裁定，撤销原判，发回重审。宁德市中级人民法院重新审理后，于2005年8月15日作出［2005］宁刑初字第22号刑事附带民事判决，认定被告人缪某华犯故意杀人罪，判处死刑，剥夺政治权利终身；被告人缪某树犯包庇罪，判处有期徒刑8年；被告人缪某容犯包庇罪，判处有期徒刑6年；被告人缪某光犯包庇罪，判处有期徒刑3年；被告人缪某加犯包庇罪，判处有期徒刑3年；被告人缪某华赔偿附带民事诉讼原告人杨某、王某、许某人民币132 970元，判决生效后一个月内支付；随案移送的作案工具菜刀一把予以没收。五被告人仍不服，提出上诉。

福建省高级人民法院经过审理，于2006年4月21日作出［2005］闽刑终字第644号刑事附带民事判决，认定被告人缪某华犯故意杀人罪，判处死刑缓期二年执行，剥夺政治权利终身，维持其他被告人的定罪量刑以及附带民事赔偿等部分。

缪某华等五人的冤案于2017年9月12日在福建省南平市建阳区人民法院开庭宣判，再审改判缪某华等五人无罪。这起案件导致缪某华一家五口蒙冤14载。在中国的冤案和冤案平反史上，又增加了新的案例，也增加了沉甸甸的反思。

与一般冤案相比，本案有两个特殊之处。一是涉及规模广，一家五口人被冤枉，缪某华一个人无法犯下此案，就在没有证据的情况下认定他的家人都是帮凶，这非常恶劣。二是，与以往“真凶重现”“亡者归来”等偶然因素不同，本案的翻案没有新的证据出现，仅仅是对过去案卷的重新审视，由此来纠正案件，这是平反冤假错案史上积极的一笔。但同样的案情、同样的证据，为什么14年前被判有罪，而14年后平反，这值得我们深思。

二、冤假错案中成因分析

严格来讲，冤案、假案、错案是三个不同的概念，冤案是指对于让无辜的人蒙冤的案子；而假案则是虚假的、人为炮制的案子，可能有人蒙冤，也可能无人蒙冤，而是将真凶判为无罪；同时，两者都属于错案的一部分。尽管三者的边界有一定的差别，但由于实践中经常将冤假错案连在一起使用，有学者认为："冤假错案泛指脱离实施根据，偏离法律准绳，对公民进行错误的刑事追究，致公民的合法权益受到司法侵害的案件。"〔1〕本文采用这种泛指的定义，统称"冤假错案"，不做详细区分。

缪某华案并非一个偶然的社会现象，"一切存在的东西，在它取得存在的一般社会条件还在发生作用的时限内，我们是无法凭着一己的好恶使他从历史上消失的"。〔2〕每一起冤案背后都有偶然性与必然性，冤案的存在有着一定的社会条件，社会条件没有改变，那么冤案滋生的土壤便始终存在。而从缪某华案中，我们也要去寻找造成冤案的根本问题，是什么样的因素导致了冤案的发生。

（一）非法证据排除难

非法证据排除规则通常指执法机关及其工作人员使用非法取证行为取得的证据不得在刑事审判中采纳的规则。〔3〕《刑事诉讼法》第五章专门讲证据，规定一系列证据原则，包括"证据不足则不能判被告人有罪""采用刑讯逼供等非法方法收集的犯罪嫌疑人、被告人供述和采用暴力、威胁等非法方法收集的证人证言、被害人陈述，应当予以排除""在侦查、审查起诉、审判时发现有应当排除的证据的，应当依法予以排除，不得作为起诉意见、起诉决定和判决的依据""在对证据收集的合法性进行法庭调查的过程中，人民检察院应当对证据收集的合法性加以证明"等内容。

但是在实践中，非法证据经常难以排除，缪某华案就是如此。可以看到，一审和二审时，缪某华案的控方都提供了相当丰富的证据，包括提取的作案工具菜刀、砧板、塑料软管、包裹尸块的浴巾，经被告人辨认，确认系分尸工具；证人的证言；法医学尸体检验报告、法医学检验鉴定报告、刑事技术

〔1〕王永杰："论冤案的概念"，载《上海政法学院学报（法治论丛）》2008年第23期。

〔2〕王亚南：《中国官僚政治研究》，中国社会科学出版社1981年版，第15页。

〔3〕参见《刑事司法百科全书》，北京大学出版社1983年版，第715页。

DNA 毛发鉴定书；现场勘查笔录、现场示意图及现场照片，被告人缪某华、缪某树、缪某光对抛尸路线和抛尸现场的辨认笔录；被告人缪某华、缪某树、缪某容、缪某光、缪某加的供述等。

二审判决书上，写着“事实清楚，证据确实、充分，定罪正确”。然而，这些证据并不可靠，看似种类丰富、证据确实，然而每个证据却都有很大漏洞：

1. 检验报告、检验鉴定报告、分尸现场的血迹

物证中便包含了两份检验报告。其中一份是2003年7月30日作出的闽公刑物字［2003］第069号法医学检验报告，结论为“人血，因量少，无法检测出型物质”。另一份是同年5月6日作出的闽公刑 DNA 字［2003］第106号法医学检验鉴定书结论“瓷砖上提取的血迹不是杨某所留”。两篇报告存在矛盾，该矛盾未见合理说明。原判将前一种结论作为定案依据，认为血迹较少无法判断是谁的，因此可能是受害者的血迹。

一个案卷中居然出现了截然不同的鉴定结论，对于卧室里的血迹，在第一次鉴定时已经鉴定出不是受害者所留，这几乎可以推翻原审认定事实，可是最后定案时，该结果被弃之不用，而变成了血量很少无法鉴定。

2. 刑事技术 DNA 毛发鉴定书

该证据是经送检作出的辽公刑技（DNA）［2004］423号刑事技术鉴定书认定系被害人杨某的毛发，但该鉴定书已在鉴定结论前明确标注“mtDNA”。一般非相关专业的人可能不理解 mtDNA 是什么，它与普通的 DNA 鉴定有什么不同。简而言之，mtDNA 是线粒体基因，测的并不是通常所说的人的基因，而是人体内的细胞器——线粒体的基因。线粒体是细胞的能量工厂，有着独立于人的单独一套基因。在受精过程中，精子的线粒体全部存在于精子尾部帮助精子游动，此时线粒体会过度损耗。在受精过程中，精子的尾部会断在受精卵之外，以免已经受到损伤的线粒体进入受精卵。因此，受精卵的线粒体基因不包含精子基因信息，mtDNA 全部来源于卵子。[1]这也就意味着，一个人和他的母亲有着一样的 mtDNA，同时，和他的亲兄弟姐妹和他母亲的兄弟姐妹，以及他母亲姐妹的孩子都用相同的 mtDNA。从遗传学上，在比较封

〔1〕严庆丰、管敏鑫：“线粒体疾病与核基因——线粒体基因的表达调控”，载《生命科学》2008年第4期。

闭的小村庄，可能许多人追溯上去都从同一个女性那里继遗传了相同的mtDNA。因此，许多人的mtDNA都是一样的，故而mtDNA仅仅可以用作排他鉴定，而不可用作同一认定。

可是在本案中，单纯凭借浴室中的毛发和受害人拥有相同的mtDNA，法庭上就做了同一认定，认为这是受害者留下的基因证据，这明显是错误的。

而且该毛发来源存疑，取证极不规范。根据尸体勘验笔录记载，毛发“样本”提取系“被害人头面部，发长26厘米，色泽棕红”，但没有相应提取笔录或者物证登记表。而2004年6月7日辽公刑技（DNA）［2004］423号鉴定书记载的送检“样本”是“1根毛发，长约8厘米”，没有记载颜色。对提取的毛发“样本”长度上存在的矛盾及色泽上存在的疏漏，未见合理解释。同时，送检毛发的“检材”亦没有提取笔录和物证登记表，且“检材”颜色存在矛盾之处，2004年10月8日辽公刑技（DNA）［2004］423-1号鉴定书记载送检的3根毛发中有1根为棕色，与侦查机关2005年2月17日《关于柘荣县“2003.4.19”杨某辉被杀案件的物证提取及送检情况的说明》送检的疑似毛发颜色均为黑色的记载相矛盾，该矛盾没有合理解释。且该毛发系从下水道黏合物中提取，缪某华与杨某辉曾为恋人关系，亦不能排除案发前杨某辉到缪家时所留。

3. 作案工具

从缪家厨房提取的分尸工具菜刀一把、砧板一块，卷内未见送检的证据材料。其中菜刀宽8.5厘米，长30厘米，呈宽厚、平角、刃钝，与尸检鉴定报告记载的“尸块断端未见骨折、砍痕及明显切割痕，创缘整齐”等特征不相符。菜刀过于小，无法创缘整齐地进行分尸。且直至案发时，缪家依然在用这把菜刀以及砧板做饭，如果这是作案工具，则不符合一般人的心理与习俗。

4. 证人证言

本案中的证人证言是传来证据，没有其他证据补充，按照《刑事诉讼法》中的证据标准，仅有证言而无其他证据则不可采信。

5. 被告人口供

根据再审的结果，发现所谓的口供存在大量疑点，且存在被刑讯逼供的可能。

首先是口供本身的内在矛盾，各原审被告人的供述前后不一致，呈阶段性反复。尸体被发现时，被告人均否认作案，在之后的审讯中承认作案，审查起诉、审判阶段均否认作案或承认后又翻供，翻供理由均为被刑讯逼供、指供、诱供。各个被告人之间的口供矛盾重重，对于分尸地点、分尸工具等作案情况的供述都存在严重冲突。

其次是口供与案情的矛盾，而且有罪供述和现场勘查结果不一致。例如，供述中说被害人衣服在塑料袋里，可是在案发现场，被害人的衣服却被丢弃在地面。

古人说："夫人情安则乐生，痛则思死。捶楚之下，何求而不得?"[1]刑讯逼供是典型的非法取证，但屡禁不绝。我们有相应的措施来预防刑讯逼供。现在，检察系统普遍实行了职务犯罪案件侦查讯问全程录音录像制度，部分地方公安机关也对一些重大的暴力犯罪案件做了类似的尝试，这是技术带来的一大进步，对冤假错案的减少有一定的作用。在一般的审讯中需要录像无法刑讯逼供，但是在辨认现场的车上却无需录像，很容易被钻空子。可见办案人员的观念转变也很重要，不然总能找到空子去进行刑讯逼供。

6. 被告人缪某华、缪某树、缪某光对抛尸路线和抛尸现场的辨认笔录

辨认笔录记载，笔录制作地点系用于组织辨认的警车上，而在辨认录像中无侦查人员记录的画面，不能排除事先制作的可能性。缪某华、缪某树、缪某光均辩解被带至现场是指认而非辨认。

7. 大量证明被告人无罪的证据被排除

严格来讲，这并不属于非法证据排除，以下这些证据是合法的，能够在一定程度上证明被告人的清白，但是庭审中却没采纳，而被“排除”了。

其一，抛尸现场，提取的包裹尸块的浴巾及塑料袋上没有检见各原审被告人的生物痕迹，在杨某尸块上也未提取到各原审被告人的生物痕迹；未提取到车辙、车胎印迹及各原审被告人到过抛尸现场的痕迹，运送尸块的农用拖拉机上亦未提取到杨某的生物痕迹。如果真的是缪某华一家杀人抛尸，怎么会找不到相关的生物痕迹？这不符合逻辑。

其二，供述中被告人用拖拉机运送尸体，拖拉机发动的声音很大，如果真的如原审认定用拖拉机运输尸体，则不可能不发出声音。可是当晚附近居民都没有听到拖拉机的声音，而且地面上也没有提取到拖拉机的轮子痕迹。

〔1〕（西汉）路温舒："尚德缓刑书"，载（清）吴楚材、吴调侯编著：《古文观止》，司徒博文编译，作家出版社2008年版，第214页。

这与被告人的供述明显是矛盾的。

其三，被告人供述分尸地点是在家里的浴缸中，浴缸长158厘米，而被害人身高160厘米。在如此狭小的地方分尸，浴缸里竟然没有提取到受害者基因，这明显不可能。而且原审认定由三人共同分尸，而缪家浴室狭小，难以容纳三个人共同分尸。

我们可以回顾一些近年来翻案的冤案，会发现在侦察阶段收集证据时，往往只收集证明有罪的证据，而无视那些可以证明无罪的证据。其实证明无罪的证据更加重要，要证明一个人有罪，要举出每一环的证据，而证明一个人无罪，只需要在任何一环找到反例就能证伪他有罪。

在这起案件中，有相当多的证据都能推翻原判中认定的"事实"，而且这些证明无罪的证据都是案卷中显而易见的，在审判中却看不到这些证据被提及。在冤假错案中，我们面对的问题不仅仅是难以排除非法证据，同时也要看到，那些合法的、证明无罪的证据却被排除了。一切证据的取舍不取决于证据本身的效力，而是为提前预设好的有罪或无罪思路，这值得我们反思。

想减少冤假错案，排除非法证据必不可少。我们要杜绝非法证据的影响，除了要防范非法取证，也要对证据的合法性作出审查，有充分的机制去排除非法证据，规范证据制度。尽管在刑事诉讼法中已经作出规定，但是如果我们仍然将非法证据当成可以定案的标准，就会恶性刺激或激励司法工作人员去实施刑讯逼供等非法取证行为，[1]则非法取证就不会停止。

（二）疑罪从无落实难

疑罪从无是由无罪推定原则引申出来的一条金科玉律，其源自于自古就有的"有利被告"原则，目前已成为各国刑事司法领域的重要共识。[2]我国的刑事诉讼法也早已确立疑罪从无的原则。现实中，我们基本能意识到"疑罪从有"是错误的，但是却经常走向"疑罪从轻"的道路上。刑事诉讼中虽然也有"疑罪从轻"，但那指的是，一个人同时可能犯两个罪，无法确定犯了哪一个，则选择其中较轻的一者处罚，这种疑罪从轻是符合现代司法原则的。

可是实践中还有另一种"疑罪从轻"——将有疑点的案子轻判，这更容易被案件中涉及的各方所接受，冤假错案中经常能看到这种疑罪从轻在作祟。

---

〔1〕 陈瑞华："非法证据排除规则的理论解读"，载《证据科学》2010年第5期。

〔2〕 沈德咏："论疑罪从无"，载《中国法学》2013第5期。

克减冤假错案，就应彻底摒弃疑罪从轻这一冤案错案迭出的祸根，而坚决遵循疑罪从无的原则。〔1〕

人们最好的生存状态是心理平衡状态，过度的喜悦或悲伤都不利于身体代谢，在漫长的演化中，我们身体出现了心理补偿机制，身体会通过各种方式，让自己的心理趋于平衡。心理学上称为补偿心理，神经生物学上也有相应的解释。〔2〕

平衡心理的宏观表现是这样的。比如，有人在《三国演义》里读到诸葛亮会借东风，会做七星灯续命，对此深信不疑，觉得诸葛亮很厉害，心里给他的评分是10分，为了平衡这种感受，身体会逐渐默认这是正常的事，神经系统会产生相应的负反馈，让你对此习以为常。而当这个人读了《三国志》，发现诸葛亮不会借东风，虽然还是很厉害，但只有8分。此时，心理补偿的结果已经把10分状态默认成了正常的，那此时这个人对诸葛亮的评价不是客观的8分，主观上可能是-2分。同理，当人觉得会遭遇很糟糕的事，例如被判死刑立即执行，对人的影响是-10分，心理补偿的负反馈会将其默认为正常，使心理达到平衡。突然事情发生转变，立即执行变成了死缓，最后也会变成无期徒刑，变得不那么坏，-10分变成了-8分，虽然仍旧是糟糕的，但在此人的主观感受里，这种情况的分数是正2分。

在缪某华案中，杀害一名孕妇并将其分尸的行为不可谓不恶劣，原判已经判处了死刑，可是，却选择了不执行，这种留有余地的处理方式正是典型的疑罪从轻，其中也可以看到平衡心理的作用。

按照判决书上认定的案情，缪某华足够被判死刑，可是证据存疑，法院便采取一种“刀下留人，留有余地”的判决，没有判处死刑立即执行。知道现有证据不足以定罪，可是又不甘心放掉有重大嫌疑的人，不枉不纵二者难以得兼，就选择了一种折中的方式——先定罪，是为了“不纵”；但是留有余地不判死刑，是为了以后有可能的“不枉”。听起来很好，让嫌犯有了沉冤昭雪的机会，甚至这种和稀泥的判决还会让司法人员觉得自己“功德无量”，这就是平衡心理作祟。对于嫌犯来说，这种疑罪从轻甚至也会被认可。像缪某

〔1〕 刘宪权：“‘疑罪从轻’是产生冤案的祸根”，载《法学》2010年第6期。

〔2〕 Solomon R L, Corbit J D, “An opponent-process theory of motivation. I. Temporal dynamics of affect”, *Psychological Review*, 81 (1974), 119.

华案这样多年来坚持平反的案子并不多，在能看到的平反冤案中，许多是因为“真凶重现”，或者“亡者归来”而昭雪。而在此之前，那些被冤枉的人都已经放弃了反抗，若不是这种小概率意外让他们沉冤昭雪，他们可能一辈子背着杀人犯的恶名在监狱中度过。

而他们放弃反抗，很大一部分原因也是平衡心理。他们所知的信息并不透明，在刑讯逼供下甚至陷入绝望，自认为不可能翻案。这时告诉他们“坦白从宽，抗拒从严”，只要认了罪放弃反抗，就可以宽大处理，这简直就像即将溺死之人抓住的稻草。此时，蒙受不白之冤蹲监狱对于嫌犯自然是“恶”的，可是毕竟不用死，在平衡心理的影响下，他们甚至会觉得这是好的结果。吊诡的是，很多平反的案子，例如赵作海案，赵作海最后领到国家赔偿金和困难补助费65万元，“对此还表示很满意”，〔1〕随后在传销中，赵作海获得的赔偿款全部被骗。

疑罪从轻的可怕之处也在于，这可以让每一方都“很满意”，有学者认为。疑罪从轻的处理方法实际上创建了一个平台，在这个平台上，各方的利益和心态都得到了平衡，而这种平衡可能就成为孕育冤假错案祸根的因素。〔2〕疑罪从轻后，司法人员不用担心承担破不了案所要面对的舆论指责，也不用担心死刑带来一旦翻案不堪设想的后果。很多情况下，被告人在“不可抗力”的驱使下，也默认了这个很坏但不是最坏的结果，如下表所示，“疑罪从轻”便成了一种特殊情况下纳什均衡的最优解。〔3〕

	疑罪从无	疑罪从轻	疑罪从有
办案人员	破案压力	不枉不纵；留有余地	难以挽回的后果；难以定案
被告人	(刑讯逼供下看不到无罪可能)	较轻的刑罚	极端的刑罚

可是必须要意识到，留有余地的冤案依然是冤案。这种双方都可以接受

〔1〕“赵作海领到65万元国家赔偿金和困难补助费”，载《新华网》2015年5月18日最后访问。

〔2〕刘宪权：“克减冤假错案应当遵循的三个原则”，载《法学》2013年第5期。

〔3〕可以看到，在被告人看不到无罪可能的情况下，此时对于办案人员和被告人来说，疑罪从轻对于他们都是最好的结果。

的方式，却使得事情后果变得更恶劣。一起冤案的后果虽然轻了，但这套逻辑一旦成形，法治的千里之堤毁于蚁穴，冤假错案之溃口便堵不上了。

缪某华案特殊的一点在于，受冤枉的不只是缪某华一个人，还有他的家人，蒙冤的老父亲已经不明不白地死了。这些人没有像其他案件的被告人那样认罪，很大原因恐怕也是因为家人们都被冤枉了，他们认罪认得就不是自己的罪，而要让一家人都蒙受不白之冤。历经 14 年的时间，有了聂树斌案等大量案件在前，缪某华案才终于得以平反。迟到的正义已经不是正义了，但总比缺席要好。

（三）“公、检、法”相互制约难

《刑事诉讼法》第 3 条对公检法的职能作出规定，刑事案件的侦查、拘留、执行逮捕、预审，由公安机关负责；检察、批准逮捕、检察机关直接受理的案件的侦查、提起公诉，由人民检察院负责；审判由人民法院负责。并且在第 7 条规定，民法院、人民检察院和公安机关进行刑事诉讼，应当分工负责，互相配合，互相制约，以保证准确有效地执行法律。

可是，在实践中，“公、检、法”互相配合强于互相制约。在缪某华案中，侦查阶段提交的证据明显是有巨大漏洞的，没有一个可靠的证据，可是检察院和法院并没有在后续纠正这些错误，而是照单全吃，成为这些错误的延续，缺少了法律规定的本应该有的制衡，给了冤假错案滋生的土壤。

（四）“法治”与“法制”区分难

“法制”在英文中对应的词是“Rule by law”，通过法律进行统治，此时法律仅仅是工具，法是被动的，是为人治服务的。这种法制在秦朝就有了，秦始皇制定一大堆法律鞭笞天下，法律都是为他的统治服务。我们今天追求的不是这种法制。

我们现在说的“法治”，对应的英文词是“Rule of law”，法是主格，用法来治理政治，案件怎么判，也不取决于司法人员的好恶，而是法律本身的规律。法治一旦确立，任何人都不可能对制度产生根本性的影响。

（五）舆论是把双刃剑

目前对于舆论的理解总是有些问题，不专门搞传播学的人几乎一开口就错。比如一些论文写“大众舆论监督司法……”舆论是英文中“Public opinion”一词的翻译，本身的意思，就是“大众的意见”，前面加上大众、公众等词，就成了“大众的大众意见”，属于典型病句。[1]

而“舆论监督”是我们国家一个独有的概念，其他国家没有类似的提法，只规定了一些传媒的职责。舆论只是一种“opinion”，而监督的意思是监测、督查，人或者一些特定机构可以做出督查这个动作，而一种观点怎么能完成督查这个动作?“舆论监督”在传播学专业视角下看是很有问题的，但因为历史原因，我们把“舆论监督”的概念放在很重要的位置，这有一定的历史局限性。

民意可以监督司法，但是也要看到，“民意或舆论还可能是民众非理性甚至是极端的情绪表达，故而很容易会对司法公正造成负面影响，妨碍司法公正的实现”。[2]

其实单纯想要减少冤案很容易，每一起案件都坚守非法证据排除和疑罪从无，有疑点就不判有罪，都不判罪时自然没有冤案。可是，我们也要看到，减少冤案是有代价的。侦察手段不足的情况下，必然有大量案件的证据收集不到，或者不充分，疑罪从无意味着要放弃大量没有充足证据的案件，一些真凶可能会被放过，许多案件会成为无法了解的悬案。民众无法接受这些，必然会引发巨大不满。可以说舆论监察有利于提高司法效率，让我们不轻易放过罪犯，总体来说是有利的。可是当这种舆论建立在不理性的情绪之上时，便僭越了原本的作用，反而损害了法治，不利于案件的判决。因此，舆论是一把双刃剑，必须要完善配套的措施才能用好这把利剑。

（六）纠错机制未健全

徒法不足以自行。我们可以有相当丰富的理论支撑，来告诉我们冤假错案有多坏，告诉我们法治多么重要，但如果没有行之有效的机制去贯彻落实，那么冤假错案依然会发生。真理可以靠一条腿站立，但是想要让真理跑起来，得给它两条腿。

冤假错案的翻案往往具有偶然性，或者特殊性。前者如真凶再现、亡者归来；后者就像缪某华案这样一家五口被冤枉，咽不下这口气，坚持14年。

缪某华案的错判是我们要反思的，可是积极一面在于福建省高级人民法院敢于自我否定，主动纠错，使得缪某华五人沉冤昭雪。我们要从这起主动

〔1〕陈力丹：《新闻理论十讲》，复旦大学出版社2011年版，第303页。
〔2〕刘宪权：“民意、典论与司法公正”，载《解放日报》2012年1月8日。

纠错的案件中吸取经验，积极面对过去的错误。不能把冤假错案当妖魔鬼怪，冤假错案的纠正，最终也会给国家带来好处，即让民众对国家的整套法律制度树立信心。[1]司法审判不可能百分百没有冤假错案，我们能否纠错，是否能保证申诉的启动，保证再审的有效进行，这就显得尤为重要。

如何启动纠错机制，是纠正错案的核心问题。过去，纠错机制的启动是非常难的，缪某华案中，最早出狱的二哥缪某容出狱后即开始申诉，找人大代表，找最高院、最高检申诉，找福建省政法委、福建省高院，他都尝试过，可就是没有办法启动纠错程序。[2]平反的案件往往也有着一定的偶然性，而如何让平反从一个偶然事件变成一个常规事件，这是我们在纠错时要考虑的。

三、结语

缪某华案比起其他冤假错案，有两点特殊之处。一是涉及面广，一家五口人被冤枉。找不到充足证据，就认定亲人是帮凶处理了证据，以毁灭证据罪将更多无辜的人涉及其中，非常恶劣。二是这起案件为福建省高级人民法院主动纠错，与以往的“真凶重现”“亡者归来”型的翻案不同，这里勇于自我否定，直面错误的态度值得发扬。

我们想要践行法治理念，减少冤假错案，就需要我们完善制度，继续加强法治建设，落实法治精神，坚定不移全面推进依法治国。在冤假错案中，要恪守证据标准，坚持以审判为中心依法判案，提高办案人员素质，对冤假错案开启有效的纠正机制和追查机制，并且给舆论监察提供合理通道。这需要全社会各方面一起努力。

从党的十八届三中全会到十九大，司法体制改革稳步进行着，习近平总书记说：“深化司法体制综合配套改革，全面落实司法责任制，努力让人民群众在每一个司法案件中感受到公平正义。要努力让人民群众在每一个司法案件中都感受到公平正义，所有司法机关都要紧紧围绕这个目标改进工作，重点解决影响司法公正和制约司法能力的深层次问题。”[3]对司法体制改革又提

---

〔1〕 刘宪权：“克减冤假错案应当遵循的三个原则”，载《法学》2013年第5期。

〔2〕 卢义杰：“缪家五口陷分尸案洗冤十四年　法院改判无罪”，载《中国青年报》2017年9月12日。

〔3〕 习近平：“努力让人民群众在每一个司法案件中都感受到公平正义”，载《新华网》2013年2月24日最后访问。

出了更加深刻的、新的要求，在前期取得的改革成效基础上，对司法体制的综合配套制度，特别是司法责任制的全面落实，要进行深入的改革和监督，使我国的司法体制全面完善，形成社会主义现代化成熟的司法体制。我们也确实看到，近年来，司法机关依法纠正了一批影响深远的冤假错案，各地纠错平冤步入常态。态度上端正，直面冤假错案，同时建立完备的纠错机制。随着司法体制改革的推进，将克减冤假错案的行为落实到案件的每一个环节，切实让人民群众在每一个司法案件中感受到公平正义。

点　评

本文跨学科、跨专业的思维方式为法学学科观察、解释和回答问题提供了崭新的视角。从辛普森案中被告虽被判无罪但却承担了巨额民事赔偿和美国陪审团制度中陪审团有被操控的可能性来看，案件的事实是极度复杂与模糊的，需要对事实的繁复保持尊重。现如今，越来越多的冤假错案不断被曝出，也应注意到，除了被判处死刑、死缓等重刑案件外，被判处较轻刑罚的案件中也有一定的冤假错案存在，因而对申诉与再审制度以及相关的纠错机制进行完善显得尤为重要。要真正解决冤假错案问题，还要坚持以审判为中心的诉讼制度改革：在外部，改变以侦查为中心的老套路，在内部，坚持以庭审环节为中心。此外，法的实现过程中也不能忽视人在适用法律时的能动作用，司法中引入民主的因素也是极为必要的。总而言之，就如何杜绝冤假错案而言，需要作出以下几点努力：一是回归常识与理性；二是实现权力之间的制约，通过程序的设计进行控制；三是通过法治规范司法行为的全过程，特别是侦查的法治化。

（点评人：武汉大学博士后　彭超）

特殊机构工作人员拐卖儿童犯罪要论

——《关于审理被拐卖妇女儿童犯罪案件具体应用法律若干问题的解释》之解析

陆诗怡*

摘　要：拐卖儿童犯罪是我国社会中的一颗顽瘤，随着时代进步社会发展，国家立法和司法中打击拐卖力度不断加大，但与此同时，拐卖儿童犯罪的手段也在不断更新。在利益的驱使下，本应是儿童生命健康守护者的医疗机构、社会福利机构工作人员，甚至也会利用职务之便将魔爪伸向弱小的孩童，成为拐卖儿童犯罪链上的关键一环。本文对2016年底最高人民法院出台的《关于审理被拐卖妇女儿童犯罪案件具体应用法律若干问题的解释》进行解读，并着重针对该《解释》的第2条进行分析研究，探讨医疗机构、社会福利机构工作人员拐卖儿童犯罪的产生原因、表现形式和法律适用问题。

关键词：司法解释　特殊机构工作人员　拐卖儿童犯罪

孩子，是天下父母心底最柔软的地方；拐卖，是一个让所有有良知的人怒发冲冠的词汇；打拐，是全中国社会共同投入的一场轰轰烈烈的战役。2007年，电影《盲山》将一种批判的眼光投向了中国长期不断的社会问题——人口拐卖。2010年开始，“微博打拐”行动见证了中国全社会寻找被拐卖妇女儿童的决心和力量。2014年起，《亲爱的》《失孤》等热门影视剧更提升了整个社会对这一现象的关注度。2015年，一场关于“人贩子是否应当判死刑”的论辩席卷了所有人的社交圈。中国人民对拐卖妇女儿童犯罪的认识逐渐深

---

* 陆诗怡，武汉大学法学院2016级宪法学与行政法学硕士研究生。

入，与从情感迸发上升到理性思考。

我国对打击拐卖人口、预防遏制拐卖妇女儿童犯罪的力度也在不断加大。在2016年底，最高人民法院出台了《关于审理被拐卖妇女儿童犯罪案件具体应用法律若干问题的解释》（以下简称《解释》），自2017年1月1日起施行，对拐卖妇女儿童犯罪案件法律适用方面存在的一些争议进行了明确规定，更有利于从严惩治此类犯罪。其中第2条对实践中发生的医疗机构、社会福利机构等单位的工作人员将诊疗、护理、抚养的儿童出卖给他人的行为，明确规定以拐卖儿童罪论处。这使得某些医护人员、社会福利机构工作人员这一类人们熟知的最值得信赖、最应当仁者善心、最能够轻易接触到儿童的人群，利用工作之便实施犯罪的行为引起全社会的关注，对儿童的监护人提出警示，对该类工作人员的职业行为提出更严格的规范。

一、司法解释概述

（一）制定背景

本次司法解释于2016年11月14日由最高人民法院审判委员会会议通过，同年12月21日公布，自2017年1月1日起施行。目的在于依法惩治拐卖妇女、儿童犯罪，切实保障妇女、儿童的合法权益，维护家庭和谐与社会稳定，制定背景主要包括刑法有关规定和司法实践。

1. 立法背景

（1）刑法规定。我国现行《刑法》第240条规定了拐卖妇女、儿童罪，这是一项选择性罪名，对拐卖妇女、儿童行为作出了具体解释，即以出卖为目的，有拐骗、绑架、收买、接送、中转妇女儿童的行为之一。拐卖妇女、儿童罪的最高刑罚是死刑，条件是具备法律规定的八种情形之一并且情节特别严重。

我国现行《刑法》第241条规定了收买被拐卖的妇女、儿童罪，并且规定了收买被拐卖妇女、儿童又实施其他犯罪行为的罪数确定。

（2）司法解释。2000年1月，最高人民法院出台了《关于审理拐卖妇女案件适用法律有关问题的解释》，内容仅3条，对犯罪人和受害妇女是外国人或无国籍人的情况进行了规定。该解释结合了我国某些地区“买”外国新娘的实际，对跨国拐卖、收买妇女行为进行了有力打击。

（3）司法解释性文件。2000年，公安部公布了《关于打击拐卖妇女儿童犯罪适用法律和政策有关问题的意见》，对于拐卖妇女儿童犯罪的立案、管辖问题作出了明确规定；对需要立即解救被拐卖妇女儿童的情形进行了规定；同时对公安、司法等国家机关工作人员不解救或阻碍解救被拐卖的妇女、儿童的渎职犯罪进行了严格规定。

2010 年，最高人民法院牵头起草并会同最高人民检察院、公安部、司法部发布了《关于依法惩治拐卖妇女儿童犯罪的意见》，明确了“公安机关接到儿童及不满十八周岁少女失踪必须立即立为刑事案件”“以非法获利为目的出卖亲生子女以拐卖妇女、儿童罪论处”等制度和原则，并且对此类犯罪的取证工作作出了更高要求，并要求进一步加强 DNA 数据库的建设和完善。

（4）其他文件。2007 年底，国务院办公厅印发了《中国反对拐卖妇女儿童计划（2008-2012 年）》，针对当时我国拐卖妇女儿童团伙犯罪趋势明显，跨国案件增多，犯罪手段更加隐蔽，犯罪分子更加狡猾并不断变换作案手法，寻找新的侵害对象等特点，健全反拐工作协调、保障机制，建立集预防、打击、救助和康复为一体的反拐工作长效机制，最大限度地减少拐卖妇女儿童犯罪活动的发生，最大限度地减轻被拐卖妇女儿童遭受的身心伤害。

2013 年初，国务院办公厅印发了《中国反对拐卖人口行动计划（2013-2020 年）》，为有效预防、依法打击拐卖人口犯罪，积极救助、妥善安置被拐卖受害人，切实维护公民合法权益，进一步完善反拐工作长效机制，健全反拐工作协调、保障机制，细化落实各项措施，依法坚决打击、有效遏制拐卖人口犯罪，确保被拐卖受害人及时得到救助康复和妥善安置。

2. 实践背景

2015 年，全国法院审结拐卖妇女、儿童犯罪案件 853 件、判处刑罚 1362 人，与 2012 年审结 1918 件、判处刑罚 2801 人相比，下降 50%以上；2016 年 1 月至 11 月，全国法院审结 618 件，判处刑罚 1107 人。[1]

但是，拐卖妇女、儿童犯罪案件法律政策适用方面仍存在一些争议，亟须明确。例如，什么是偷盗婴儿出卖？如何区分正常的婚姻介绍与打着介绍

---

〔1〕 罗书臻：“依法惩治拐卖妇女儿童犯罪　切实保障妇女儿童合法权益——最高法院刑一庭负责人就《最高人民法院关于审理拐卖妇女儿童犯罪案件具体应用法律若凡问题的解释》答记者问”，载《人民法院报》2016 年 12 月 23 日。

婚姻旗号拐卖妇女犯罪的界限？实践中认识不一。自2015年11月1日起施行的《刑法修正案（九）》对收买被拐卖的妇女、儿童罪作了重大修改，体现了对收买被拐卖的妇女、儿童行为加大打击力度的精神，如何准确适用相关条款，亟须司法解释予以明确。

（二）内容亮点

1. 依法从严惩治，切实保障妇女儿童合法权益

拐卖妇女、儿童犯罪严重侵犯基本人权，社会危害性极大。《解释》通过明确“偷盗婴幼儿”“阻碍解救”等法律概念的涵义，区分拐卖妇女与介绍婚姻罪与非罪界限，列举数罪并罚情形，体现了对拐卖妇女、儿童犯罪依法从严惩治的精神。

2. 区别对待，切实维护家庭和谐与社会稳定

《解释》既体现有罪必罚，又根据罪罚相适应刑法基本原则和宽严相济形势政策，做到罚当其罪，体现政策，区别对待，以分化瓦解犯罪，减少社会对立面。其中第5条：收买被拐卖的妇女，业已形成稳定的婚姻家庭关系，解救时被买妇女自愿继续留在当地生活的，可以视为“按照被买妇女的意愿，不阻碍其返回原居住地”。这种人性化规定对维护家庭稳定，保护未成年子女成长环境有着非常积极的作用。

（三）延伸问题

该司法解释的颁布是对依法从严惩治拐卖妇女、儿童犯罪的一拳重击，但经过查阅相关资料和笔者自己的理解，认为我国法律法规在规制拐卖类型的犯罪时，还存在一些和当代实践中稍有不符，需要完善的地方。

1. 拐卖妇女、儿童犯罪与拐卖人口犯罪

拐卖妇女、儿童罪的前身是1979年《刑法》中规定的拐卖人口罪，1991年全国人大常委会通过的《关于严惩拐卖、绑架妇女、儿童的犯罪分子的决定》补充了该类犯罪行为，增设了拐卖妇女、儿童罪、绑架妇女、儿童罪以及偷盗婴幼儿等罪名，出现了刑法条文中拐卖人口罪与拐卖妇女、儿童罪并存的局面。1997年修订《刑法》将增设的三个罪名与拐卖人口罪合并为拐卖妇女、儿童罪一个罪名，取消了拐卖人口罪。并且后来通过司法解释及解释性文件对其不断扩充完善，从刑事立法上可以看得出对该类犯罪的罪名多样化、量刑趋重化的重点打击态度。

但是从“人口”到“妇女、儿童”的缩小，忽视了社会上同样存在的拐

卖除妇女、儿童外的其他“人口”情况的存在，比如残疾人以及成年男性劳动力。近年来有部分学者提出了恢复拐卖人口罪，将拐卖妇女儿童的行为作为拐卖人口罪的从重情节的建议。[1]在2008年至2012年的《中国反对拐卖妇女儿童计划》之后，国务院办公厅印发的《中国反对拐卖人口行动计划（2013-2020年）》也将妇女儿童扩大到了人口，并在文件中提及了被拐卖的残疾人等其他对象，似乎是释放出了再次扩大打拐规模的信号。

2. 拐卖与送养的界限

在2010年最高人民法院、最高人民检察院、公安部、司法部联合发布的《关于依法惩治拐卖妇女儿童犯罪的意见》中专门规定：以非法获利为目的，出卖亲生子女的，应当以拐卖妇女、儿童罪论处。同时要求严格区分借送养之名出卖亲生子女与民间送养行为的界限，区分的关键在于行为人是否具有非法获利的目的。

意见的规定已经较为详细，但是在社会实践中，关于送养人收取“营养费”“感谢费”的金额大小多少属于“合理范围”，是否应当一次性支付等问题难以确定，甚至出现了送养人以威胁等形式长期要求收养人给钱的情况。同时，部分收养人没有按照《收养法》规定到民政部门办理收养手续，造成了更大的隐患。也有人认为，当今社会不存在“家庭极其困难实在负担不起孩子”的情形，所有父母应当尽到养育责任，应当彻底抵制民间送养的行为。

3. 居间介绍买卖儿童的行为定性

从司法判例来看，司法实践对居间行为的定性并不一致。主要有三种定性意见：第一种观点对法律条文作字面理解，认为《刑法》第240条规定的拐卖儿童罪仅指以出卖为目的实施拐骗、绑架、收买、贩卖 、接送、中转儿童的行为。居间介绍人在买卖儿童的过程中只是起到了居间介绍、传达信息的作用而未亲自实施买卖行为。此外刑法并未将“居间介绍”作为拐卖儿童罪六种实行行为之一，因此根据刑法的谦抑性原则和罪刑法定原则，介绍买卖儿童的行为不应认定为犯罪。[2]第二种观点则认为介绍买卖儿童的行为发生在拐卖行为和收买行为之间，对达成买卖双方行为人的犯罪意图、实现双方信息的沟通起到了重要的帮助作用，符合共同犯罪的成立条件，应当按照

---

〔1〕 刘宪权：“论我国惩治拐卖人口犯罪的刑法完善”，载《法学》2003年第3期。

〔2〕 董文辉：“介绍买卖妇女、儿童行为的性质认定”，载《法学》2014年第3期。

拐卖儿童罪或者收买被拐卖的儿童罪的共犯论处。[1]第三种观点认为，在司法实践中居间介绍行为起到在拐卖者与收买者之间牵线搭桥、内引外联促成交易的作用，对此种行为不应该以某种犯罪的共犯进行处理，应该设立独立罪名“介绍买卖儿童罪”。

二、特殊机构工作人员拐卖儿童的犯罪构成及特点

（一）犯罪构成

医疗机构、社会福利机构工作人员拐卖儿童并不是一个独立罪名，其犯罪构成与拐卖儿童罪完全一致，在此仅是对这种犯罪情形作一个详细列举。

1. 犯罪主体

按照拐卖儿童罪的主体要求，一般主体均是该罪的实施主体。在司法解释的该条文中，医疗机构、社会福利机构等单位的工作人员主要包括以下几类：

（1）医院工作人员。这里的医院应当作扩大解释，包括所有依法设立的医院、诊所等医疗机构。其中的工作人员也不应当仅限于取得从业资格的医生和护士，应当包括所有该医院聘用的，对儿童负有诊疗、护理责任的工作人员。

（2）红十字会工作人员。红十字会属于社会福利组织，为受到战争、自然灾害、意外等侵害生命健康的人提供人道主义救助。其中的工作人员，包括某一阶段的志愿者，在工作中出卖其诊疗、护理的儿童，都属于拐卖妇女儿童犯罪。

（3）儿童福利院工作人员。儿童福利院是主要收养无人抚养的孤儿，弃婴和残疾儿童的社会福利事业单位。其工作人员对收养的儿童负有护理、抚养的义务。

（4）救助站工作人员。救助站是指县级以上城市人民政府根据需要设立的流浪乞讨人员的救助站。救助站应当向受助人员提供所需救助，包括提供食物和住处、送医就诊、联系家人等，对所接收的儿童更应当重视保护。

2. 主观方面

该条文规定的拐卖儿童的形式主要是出卖，行为人的目的是非法获利。

---

〔1〕 徐崇峰：“拐卖儿童犯罪刑法规制体系的完善”，吉林大学 2016 年硕士学位论文。

若无非法获利目的将婴幼儿及儿童“送”给他人，同样可能成立别的形式的拐卖儿童罪，如拐骗、中转等。

3. 犯罪客体

拐卖儿童侵害了被拐卖儿童的人身自由、身体安全，也侵害了被拐卖儿童父母的监护抚养权利，严重破坏了家庭关系，也有学者认为，人格尊严是该罪侵犯的客体。拐卖妇女、儿童罪的本质属性是将人当作商品予以出卖，其侵犯的是公民的人格尊严。人格尊严是人和其他物品的本质区分。当一个人被当作商品进行买卖时，无论其同意与否，都是对其作为人的人格尊严的侵害。[1]

4. 客观方面

出卖行为，即交出儿童、换得钱财是本条规定的客观行为。这主要基于实践中医疗机构、社会福利机构工作人员能够轻易取得儿童监护人信任，或者单独照看儿童的情形，他们能够更轻易地将其管理的儿童出卖，且利用职务之便容易隐藏犯罪痕迹，推卸责任，误导家长。

（二）犯罪特点

医疗机构、社会福利机构工作人员拐卖儿童的犯罪行为与一般拐卖儿童的“人贩子”相比要简单、隐蔽很多，主要有以下特点：

1. 轻易掌控儿童

由于职业的特殊性，患儿的家属会无条件信任治病的医生，福利院、救助站的儿童本来就没有父母抚养或者已经脱离父母的管控，完全依赖这些机构的工作人员，并且他们每天能够经手治疗、护理的儿童有很多，这为他们拐卖儿童提供了充足的“货源”。并且他们不需要像一般人贩子一样想方设法骗取儿童信任，将其长途转移地点等，在有“买家”的时候，可以很快实施犯罪。

2. 犯罪实施隐蔽

由于这类行为人的工作单位是公共场所，本来就是各类违法犯罪行为的高发地，人来人往鱼龙混杂，为他们实施转移出卖行为提供了方便，且省去了长途转移等风险，犯罪行为能够更加快速完成，一般这些行为人非法获利

---

〔1〕王志祥、杨莉英：“论拐卖妇女、儿童罪的犯罪客体及其刑法意义”，载《法治研究》2013年第7期。

的数目也会大很多。

3. 容易逃脱罪责

也是由于职业的特殊性，在医院丢失孩子的父母首先会怀疑有不法分子在医生疏忽时抱走孩子，继而追究院方管理职责，让真正的犯罪分子难以被发觉；在福利院少了一个弱小或残疾的孩子，上级机关也很难发现并且花费极大代价去排查追责。因此，这类特殊机构工作人员的犯罪行为很难被发觉并受到法律制裁。

三、特殊机构工作人员拐卖儿童犯罪的责任追究

当医疗机构、社会福利机构的工作人员由天使变为魔鬼，实施拐卖儿童的恶劣犯罪后，我们要明确对其的责任追究。拐卖儿童罪的刑罚已经在刑法及配套司法解释中规定得非常详细具体了，在这里我们重点讨论的是一些特殊情形下的责任追究问题。

（一）特殊的行为——人工引产、谎称产下死胎

通过之前我们对医疗机构工作人员拐卖儿童的犯罪构成分析，他们比一般“人贩子”实施犯罪要简单隐蔽，但是同时，我们也要认识的在现实中，法律法规对医疗机构及其工作人员有着相当严格的规制，医院的监控等管理措施也不断完善；随着法律意识的提高和国家政策下家庭对孩子的重视程度提高，大多数的监护人也会时时守护着自己的孩子。医疗机构工作人员要想实施出卖其诊疗、护理的儿童还是有很大风险的。

但是仍有些泯灭人性的医疗机构工作人员，会采用一些绝对隐蔽，且很难让院方和家长发现，甚至让父母认为这个孩子从未来到这世界的方法——人工引产手术中，被亲生父母“放弃”的孩子；或者在产妇生产时，对家属谎称孩子刚生下就已经“死亡”。

2015 年，民政部开发的“全国打拐解救儿童寻亲公告平台”公布的第一批 284 个孩子中，有 7 个是浙江的，都是男孩子，其中 6 个孩子都还是嗷嗷待哺的婴儿，没有名字。这 6 个孩子都是在温州苍南警方捣毁的一个贩卖团伙中解救出来的。令人震惊的是，涉案人员里竟然有医生。有爆料人说，犯罪嫌疑人李某医术高超、经验丰富，在为别人做引产手术时，可通过减少用药量等手段提高婴儿存活率，手术结束后，明明婴儿是活的，李某却谎称婴儿已死亡或者有严重缺陷。事后，李某再找个适当时机，把活婴带走养一段时

间再高价卖出。

2013 年，“陕西富平产科医生私卖婴儿”这一跨省拐卖婴儿团伙案件震惊全国。检方指控，富平县妇幼保健医院妇产科副主任张某侠分别于 2011 年 11 月至 2013 年 7 月，拐卖 7 名儿童，并致其中一名婴儿死亡。在此过程中，受害儿童分别被卖到河南、山东以及陕西富平本地，张某侠从中获利数千元至数万元不等。法院认定，被告人张某侠身为医务人员，利用诊疗之便，采取编造婴儿感染难以治愈疾病，身体有畸形等手段，拐卖新生婴儿多人，其行为违背职业道德和社会伦理，主观恶性极大，社会影响恶劣，情节特别严重，张某侠虽有坦白情节，但综合全案犯罪事实依法应从严惩处。依据刑法相关规定，一审法院判决被告人张某侠死刑缓期二年执行，剥夺政治权利终身，并处没收个人全部财产。

十月怀胎一朝分娩何其艰辛，一个孩子的诞生是整个家庭的期待和幸福。在产妇分娩的之后就立即谎称孩子“养不活”，是对母亲身心的摧残，是对家庭社会的折磨。这类行为人不仅触犯了法律，也丧失了职业操守，更破坏了社会伦理。在定罪上，行为人被判拐卖儿童罪无可非议；在量刑中，其主观恶性极大，社会影响恶劣，情节特别严重，应当从重量刑。《中国青年报评论》陕西富平产科医生私卖婴儿案时指出：“在县域‘熟人社会’中，张某侠的行为彻底颠覆了温情，撕裂了人际的基本信任。由此造成的恶劣影响，恐不亚于医卫制度失守。这固然是一起极端个案，但它击穿了制度和伦理两条底线的设防，因而其警示必须超越个案，开启一种更具普遍性的反省。”笔者认为，在《刑法》第 240 条规定的结果加重犯的规定中，可以补充一条“医疗机构工作人员出卖婴幼儿的”，对医疗机构工作人员的职业行为和职业道德严加约束，对其利用职务之便拐卖婴幼儿的行为狠打严打。

（二）特殊的共犯——儿童亲属

在社会中，由于家庭关系的复杂，可能由于种种原因，孩子的父母或其他亲属会作出不再抚养孩子的决定，结合特殊机构工作人员拐卖儿童的情节，可能会出现以下几种行为。第一种是由于新生儿残疾或送医儿童治愈希望渺茫，亲属将其遗弃在医疗机构或社会福利机构，再被机构工作人员出卖。这种情形又包括亲属先遗弃在医疗机构或社会福利机构，工作人员拾到后为非法获利自己出卖儿童，和亲属对工作人员明确表示不要孩子了，可以由工作人员“自行处理”，工作人员将其出卖并且家属知情的情况；第二种是儿童家属与工作人员共谋，通过其将儿童出卖，双方都非法获利。不同的情况对双方是否共同犯罪和定罪罪名有不同影响。

第一种情况下，亲属遗弃儿童和工作人员出卖之间没有共同犯罪意图，应当分别按照遗弃罪和拐卖儿童罪定罪处罚。第二种情况下，亲属遗弃儿童，并且明知孩子可能被拐卖而放任不管，应当属于遗弃罪和拐卖儿童罪的想象竞合犯，应当与工作人员的拐卖儿童构成共犯。第三种情况下，亲属和工作人员共同图谋出卖儿童以非法获利，构成拐卖妇女儿童罪的共犯。

（三）特殊的主体——单位责任

在医疗机构、社会福利机构等单位工作人员拐卖儿童犯罪中医疗机构、社会福利机构应不应当承担责任，应当如何担责呢？

根据《刑法》规定，拐卖妇女、儿童罪的主体是自然人，不包括单位主体。但是在医疗机构、社会福利机构等单位的工作人员拐卖儿童的案件中，行为人的犯罪行为不仅触犯了法律，更是违反职业规定和职业道德。其所工作的单位作为国家事业单位或者社会福利机构应当承担相应的行政责任和法律责任，才能更严厉地打击这种犯罪，加强监管，还这些场所一片净土。在实践中，单位不作为拐卖儿童罪的主体，在其工作人员拐卖儿童的情形下，有的单位会被其上级单位或主管部门处以行政上的处罚，或承担赔偿费用。

笔者认为，刑法规定的该罪犯罪主体合乎法理和逻辑，对于单位责任，应当在相应的部门规章或监管条例中予以明确。单位对本单位内部出现的工作人员拐卖儿童犯罪，应当承担监管不力的责任，如果有案件接连发生，拐卖儿童数量较多，造成社会影响较大的情况，应当对单位进行专门监察，对主要负责人追究行政责任和渎职等法律责任。

结　语

本次出台的司法解释是对审理拐卖妇女、儿童犯罪案件适用法律若干问题的具体规定，对于严厉打击拐卖人口犯罪，依法审理案件、惩处犯罪行为人有着重要的理论和实践意义。医疗机构、社会福利机构等单位工作人员拐卖儿童的行为对于家庭稳定、伦理人常、社会信任都会产生巨大冲击，必须依法从严惩处，其所带来的社会伦理问题也值得进一步研究。

点　评

对本案进行解读应当注意以下几个方面：其一，研究问题要紧扣核心内容，在刑法问题之外，公法专业的同学要学会将研究方向联系到宪法、司法等领域；其二，应当在刑事手段之外探讨其他解决模式及其与刑事法律手段之间的配合机制，以期共同实现对妇女儿童权益的保护；其三，对相关事业单位工作人员的拐卖行为，所属单位是否应当承担连带责任的问题。建议在考量避免刑法无限制延伸的前提下，让单位承担相应的民事赔偿责任更为合理，这也是我国社会当前相关救助机制不完善情形下的合理选择。同时，也应将相应的行政责任引入其中。其四，当前的拐卖妇女儿童罪较之先前的贩卖人口罪可能存在保护对象范围有漏洞的风险，部分受害主体包括残疾人、青壮年、老年人并不能得到相应的保护，需要对立法进行进一步完善。

（点评人：武汉大学法学院　江国华教授）

冤案矫正与人权保障

——江西乐平“5·24”奸杀案论析

王　鲁*

摘　要： 2014年以来，我国冤案平反成为常态。冤案对于司法的公信力有重要的影响，健全冤案防范与冤案纠错机制，加强人权司法保障，是法律正义价值的体现。本文以江西乐平“5·24”奸杀案为背景，深入分析了冤案发生的内在机理，着眼于案件侦查、起诉、审判全过程，从社会背景、公检法三机关的关系、证据制度、以审判为中心的诉讼制度改革等方面进行分析，为冤案防范和冤案纠错提供了路径。

关键词： 江西乐平“5·24”奸杀案　冤案　冤案防范与纠错机制　人权司法保障

一、案情梳理

2000年5月23日晚，江西省景德镇市乐平市中店村附近发生一起命案，当地一超市老板蒋某才与随行女子郝某遇害。两年后（2002年）的5月23日至6月4日，中店村村民程某和、黄某强、方某平、程某根均被抓获，同案嫌疑人汪某兵逃跑。[1]景德镇市人民检察院以故意杀人罪、抢劫罪、强奸罪、

* 王鲁，武汉大学法学院2016级宪法学与行政法学硕士研究生。

〔1〕 江西省高级人民法院：“黄某强、方某平、程某根、程某和故意杀人、抢劫、强奸、敲诈勒索再审刑事判决书”，载中国裁判文书网 http://wenshu.court.gov.cn/content/content? DocID=29cb2d9b-bfe1-4981-9ab6-96731f22f6b6&KeyWord=黄某强、方某平、程某根、程某和，2017年12月3日最后访问。

敲诈勒索罪对被告人黄某强、方某平、程某根提起公诉，以故意杀人罪、抢劫罪、强奸罪对被告人程某和提起公诉。景德镇市中级人民法院于2003年7月7日作出一审判决，判处黄某强、方某平、程某根、程某和死刑。宣判后，四被告人提出上诉。2004年1月17日，江西省高级人民法院作出二审裁定，以原判认定事实不清、证据不足为由，发回景德镇市中院重新审判。2004年11月9日，景德镇市中院依法另行组成合议庭重审后，于2004年11月18日作出一审判决，仍判处四被告人死刑。宣判后，四被告人再次提出上诉。2006年5月31日，江西省高院认为原判定罪准确，审判程序合法，但作出了“鉴于本案具体情况，4名被告人由死刑改判死缓”的判决。判决发生法律效力后，黄某强、方某平、程某根、程某和提出申诉。2011年12月，真凶方某崽落网。2013年6月，“5·24”奸杀案逃跑的同案犯汪某兵在南昌落网。在零口供的情况下，乐平市公安局以汪某兵涉嫌抢劫、强奸、故意杀人向乐平市检察院移送审查起诉。汪某兵于2014年因故被取保候审。2016年4月27日深夜，江西省高院发布消息称决定再审此案。乐平市公安局于2016年5月25日将关键证据“公安部［2013］1467号物证报告”原件移送江西省检察院。因涉及个人隐私，江西省高院于2016年11月30日对本案进行了不公开开庭审理，江西省检察院将该报告作为新证据予以出示。2016年12月22日公开宣判，宣告黄某强、方某平、程某根、程某和无罪。

从以上梳理的案情脉络来看，此案件从2000年案发到2016年真相大白、尘埃落定，历经16年有余，其间经历了：一审判决死刑——四被告人上诉——二审裁定发回重审——另行组成合议庭重审仍一审判决死刑——四被告人再次上诉——二审改判死缓——四被告人提出申诉——5年后真凶落网——启动再审——改判无罪。

二、案件侦查、起诉、审判过程分析

江西省高院将案件从第一次退回重审到第二次二审认定一审判决，期间并没有出现新的证据，为何两次会有不同的判定结果？在真凶落网之前，江西省高院为何就将死刑改判为死缓？真凶出现后检察机关为何没有立即启动再审？冤案的发生不仅仅是法律实施不力单方所致，更有政治因素、社会因素等多方面的共同作用。因此，我们必须审时度势、立足全局来思考此案纠错的历时之久。

（一）侦查阶段

2002年8月，乐平市公安局作了一份案件情况说明[1]：对指认现场进行反复、仔细勘查取证，未提取到有价值的物证。然而乐平市公安局勘查现场笔录显示，在案发现场提取到29枚烟头、毛巾等物证，但未见鉴定。同属于案卷材料的现场笔录与说明材料发生了明显的矛盾，根据《刑事诉讼法》第115条“公安机关对已经立案的刑事案件，应当进行侦查，收集、调取犯罪嫌疑人有罪或者无罪、罪轻或者罪重的证据材料”的规定，乐平市公安局应当对该物证进行鉴定。这是印证4名犯罪嫌疑人作案与否的最直接、最科学的方法：鉴定结果如果不一致，可排除嫌疑人全部或部分为凶手；鉴定结果如果一致，可确定嫌疑人为凶手无疑。在侦查期间，辩护律师多次提出对这些证据进行鉴定，但未获支持。2013年直到自称为真凶的方某崽出现，乐平市公安局才向公安部物证鉴定中心送检一份材料。这份材料包括“5·24”案现场提取的29枚烟头，黄某强等4名被告人、方某崽及汪某兵父母的血样。“公安部［2013］1467号物证报告”显示，通过DNA鉴定，显示有3枚烟蒂上的DNA来源于方某崽的可能性大于99.99%。2013年汪某兵被抓获后，在零口供的情况下被移交审查起诉期间，乐平市检察院向乐平市公安局发出补充侦查意见书，要求补充包括汪某兵有无作案时间等在内的11项补充意见。其中一项就是[2]：“根据勘查笔录，现场有29个烟头，两根弹力绳，一件短裤等物证及痕迹，侦查人员当时未提取唾液进行DNA鉴定，也未提取指纹及进行痕迹比对，请收集其他证据证明汪某兵是否参与本案。”针对乐平市检察院11项补充侦查意见，乐平市公安局用百余字的补充侦查报告作了回应[3]：“汪某兵拒不配合，核实作案时间工作无法顺利开展；汪某兵至今未交待犯罪事实，4名同案人均已翻供，故有些补侦工作无开展意义，且涉及的有关事实、证据原审判决均已认定。”此时物证鉴定报告已经作出，侦查机关对汪某兵的移交审查起诉程序中，并没有将物证鉴定报告随卷提交给检察院。乐平

---

〔1〕“江西乐平冤案疑似真凶方某崽受审，检方追加起诉另一起命案”，载澎湃新闻网 http://www.thepaper.cn/newsDetail_forward_1683707，2017年12月3日最后访问。

〔2〕“江西乐平冤案疑似真凶方某崽受审，检方追加起诉另一起命案”，载澎湃新闻网 http://www.thepaper.cn/newsDetail_forward_1683707，2017年12月3日最后访问。

〔3〕“江西乐平冤案疑似真凶方某崽受审，检方追加起诉另一起命案”，载澎湃新闻网 http://www.thepaper.cn/newsDetail_forward_1683707，2017年12月3日最后访问。

市公安局在侦查之初没有先对破案有价值的线索进行排查，而是在有罪推定黄某强等人系真凶的前提下去采集证据，存在先入为主、故意隐藏证据之嫌。

（二）起诉阶段

案卷材料显示凶手作案时没有戴手套，但乐平市公安局未对现场收集到的物证提取指纹。发回重审后的第二次庭审笔录显示，在法庭辩论阶段，针对案发现场提取的29枚烟头等物证未经鉴定的问题，公诉人提出了“公安机关当时根本不可能提取到相关指纹，辩护人这是强人所难”“有些证据无法找到”的意见。〔1〕但《刑事诉讼法》赋予了此情形下人民检察院自行侦查的权力。〔2〕可以判断，检察院在乐平市公安局未补充侦查的情形下没有主动自行侦查。2005年1月，8名辩护律师在第一次上诉期间联合署名，向江西省高院提出物证鉴定申请。他们“妥协”地提出〔3〕：“由于指纹鉴定已时过境迁，我们不再要求，但是对唾液血液的DNA鉴定依然可以进行的。”这一鉴定申请也未获支持。

（三）审判阶段

一审开庭前，黄某强等4人都作了有罪供述。然而，景德镇中院开庭审理该案时，他们均当庭翻供否认作案，并称遭到刑讯逼供。根据《刑事诉讼法》的相关规定，此时审判人员应当对证据收集的合法性进行法庭调查。〔4〕但是在本案一审法庭审理过程中，审判人员针对当事人的申辩，没有根据法律规定要求人民检察院对证据的合法性予以说明，对四被告人及其辩护人提出的“四被告人的有罪供述是公安机关刑讯逼供、诱供的”辩护理由和意见不予采纳，作出了有罪判决，非法证据排除规则没有得到法庭的贯彻。

---

〔1〕“江西乐平冤案疑似真凶方某崽受审，检方追加起诉另一起命案”，载澎湃新闻网 http://www.thepaper.cn/newsDetail_forward_1683707，2017年12月3日最后访问。

〔2〕《刑事诉讼法》第117条：“人民检察院审查案件，对于需要补充侦查的，可以退回公安机关补充侦查，也可以自行侦查。”

〔3〕“江西乐平冤案疑似真凶方某崽受审，检方追加起诉另一起命案”，载澎湃新闻网 http://www.thepaper.cn/newsDetail_forward_1683707，2017年12月3日最后访问。

〔4〕《刑事诉讼法》第54条：“采用刑讯逼供等非法方法收集的犯罪嫌疑人、被告人供述，应当予以排除。在侦查、审查起诉、审判时发现有应当排除的证据的，应当依法予以排除，不得作为起诉意见、起诉决定和判决的依据。”《刑事诉讼法》第56条：“法庭审理过程中，审判人员认为可能存在本法第五十四条规定的以非法方法收集证据情形的，应当对证据收集的合法性进行法庭调查。”

从景德镇市中院一审判决认定的事实可以看出[1]：首先，按照尸检报告，被害人蒋某的创口都较规则地排布在头部右侧，且有7处钝器伤。这和黄某强四人所供述的乱刀砍死有很大出入。其次，根据判决书，案发次日乐平市公安局勘察命案现场时，4名被告人在距现场不到400米的树林里分尸灭迹，既不合情也不合理。再次，本案定罪证据只有口供，缺乏证明犯罪的物证等关键证据，如砍死蒋某才的工具、分尸工具未见；抛尸地点未找到“尸块”；现场也未提取到与被告人有关的任何痕迹，而且4名被告人的有罪供述互相矛盾，与勘验现场笔录的细节大相径庭。最后，4名当事人都申辩过自己没有作案时间，汪某兵是从家人口中得知警方在抓他，4名当事人的不在场证明均有证人证言证实。景德镇市中院在案件证据明显不足的情况下依然作出了有罪判决。

江西省高院在二审中对第一审判决认定上诉人黄某强、方某平、程某根、程某和及汪某某五人抢劫、杀害被害人蒋某某，将被害人郝某轮奸后杀害、分尸及事后黄某强、方某平、程某根敲诈勒索的犯罪事实予以了确认，认为第一审判决对黄某强、方某平、程某根、程某和所犯罪行定罪准确，但又以“鉴于本案具体情况”作了一份留有余地的判决：对黄某强、方某平、程某根、程某和判处死刑，可不立即执行，[2]判决书却并未就具体情况展开说明。江西省高院鉴于具体情况改判死缓的行为暗示了其审判依据的不充分与不确定，即没有达到案件事实清楚、证据确实充分的标准，审判行为并没有践行疑罪从无的规定。

（四）诉讼全过程

在案件侦查、起诉、审理期间，辩护律师均多次申请法院对关键物证进行鉴定并移交证据，但均未获法院支持。这显然违背了《刑事诉讼法》的

[1] 参见江西省高级人民法院：“黄某强、方某平、程某根、程某和故意杀人、抢劫、强奸、敲诈勒索再审刑事判决书”，载中国裁判文书网 http://wenshu.court.gov.cn/content/content? DocID = 29cb2d9b-bfe1-4981-9ab6-96731f22f6b6&KeyWord=黄某强、方某平、程某根、程某和，2017年12月3日最后访问。

[2] 参见江西省高级人民法院：“黄某强、方某平、程某根、程某和故意杀人、抢劫、强奸、敲诈勒索再审刑事判决书”，载中国裁判文书网 http://wenshu.court.gov.cn/content/content? DocID = 29cb2d9b-bfe1-4981-9ab6-96731f22f6b6&KeyWord=黄某强、方某平、程某根、程某和，2017年12月3日最后访问。

规定。[1]本案在侦查、起诉阶段，辩护律师对物证的鉴定申请及移交请求遭到拒绝后，法院应当依法支持辩护律师的申请。真凶落网后，多名申诉代理律师到江西省高院申请查阅案卷，均遭到拒绝，而江西省高院拒绝辩护律师的阅卷申请并没有合法依据。直至2015年7月6日，江西省高院才安排律师在8月初阅卷。2016年11月2日，辩护律师们第一次看到迟到了16年的鉴定报告。对于被告人及其辩护律师来说，这是一份被“逼”出来的证据[2]。2016年4月江西省高院决定再审“5·24”案后，程某和的辩护律师王飞在阅卷过程中发现，其中一份名为［2013］1467的报告，乐平市公安局并未移送给江西省高院，他怀疑乐平市公安局有其他新证据未移送法院，于是向江西省高院提出申请，要求调阅所有与本案有关的新证据。事实上在辩护律师之前，江西省检察院审查该案时早已发现这一问题。2016年5月12日，江西省检察院向乐平市公安局发出通知，要求提供包括“报案、破案相关材料”“现场勘查”“鉴定意见”“书证”等在内的6项与法庭审判所需证据材料。最终在2016年5月25日，乐平市公安局将这份报告原件移送江西省检察院。辩护律师的职责就是根据事实和法律，维护犯罪嫌疑人、被告人的诉讼权利和其他合法权益。辩护律师作为当事人合法权益的守护者，如果他们都无法正常行使法律保障的权利，就更不可能积极有效地为当事人辩护，维护当事人的合法权利。追踪案件审理过程发现，辩护律师在整个诉讼过程中的合法权利没有得到切实保障，致使他们无法有效地为当事人进行辩护。

三、冤案防范、冤案纠错与人权司法保障

从以上对案件侦查、起诉、审判的全过程的分析，可以看出司法审判过程中公、检、法之间的相互关系对案件的影响；结合案件发生时的整体环境，同时可以判断出案件当时所处政治环境以及社会力量对案件的推动。

---

〔1〕《刑事诉讼法》第39条规定：“辩护人认为在侦查、审查起诉期间公安机关、人民检察院收集的证明犯罪嫌疑人、被告人无罪或者罪轻的证据材料未提交的，有权申请人民检察院、人民法院调取。”《刑事诉讼法》第190条规定：“审判人员应当听取公诉人、当事人和辩护人、诉讼代理人的意见。”《刑事诉讼法》第192条规定：“法庭审理过程中，当事人和辩护人、诉讼代理人有权申请通知新的证人到庭，调取新的物证，申请重新鉴定或者勘验。”

〔2〕“江西乐平冤案疑似真凶方某崽受审，检方追加起诉另一起命案”，载澎湃新闻网 http://www.thepaper.cn/newsDetail_forward_1683707，2017年12月3日最后访问。

（一）案件发生时的社会背景

在黄某强、程某和、程某根、方某平四人被判入狱后，乐平市没有因此回归清净。反而，在2004年至2011年的8年间，紧邻城区的登高山一带，发生十余起针对女性的侵害案，作案方式包括绑架、强奸、猥亵、抢劫、杀人等，手段十分残忍，作案时间飘忽不定，不分昼夜，主观随意性十分大，毫无客观规律可循。专案民警和专家都竭尽全力想侦破此案，然而收效甚微。每年都有女性遭到侵害，而案件却一直未告破，给乐平市带来强烈的社会影响，民众安全感几乎到了临界状态，有些女性甚至白天也不敢单独出门。届时政府对于维稳的重视程度是超乎寻常的。如此风声鹤唳的社会治安环境无疑给了侦查机关压力，乐平市公安局认为“5·24案”4名被告人的入狱会缓解舆论危机，这是乐平市公安局当初在完全有鉴定条件的情况下不对该案的关键性物证做鉴定的最大可能原因之一。江西省高院也基于被害人家属和社会公众的压力，对于证据存疑、定放两难的本案，不敢坚持疑罪从无，而是采取了疑罪从轻的妥协处理方式。

法作为维持社会稳定的工具，其秩序价值十分重要，但是为了秩序价值牺牲自由价值和正义价值的做法不可取。当时的刑事司法领域，“命案必破”的司法理念导致了侦查机关巨大的破案压力，但侦查资源也是有限的，考虑到当时的条件下还原案件真相的可能性，我们不能片面地以现在的司法理念去道德审判本案的案件审理和判决过程。因此，我们要树立的冤案纠错理念之一就是，法官不能因为其学识水平和能力而为冤案担责。但是，我们更要明确的一个重要理念是：疑罪从无不等于疑罪从轻，法定的证明标准不能有丝毫让步。2014年“呼格吉勒图案”的平反无疑是中国法治社会的一个里程碑，不仅推动了包括本案在内的一系列冤案的再审，更是“法治”理念取代“人治”理念的体现。“人治”到“法治”理念的变化昭示着，法治思想在刑事诉讼过程中的贯彻对人权司法保障将产生重要的影响。

（二）证据制度

造成冤假错案的因素是多方面的，刑事案件是一种既往发生的事件，它需要由一系列证据来说明，而且也是办案人员不断认识、发现事实真相的一个过程；它需要运用证据、依据证据规则来还原案件事实的本来面目。侦查是刑事诉讼的第一道工序，也是刑事诉讼中收集、固定证据的关键环节。“5·24”奸杀案如果属于团伙作案，那么侦查机关调查的证据应当具有一致性。但是，本案案卷材料显示，4名被告人的口供相互之间存在明显矛盾，说明侦查机关在侦查此案过程中没有遵循证据标准。主要证据IC卡通话记录及电信公司出具的证明、证人郭某某等的证言、尸体检验报告、现场勘查笔录与4名被告人的有罪供述之间按理应当是相互印证的，这是口供证据的基本要求。本案既缺少直接指向被告人作案的实物证据，又缺少指向性明确的言词证据，定案主要依靠口供，离开被告人的有罪供述，几乎没有任何有价值的定案根据，且被告人的口供前后不一，相互之间存在明显矛盾。因而我们必须认识到，冤案防范的首要措施是强化对客观性证据的收集，弱化口供在案件侦查中的作用。

刑讯逼供、非法取证是冤假错案的罪魁祸首，只有在案件审理过程中依法排除非法证据，才能倒逼侦查机关按照审判程序的要求规范取证行为，有效防范冤假错案，加强人权司法保障。本案中不能排除存在刑讯逼供、指供、诱供的可能，四原审被告人在庭审中声称受到了刑讯逼供，他们的有罪供述的合法性存疑。法院在审理过程中应当依法对非法证据进行排除。刑讯逼供的证明当然不能只凭被告人的一面之词，还关系到审讯过程录音录像制度的完善，健全审讯过程录音录像制度是完善人权司法保障的必要措施之一。加强被告人的人权司法保障，不光是谈理论，还需要切切实实在侦查、起诉、审判各个阶段完善相应的制度，证据制度作为核心关键，需要更严厉、更全面的保障。做到对证据的正本清源，完善对限制人身自由司法措施和侦查手段的司法监督，实现审判程序影响前移，才能及时制止和纠正违法取证行为，从源头上防范刑讯逼供和非法取证，从根本上保障当事人的人身权利。证据制度是构建以审判为中心的诉讼制度的关键所系、根基所在，推进以审判为中心的诉讼制度改革要健全落实非法证据排除法律原则的法律制度，要进一步规范取证程序，依法全面收集和移送证据。

（三）公、检、法三机关的相互关系

我国刑事诉讼长期以来形成的侦查中心主义的诉讼构造，在刑事诉讼的侦查、公诉、审判三个诉讼阶段中，侦查阶段居于主导地位，侦查阶段的活动和结论对于公诉、审判具有决定性影响。[1]基于侦查阶段在刑事诉讼中的主导地位，侦查阶段所倚仗的笔录，也必然会成为审判阶段认定案件事实的

〔1〕 参见王敏远："以审判为中心的诉讼制度改革问题初步研究"，载《法律适用》2015年第6期。

主要证据形式。而且，侦查阶段的主导地位，导致审判沦为侦查结论的确认程序。[1]侦查中心主义的诉讼构造之所以能够形成、维持，一个非常重要的原因在于公安机关、检察机关和法院之间的权力配置和博弈关系。这决定了在刑事诉讼过程中，侦查机关、公诉机关对案件证据的搜集、对案件事实的认定结论，对审判活动和结论具有决定性影响。

本案中，乐平市检察院曾以证据不足为由发出补充侦查意见书要求乐平市公安局补侦，然而，乐平市公安局没有补侦。可以看出，检察院的退侦决定没有相应的约束力，而在乐平市公安局未补侦的情况下，乐平市检察院依然“无奈”地审查起诉。在真凶出现后，汪某兵的取保候审足以说明公、检、法三方对此案的真相有所警觉。然而，在刑事诉讼再审的启动标准相对其改判标准较低的前提下，法院、检察院并没有立即启动再审，这无疑有三机关权力博弈的因素在里面。

侦查机关是违法取证的主体，是非法证据排除规则不利后果的承受方，基于侦查机关和审判机关的权力对比关系，法院缺乏足够的权威和动力制裁侦查机关，必然导致相关规则形同虚设；如果法院按照证据裁判原则进行裁判，因指控证据达不到证明标准而作出无罪判决，不利后果同样由侦查机关、检察机关承受；当法院、检察院主动及时启动冤案再审程序进行纠错，追责势必很大程度由侦查机关承担。由此可见，刑事证据制度运行中的问题，最终受到公安机关、检察机关、法院之间权力配置和博弈关系的影响。那么如果能够确立法院在三机关关系中的主导和独立地位，则证据规则运行中的一些问题将迎刃而解。当遇到“事实不清、证据不足”的案件时，法院能够按照证明标准的规定认定案件事实，不会受到公安机关、检察机关的羁绊；同样，当发现已经判决的案件存在冤案的可能性，法院、检察院都能立即主动地启动再审程序以进行冤案纠错。因此，要健全冤案常态化纠错机制，必须以公检法三机关关系的重塑作为前提。

（四）以“审判为中心”的刑事诉讼制度改革

《刑事诉讼法》规定公、检、法三机关在刑事诉讼中应当分工负责、互相配合、互相制约。而实际执行中，三机关之间存在“配合有余、制约不足”

---

〔1〕 参见熊秋红：“以念斌案为标本推动审判中心式的诉讼制度改革”，载《中国法律评论》2015年第3期。

的问题。审判程序难以有效发挥对侦查程序和起诉程序的制约作用，侦查机关不依法收集证据、收集后不依法移送证据，导致进入庭审的案件不符合“案件事实清楚、证据确实充分”的法定要求。审判机关受理案件后，就会陷入“定放两难”的境地：强行下判，不仅不符合法律规定，还有可能造成冤案；依法放人，又难以承受来自社会各方的巨大压力。这致使长期以来，“疑罪从无”原则难以落实，冤案时有发生，人权得不到保障以及司法公信力受到侵害。推进以审判为中心的诉讼制度改革，目的就是要切实发挥审判程序应有的制约、把关作用，形成一种倒逼机制，促使公检法三机关办案人员树立“案件必须经得起法律检验、庭审检验”的理念，严格依法侦查和起诉，要从源头上防止案件“带病”进入审判程序，以更加有效地防范冤案。〔1〕

在刑事诉讼中坚持以审判为中心，根本上讲是由司法审判的最终裁判性质所决定的。根据我国刑事诉讼法的规定，侦查终结、提起公诉、审判定罪都应当达到“事实清楚，证据确实、充分”的证明标准。证明标准是刑事诉讼的核心问题，只有通过审判这一最终诉讼程序，才能将统一、抽象的法律标准固化为具体的司法标准。坚持以审判为中心，是因为侦查、审查起诉工作的实际成效，最终需要通过、也必须通过法庭审理来检验。现阶段推进的“以审判为中心”的诉讼制度改革，要求司法机关在今后的侦查、起诉、审判工作中，各司其职、各负其责，围绕“以审判为中心”的诉讼理念，坚决贯彻执行证据裁判规则。在刑事诉讼中，侦查、起诉、辩护等各环节都要围绕审判中事实认定和法律适用的标准和要求进行，取证、举证和质证最后都要落实到审判环节的认证上来，要以刑事诉讼法规定的证据规则、证明标准为指引，最大限度地实现司法公正和司法领域的人权保障，严防冤案的发生。

（五）小结

“5·24”奸杀案在原审过程中，江西省高院曾将案件退回重审，然而在一审法院第二次以同样不变的事实理由判决后，江西省高院在被告人第二次上诉后推翻了自己曾作出的“退回重审”裁定，转而认定了一审判决。期间，一审法院并没有增加新的事实理由和新的证据，二审法院却先后作出了不同的反应，说明二审法院的先前裁定对其后来的判决并不具有任何司法上的约束力。这一点值得我们深思，诚然二审法院的审判行为可能受到了外部力量

〔1〕 参见沈德咏：“论以审判为中心的诉讼制度改革”，载《中国法学》2015年第3期。

的介入和干涉，但是最根本的原因是没有法律制度对此加以规范。笔者认为，应当修改《法院组织法》，完善法院自身审判行为在司法上的相互约束力。

长期以来，冤案的自我主动纠错率较低，因为追责一般是个人对时代的担责，而且纠错的成本较高、时间漫长，这使得法院的积极性不高。“5・24”奸杀案的立案复查却是江西省高院主动进行的，这说明冤案纠错机制已经逐步建立与实施。在此基础上，笔者认为应当让公、检、法三机关都成为平等的担责主体，以提高法院的自我纠错积极性。此外，我们应当完善冤案的防范和纠错机制，比如尝试人民代表大会与国家监察委员会的共同监督制度，或者建立专门的纠察委员会对冤案专门纠错，再或者建立人民代表大会对死刑案件的纠错制度等。只有完善司法监督机制，才能从根本上加强人权司法保障。

四、结语

无冤是刑事司法的至高追求，但实现这一理想的过程是艰难的。在我国，刑事诉讼“重打击，轻保护”“重实体，轻程序”“重配合，轻制约”“重审前，轻审判”等传统司法理念渊源已久甚至根深蒂固，也是冤案频发的重要原因。正义终会到来，迟到的正义仍是正义。但这种正义是用沉重的代价换取的，再高的国家赔偿也弥补不了 4 名受冤者 16 年自由的价值。所以我们需要沉痛反思，必须用制度和程序破解冤案发生这一难题，让正义不再迟到。2004 年“国家尊重和保障人权”入宪，宪法的根基就在于保护公民基本权利和保障人权。《刑事诉讼法》素有“小宪法”之称，刑事诉讼法明文阐述了其任务是：“保证准确、及时地查明犯罪事实，正确应用法律，惩罚犯罪分子，保障无罪的人不受刑事追究，尊重和保障人权，保护公民的人身权利、财产权利、民主权利和其他权利。”因此，尊重和保障人权应当放在刑事诉讼的首要位置。现阶段司法制度的改革和法治中国的建设，也要求我们秉承“以事实为依据、以法律为准绳”的精神，贯彻非法证据排除等基本原则，通过完善监督制度，建立健全着眼于未来的冤案常态化防范机制和纠错机制，贯彻疑罪从无的法治精神，防范冤案的发生，实现与宪法相契合的目的，促进社会公平正义的实现。

点 评

对本案及类似案件的检视首先应注意从不同角度、不同层面反复审视类似冤假错案，以未来为导向寻求良性长效的制度构建。一些细节问题如法院判决或处理、检察院的退回侦查、关键证据（尤其是口供）的排除与采信、庭审中心主义下的庭审质证等刑事诉讼程序机制，都是可以着眼对其进行构建的领域。其次，本案中共同犯罪嫌疑人中的一部分人取保候审，说明当时司法机关已经意识到冤假错案的可能性，但并未第一时间启动审判监督程序，其背后的因素值得我们思考。最后，江西省高院自主立案纠错的方式不同于聂树斌案的异地复查而有刑事诉讼法等相关依据，应当坚持和倡导。走向法治文明，必须对历史进行审视与清理，错案追究便是其中之一，错案是公检法三机关共同作用的结果，三者职权项相连，故而纠错的启动涉及同体监督的悖论，应寻求司法系统之外资源如全国人大或监察委员会加以监督。

（点评人：武汉大学法学院　江国华教授）